上海市重点学科（第二期）建设项目T1201号

中国国际加工贸易

模式研究

沈玉良 孙楚仁 凌学岭 著

Zhongguo Guoji
JIAGONG MAOYI
Moshi Yanjiu

人民出版社

目　　录

前　言

　　长期以来,中国在发展加工贸易方面存在着激烈的争论,焦点是加工贸易所产生的贸易利益和贸易效应,核心是全球化条件下工业化的实现方式和实现路径。

　　中国的国际加工贸易是产业全球化、贸易自由化和中国加工贸易政策共同作用的结果。产业全球化是国际加工贸易产生的产品贸易基础,对于低技术产品,由于跨国渠道商、跨国经销和品牌制造商的出现,使中国出现了以加工贸易为主的合同制造商,对于中等技术产品,中间产品的模块化、标准化使产品出现了以分段贸易为贸易内容,以加工贸易为贸易形式的国际贸易新运行方式。贸易自由化是加工贸易产生的制度条件,关税的进一步降低以及国家之间劳动力成本的巨大差异是产生分段贸易的重要原因。但为什么在中国出现了巨大的加工贸易,在全世界 150 多个发展中国家特别是印度、巴西、阿根廷和墨西哥等国家没有出现加工贸易的跳跃式发展呢? 直接的原因是中国加工贸易的政策以及地方政府对吸收外国直接投资的偏好,中国加工贸易政策的核心是保税政策,这使得整个加工贸易形成了独立的贸易体系,在一个高度"零关税区"下运行,在贸易量无限大的情况下,贸易的交易成本几乎为零。同时,中国的加工贸易实际上是吸收外国直接投资的产物,而吸收外资政策不仅给予外资企业优惠政策,地方政府的各种优惠政策(土地要素等)低估和扭曲了要素成本,这样使原本并不一定属于中国的贸易变成了由中国创造的国际贸易。

　　本书将国际加工贸易的研究置于全球价值链体系下,分析跨国公司、合同制造商和加工贸易之间的关系,计算我国加工贸易的贸易利益和经济效应,提出我国国际加工贸易转型的方式。本书的创新主要体现在以下三个方面：第一，加工贸易模式的分析，传统的分析认为，加工贸易模式只有一种，但由于原产地规则的不同，产业链所处阶段的不同以及各国之间不同的贸易政策，加工贸易模式多种多样。第二，国际加工贸易模式决定了贸易利益，改变了传统贸易理论中的高技术产品贸易优于低技术产品贸易利益的观点，在中国加工贸易中，服装的加工贸易利益明显大于计算机，这就是例证。第三，全球价值链分析方法（GVC）是加工贸易分析的重要工具，但目前的 GVC 分析方法相当不完善，我们对此进行了改进。

希望本书的出版能够引起国际贸易特别是加工贸易方面的进一步讨论和研究，探寻中国贸易的发展道路，使中国真正成为经济强国。

1 导　论

内容提要:本章介绍和分析了迄今为止我国关于是否发展加工贸易以及加工贸易如何转型和升级的各种观点,指出传统贸易理论对于分析加工贸易的产生存在不足,如果不从全球生产体系下理解加工贸易产生的原因及其带来的贸易利益,则要理解我国加工贸易转型和升级是十分困难的。为此,本章从全球价值链的观点和跨国公司的角度分析了加工贸易产生的原因,并构建模型分析了加工贸易的产生及其贸易利益。我们认为,现代加工贸易由跨国公司发起和推动,是跨国公司实现全球战略的重要手段,加工贸易的转型和升级的成本和可行性由加工贸易所在价值链的跨国公司对价值链的控制能力决定。本章同时对本书的结构作了全面的介绍。

关键词:加工贸易,全球价值链,产品内分工,分段化

1.1　加工贸易增长与经济增长

近年来,我国的国际贸易迅速增长,整个贸易的进出口总额已经由 1981 年的 750.71 亿元增长到 2004 年的 95558.97 亿元,平均年增长率为 22.38%。与此同时,我国的加工贸易①进出口总额也由 1981 年的 42.63 亿

---

①　加工贸易是指企业以投资的方式把某些生产能力和服务转移到东道国,或者利用东道国已有生产能力加工装配产品或提供某种服务,然后运出东道国境外销售的一种国际贸易方式。

元增长到 2004 年的 45550.05 亿元,平均年增长率为 33.72%(根据历年《中国统计年鉴》贸易数据,在考虑了汇率因素后用指数平均法计算得到)。这个结果表明,在我国国际贸易的增长中,加工贸易的增长比一般贸易的增长更快,而其对国际贸易的增长的贡献也更大。许多研究者测算对外贸易的发展对经济增长的贡献程度,如张亚斌等(2002)、林毅夫和李永军(2001)、魏巍贤(1999)、赖明勇和雷京(1998)、赖明勇等(2003)、沈程翔(1999)、许和连和赖明勇(2002a,2002b),对加工贸易对经济增长的贡献的考察有孙楚仁等(2006)、刘林忠和王耀中(2003)。综述性的文献参见魏巍贤(1999)、沈程翔(1999)。林毅夫和李永军(2001)则对我国对外贸易出口对经济增长的贡献率进行了分析,得出了对外贸易出口对我国经济增长的贡献率应该为 1% 的结论。孙楚仁等(2006)则考虑了进口和出口对经济增长的不同作用,利用联立方程组的方法对加工贸易对我国增长的贡献作了估计,结果表明,自 1981 年至 2004 年,加工贸易对我国经济增长的贡献总体为 -0.34%,即加工贸易负增长 10%,国民经济增长 0.034%。就分阶段而论,从 1992 年到 2004 年,加工贸易对我国经济增长的贡献总体为 2.59%,即加工贸易增长 10%,国民经济增长 0.259%。这些结果表明,加工贸易无论对我国总体经济增长抑或是地区经济增长的贡献都很小。

1.2 关于是否发展加工贸易的两种不同观点

针对我国加工贸易发展迅速,但两头在外、大进大出、贸易利益微薄的情况,理论界产生了两种截然不同的观点。

一种观点认为不应该发展加工贸易,其理由是加工贸易的贸易利益微小,而且会引起我国对外国的贸易依赖、各种贸易摩擦、飞料走私、挤压正常贸易等问题,并且会导致我国技术创新缺乏,影响我国经济的长期发展(叶克林,2001)。因此,这种观点认为中国的经济应该走"开发主义模式"(李蕊,2005),即主张中国应该放弃加工贸易,走"微笑曲线"的道路,搞技术研发和品牌战略,利用我国的大市场培植大企业,掌握核心技术,同时大力发展服务业和技术含量高的第三产业。这种观点认为,中国广大的内部市场使全球各国和地区产业升级换代的国际大转移的传统模式完全可以在中国内部发生和完成。

另一种观点则是"贸易主义模式"（李蕊,2005）。这种观点认为,尽管加工贸易会带来前一种观点所述的问题,但加工贸易的发展很好地解决了我国的就业问题（张华初和李永杰,2004;张旭宏,2004）,适合我国资源不足、劳动力具有比较优势的国情,因此我国最大的优势仍然在制造业,只有利用跨国公司的先进技术和劳动力,大力发展加工贸易,把制造业发展成作为工业化的中心环节,加快资金积累和人才培养,并通过加工贸易的技术外溢来获得技术进步,才能推动我国的经济发展和产业升级（冯雷,2000;宋全成,2003）。而且,就产业内贸易日益成为全球主导贸易模式的今天,发展加工贸易对于提升我国的产业内贸易具有十分重要的意义（隆国强,2005;李蕊,2005）。

1.3 国内关于我国加工贸易转型升级的研究及主要观点

针对目前我国加工贸易利益微薄、处于产业价值链底端的现状,不少研究者提出了我国加工贸易升级的对策。这些对策主要有三类。

第一类对策认为,要使我国加工贸易获得更加良好的发展,需要加强加工贸易的管理（张旭宏,2004;闵天,2000;金志刚和唐翠林,2005）,即在管理政策（利用各种政策工具、加大立法、控制加工贸易规模、推动加工贸易向中西部转移等）和管理的模式上加强对加工贸易的管理,加强对加工贸易的审批、监管、对加工贸易企业分类管理、建立加工贸易的促进体系、推动加工贸易向西部转移等等。

第二类对策则认为,要使我国加工贸易获得更多的贸易利益,必须延长加工贸易产业链在中国的价值链,形成"深加工结转",为此,可以使用加工贸易中间产品进口替代战略（廖涵,2003;徐剑明,2003;张丽平,2003）。

第三类对策则集中考虑了我国加工贸易的转型和升级问题。这类对策认为,在经济全球化的背景下,我国的工业化进程是可以实现跨越式发展、迅速在新兴产业中占据一席之地的。在全球化背景下,国际分工更加细化,从产业间分工转为生产环节的分工,每个国家的比较优势不仅体现在某些产业,而且更多地体现在某些生产环节。因此,我国的工业化的任务应该从以往的推进产业升级转变为推进产业链条升级。其升级的台阶为"简单的组装→复杂的组装→零部件制造→零部件研发→最终产品研发→自由品牌产品的研发、设计和生产",并使加工贸易向流通环节延伸,逐渐建立全球的营销网络,形成产业集群。为此,政府需要努力创造一个有利于发挥我国比较优势的体制环境,注重基础设施的建设、提高政府效率、提高政府政策稳定的透明度、形成产业配套,从而降低交易成本,充分发挥我国的比较优势(隆国强,2003;王子先等,2004;崔大沪,2002),发展多种区域合作,推动加工贸易的产业升级(隆国强,2003;潘悦和杨镭,2002)并且制定长期的产业发展政策(马强,2005;),或者采取逆比较优势战略,发展重要的战略性的产业,使这些产业不断发展壮大。

1.4　国内加工贸易(转型升级)研究的不足之处

显然,就我国劳动力资源丰富、产业技术水平不高、经济发展资金缺乏的历史和现状(张婧,2003)来说,发展加工贸易,促进资金、技术、管理经验的积累,缓和劳动力就业,推动我国工业化,有着重要的意义。而前面的研究在加工贸易对我国经济增长的贡献、加工贸易的转型升级战略上给出了比较有意义的论述。但是,这些研究在加工贸易的转型升级上的论述有的显得过于抽象且未考虑转型升级的可行性,它们没有考虑到如下两点:一是我国目前所处的国际背景是经济全球化。在这种开放的经济环境下,全球贸易和生产的发展使得国家在贸易、投资和全球生产中的作用日益降低(Feenstra,1998;Report of the United Unions Industrial Development Organization,2000),这使得任何国家企图通过贸易保护来发展某些所谓的战略性产业将会受到种种国际规则的限制甚至是其他国家的经济制裁;二是由于各国政策的自由化、迅速的技术变革以及不断增加的成本、风险和日益增加的竞争,跨国公司通过产权性以及非产权性的关系推动了加工贸易的产生、产业全球化。跨国公司在技术变革、政策自由化以及竞争加剧的情况下,不断通过全球公司治理、全球价值链的组织和分配以及地理分布的调整,控制和提升加工贸易产业链的核心(或者主导)技术,参与加工贸易产业链的各个环节。因此,加工贸易中的产业链的各个链节上价值分配的决定、产业链的长度、产业链的转型和升级也主要由主导产业链的跨国公司决定（联合国贸易与发展会议，2002；Gereffi and Memodovic，2005；Memedovic，2005）。

同时，在生产全球化的今天，各国为了利用跨国公司构建的全球网络，吸引国际投资，展开了残酷的竞争。这种现实决定了，即使发展中国家可以通过与其他国家的竞争从而延伸产业链，增加加工贸易中该产业的联动效应；即使发展中国家可以通过加工贸易的技术溢出获得技术的提升；即使发展中国家可以通过加工贸易切入全球市场，也基本上不会改变跨国公司主导加工贸易中的产业链的现实。这意味着，即使发展中国家有技术推进配套产业的发展，延伸加工贸易价值链，获得更多附加值，但这种升级只是和其他发展中国家的竞争获得的；发展中国家不大可能通过加工贸易的技术溢出来获得足够的技术并接近核心技术，从而提升自身在价值链中的地位。一旦当跨国公司面临发展中国家的产业升级的威胁时，跨国公司可以利用其品牌、国际营销网络以及先进的技术，遏制这种升级，或者进行产业转型，从而使发展中国家面临巨大的成本沉淀和市场沉没的风险。这种逻辑表明，前面研究中所论述的产业转型和升级战略是否可行还值得论证，加工贸易对我国经济增长到底起什么样的作用以及作用有多大还言之过早。事实上，前面的研究中关于产业转型和升级的研究基本上停留在文字陈述阶段，而没有关于一国的加工贸易转型和升级战略所引起的加工贸易产业链上各链节的变化的系统考虑从而定量考虑、分析和计算，而对加工贸易对经济增长的作用也仅仅停留于局部的比较静态分析。因此，是否应该在我国继续发展加工贸易、加工贸易应该在贸易中处于什么地位、如何管理和发展加工贸易、加工贸易对我国经济增长起何种作用仍是需要重新考察的重大、未解决的基本问题，而这个问题对于我国国际贸易的长远发展战略的制定，对于我国经济长期、持续稳定的增长，对于增强我国的国际竞争力都具有重要的意义。

1.5 传统国际贸易理论及其应用于加工贸易研究的不足之处

要解决这个问题，类似经典国际贸易对此问题的考察，我们类似地需要解决如下三个问题:第一个问题是,加工贸易产生的基础即原因是什么;第二个问题是,加工贸易的贸易利益分配是如何决定的;第三个问题是,不同国家的加工贸易的模式是如何决定的。只有解决了这三个问题,我们才能更清楚地认识到我国的加工贸易在国际加工贸易中的地位,理解加工贸易目前利益的分配格局,明确我国加工贸易转型与升级的可能性。也只有这样,才能更好地制定长远的加工贸易发展战略,通过各种政策和管理手段加强加工贸易对我国经济增长的作用。

国际贸易从亚当·斯密的绝对优势理论发展至今,解释国际贸易的成因、贸易利益的分配以及贸易模式的理论主要有如下几种(见 Salvatore,2004;Report of the United Unions Industrial Development Organization,等)。

一是李嘉图的比较优势理论(该理论后经哈勃勒以及更多的经济学家发展完备),该理论认为国际贸易产生的原因在于不同国家之间存在相对比较优势,每个国家都可以通过专业生产并且出口本国比较优势较大的产品,进口本国比较优势较小的产品,从而达到福利最大化。赫克歇尔、俄林和萨缪尔森进一步用要素禀赋理论解释了存在相对比较优势的原因,并用它来解释贸易利益的分配。他们在(1)两个国家、两种商品、两种生产要素;(2)产品市场和生产要素市场均为完全竞争市场;(3)规模报酬不变;(4)两个国家的生产要素完全同质;(5)每个国家的要素禀赋是固定的,也是可以量度的,要素密集程度不会发生逆转;(6)两个国家的同种商品的生产函数相同并且都是一次齐次函数;(7)每个国家都有一种商品是劳动密集型、另一种商品是资本密集型;(8)两个国家的偏好相同;(9)两个国家都不是完全专业化生产;(10)没有关税和运费;(11)国家之间的国际贸易是平衡的等严格假设的基础上,认为比较优势的产生受到不同生产要素在不同国家的资源中所占的比例(反映生产要素的相对充裕程度)以及不同生产要素在不同产品的生产投入中所占的比例(反映生产要素的相对密集使用程度)相互作用的影响,各国要生产并出口含有较大比例的在本国便宜的生产要素的商品,进口那些含有较大比例的在本国较昂贵的生产要素的商品。这种理论在解释国际贸易方面获得了巨大的成功,并成为国际贸易的主流理论。

二是林德的偏好相似理论,用以解释 20 世纪 60 年代以来发生在工业发达国家的大规模国际贸易。该理论认为产品出口的可能性决定于它的国内需求，两个国家的需求结构越相似，这两个国家之间的贸易量就越大，平均收入水平是影响需求结构的最主要的因素。该理论从需求角度分析工业国家之间国际贸易产生的原因，克服了要素禀赋从供给角度不能解释工业国家之间的贸易的不足。

三是弗农的产品生命周期理论，该理论认为国家之间存在技术差异，在激烈的竞争下，技术更新越来越快，发达国家为了延长技术的生命周期、获得更多的利润，会将国内一部分成熟的产品或其中的一部分转移到发展中国家去生产，从而引发国际贸易。

四是新国际贸易理论，最初由 A. Dixit、V. Norman、K. Lancastes、Paul R. Krugman、E. Helpman、W. Ethier 等在一系列论文中提出。该理论认为专业化带来了规模经济效应，导致规模收益递增，全球化经济竞争不是完全竞争，而是不完全竞争。在此基础上，新国际贸易理论认为国际贸易的原因在于规模经济和不完全竞争。各国不仅利用其产别而从事专业化和国际贸易，它们还因为专业化所带来的规模收益递增而从事国际贸易。国际贸易在很大程度上是由收益递增而不是比较优势驱动的。在一定程度上，谁生产什么是历史因素、偶发事件和过去的政策的产物，而不是国家资源和能力的根本差别的产物。该理论解释了很大一部分例子，如日本、韩国的国际贸易。近年来，杨小凯（Yang and NG，1993）则认为，国际贸易的产生是国际分工的结果，而国际分工的产生取决于国与国之间的交易效率以及国际市场容量。以上理论都是解释传统的国际贸易即产业之间的贸易。而目前的加工贸易不同于传统的国际贸易，它属于二十世纪六七十年代以来产生的产业内贸易的一种（强永昌，2002）。目前解释产业内贸易的主要理论引进了不完全竞争的市场结构，以规模经济、产品差别化、消费者需求多样化以及各国的要素禀赋为基础，对产业内贸易产生的原因、贸易利益的分配以及贸易模式进行了解释（强永昌，2002 等）。

尽管加工贸易是产业内贸易的一种，但是它并不完全等同于产业内贸易。加工贸易最大的特点就是它由跨国公司推动产生、跨国公司在加工贸易的产业链中占据支配地位、占据价值链的核心部分、把持产业链的核心技术。因此,尽管规模经济理论、要素禀赋理论、产品差异化以及产品生命周期理论都可以用来部分地解释加工贸易产生的原因、贸易利益的分配以及各国贸易模式的不同,但是这些解释由于忽略了传统贸易、一般产业内贸易和加工贸易的差异,因此可能出现若干偏差。事实上,传统的国际贸易以及一般的产业内贸易都隐含了假定贸易国之间处于平等地位的条件,以国为单位对贸易进行考察,但这种考察应用于加工贸易时则不完全适用。因此,对加工贸易产生的原因、贸易利益的分配以及国家之间贸易模式的选择,我们需要重新进行考察。只有把跨国公司和发展中国家在加工贸易产业链中的地位差异及作用差异考虑进去,才可能更加清楚和完全地理解加工贸易,并为我国制定长远的加工贸易政策奠定基础。

1.6 跨国公司的全球经济行为、全球价值链与加工贸易的产生

1.6.1 现代加工贸易发展与跨国公司全球战略

加工贸易起源于二十世纪五六十年代,由于当时发达国家劳动力成本迅速上升,使发达国家的劳动密集型产业转移到发展中国家和地区成为必要和可能。20世纪90年代以来世界产业转移表现出明显不同的特点,从而也产生了现代加工贸易。

第一,跨国公司利用加工贸易来实现全球战略。随着经济全球化和国际生产的持续增长,跨国公司正在扩大它们在不断全球化的世界经济中的作用。根据联合国贸易与发展会议最近的估计[①],目前有大约 65000 家跨国公司,在全球有大约 850000 家子公司。这些公司的经济影响可以用不同的方法加以测量。2001 年外国子公司占用大约 5400 万员工,1990 年是 2400 万;它们的销售额达到将近 19 万亿美元,是 2001 年世界出口额的两倍以上,而在 1990

---

① 联合国贸易与发展会议:《2002 年世界投资报告:跨国公司和出口竞争力概述》,第 1 页。

年这两个数字大致相等;在此同期,外流外国直接投资的数额从1.7万亿美元增加到6.6万亿美元,外国子公司目前占世界国内生产总值的1/10,世界出口额的1/3。此外,如果考虑到全世界范围与非产权关系有关的跨国公司活动(如国际分包、特许经营、合同制造商等),跨国公司在这些全球性的总额中所占的份额甚至还要大。世界最大的跨国公司在这种形势中占据了主导的地位。例如在2000年,最大的100家非金融跨国公司(以Vodafone集团、通用电气和埃克森美孚为首)占了外国子公司全部销售额和员工人数的一半以上。正是在上述背景下,现代加工贸易业务已经直接、间接地进入到跨国公司的体系之中,从而也使跨国公司内部之间的贸易不断提高。例如在日本的出口额中,出口给海外制造业子公司的中间产品所占比例已经从1994年的20%上升到1999年的29%,同样,在美国跨国公司的出口中,出口给海外子公司以进一步加工的中间产品所占比例从1989年的57%增至1999年的68%。可见,国际加工贸易业务是跨国公司实现全球战略的一个重要组成部分。

第二,跨国公司采用现代加工贸易的主要形式是业务外包(制造业务外包与服务业务外包)。由于跨国公司之间的竞争越来越激烈,跨国公司日益倾向于更加狭隘的专业化,它们把非核心的生产、营销、物流、研发乃至非主要框架的设计活动,都分别包给成本低的发展中国家的企业或专业化公司去完成,以便利用成本和物流方面的差别,这不仅减少了固定投入成本,而且达到了在全球范围内最优利用资源的目的。有些公司甚至选择完全退出生产,让合同制造商去从事生产,自己则集中精力于革新和营销,主要的供应商和合同制造商本身常常就是大型跨国公司,配合它们的发包人在全球都有足迹,而且有它们自己的分包人和供应商。但是,跨国公司也越来越多地利用国家供应商和东道经济体的承包人。专业化还不仅如此,主要的跨国公司还正在与其他公司——竞争者、制造商或买方以及与诸如研究实验室和大学等机构达成共同创新的安排。例如世界传统的通信设备制造厂商将通信终端产品的制造部分作为非核心业务外包给专业的电子承包制造商EMS以求降低运营成本,增强其在国际市场上的综合竞争力。据预测,这一市场预测潜量约为8000亿美元,目前电子制造业外包市场规模已占全球外包业务总量的40%以上。另据

IDC 市场调研报告显示,全球 IT 外包业务在 2003 年已达到 1510 亿美元。

服务外包既是国际加工贸易的一种新形式,也是跨国公司外包的又一重要内容,据估计,2005 年跨国企业服务外包金额将达 5600 亿美元,2007 年将达到 1.2 万亿美元。

第三,现代加工贸易是外国直接投资的重要产业,并成为推动东道国产业升级的重要载体。一方面,现代加工贸易的产品从以前的劳动密集型产品,如纺织服装、鞋和金属制品等产业和初级电子组装、测试活动,向电子、化学、运输工具以及机械等中间产品和零部件的生产活动转化,这几个产业是世界零部件和中间产品贸易中的最重要的部分,在全球贸易中的份额从 1986 年的 27%增至 1997 年的 40%,这些加工贸易项目的引入,可以使国家或地区的产业结构从轻纺产业转向重化工业的跳跃式转化。另一方面,世界产业市场越来越多地涉及由跨国公司统一指挥的整个生产体制之间的竞争而不是个别工厂或商号之间的竞争。全球生产能力转移也不再是个别企业的孤立行为,而是在国际生产的网络或体系的基础上,形成了以领导企业为核心,全球范围内相互协调与合作的企业组织框架。这样,只要产业中的一个领导企业进入到最低成本的区域时,其他企业也将采用跟进战略,这种跟进战略使某个国家或地区形成产业集聚,使该国或地区产生跳跃性发展。

1.6.2 跨国公司全球化战略的影响及其动因

跨国公司的全球化战略和全球化生产体系的构建极大地影响了世界经济的形态和发展。跨国公司通过产权性和非产权性的联系,在一些发展中国家的出口额中占据了可观的比例。它们的作用遍布一切部门在初级部门,除了矿产和石油之外,跨国公司可以对在诸如食品加工和园艺等部门发展基于资源的出口物作出贡献,在制造业,跨国公司常常是面向出口的生产和营销,特别是最有活力的产品的生产和营销的领先者,在这方面,与营销和分销网络的连接是至关紧要的。跨国公司的国际生产体系可以有各种形式,从涉及各子公司之间的公司内部贸易的那些由生产驱动的、基于外国直接投资的体系,直到由独立供应商组成的那些比较松散的、由买方驱动的,基于非产权的网络(如国际分包和承包制造),可贸易性服务的增加为出口带来了新的机会。印度的软件产业是迄今为止最著名的例子。机会还延及区域总部、采购中心、分担维修中心及研究和开发活动等服务行业。随着全球价值链扩大到许多中低技术活动中,跨国公司目前参与制造品出口的全部环节。在一些低技术部门中,其他的参与人也非常活跃,而跨国公司除了建立它们的子公司之外常常起着协调地方制造商的作用。在不少技术复杂的活动中,跨国公司特别重要,因为贸易的很大一部分是其国际生产体系内部的行为。零件和部件的贸易,尤其是有活力的产业的零部件贸易,变得更加重要。这表明了一种日益走向与国际生产体系相联系的贸易专门化的潮流。世界贸易中最有活力的产品主要是在基于资源的制造业中,特别是电子、汽车和服饰等产业,跨国公司在这些产品的出口扩展中发挥了重要作用,虽然方式各不相同。在其他产品和产业中,跨国公司也可以用类似的战略扮演相似的角色。

国际生产体系的成长反映了跨国公司对全球经济环境的突然变化——技术变革、政策放宽和竞争加剧——所作出的反应。正在倒塌的国际贸易壁垒使得跨国公司可以将包括各种服务功能在内的生产过程的不同部分在全球进行部署,以便得益于成本、资源、物流和市场方面的细微差别。它们表现出一种无休无止的求索,想通过将它们的活动进行最佳地理布局来提高竞争优势。国际生产体系的崛起,与早年的跨国公司业务相比,不同之处在于:一、区域和全球规模一体化的强度;二、对整个体系效率的强调。因此,全球市场越来越涉及由跨国公司统一指挥的整个生产体系之间的竞争,而不是个别工厂或商号之间的竞争。

由上可见,跨国公司扩大国际生产受到各种因素的综合推动,这些因素在不同的产业和不同的国家里所起的作用各不相同。其中三种力量是主要的推动力①。首先是政策自由化,开放的国家市场允许各种各样的外国直接投资和非产权性安排。2001年,71个国家对本国的外国直接投资法律进行了208项修改,90%以上的修改旨在使得投资环境更加有利于外国直接投资内流。此外,2001年,多达97个国家参与缔结了158项双边投资条约,使得这类条

---

① 联合国贸易与发展会议:《2002年世界投资报告:跨国公司和出口竞争力概述》,第7~25页。

约的数目到 2001 年年底达到 2099 项。同样,签订了 67 项新的关于双重征税的条约。第二种力量是迅速的技术变革及其不断增加的成本和风险,使得各跨国公司必然要利用世界市场并且分担其成本和风险;另一方面,运输和通信费用的下降,使得遥远的业务活动一体化以及为了寻求效率而在全球范围内运输产品和部件变得十分经济。第三种力量是上面两种力量的结果,即日益加剧的竞争迫使公司探索增加它们效率的新方式,其中包括尽早将它们的国际业务扩展到新的市场,以及转移某些生产活动以降低成本。竞争还使得国际生产采用新的形式、新的所有权和合同安排,以及将新的活动设置在国外新的地点。国际生产的变动和跨国公司全球投资的变动给各国资本形成、提高出口竞争力、扩大出口从而推动经济增长带来了巨大的影响。

1.6.3　全球价值链、规模经济和不完全竞争

影响跨国公司全球生产体系的形成和成长的核心内容是全球价值链。在这方面,有三个关键性的核心因素:即全球价值链的形成、全球价值链的治理和全球价值链的地理布局。跨国公司利用全球价值链在全球配置资源和进行生产的基础是市场容量、不完全竞争和规模经济。

1. 规模经济

传统的国际贸易理论假定经济规模不变,但现实中大量存在的是规模经济。所谓规模经济,是指随着产量的增加,产品的平均成本不断降低。规模经济分为内部规模经济和外部规模经济。内部规模经济是由于厂商所需特种要素的不可分割性和厂商内部进行专门化而产生的。内部规模经济是与一定行业内的企业的生产规模相对应的。对于一家企业,只有在产量达到相当大的规模时,如大型机器设备和生产线等不可分割的设备才能达到充分负荷,组织管理、车间操作、专门销售、大规模的研究和发展工作等专业分工的潜在优势才能充分利用起来,取得经济效益,大幅度降低成本,获取利润。外部规模经济来源于行业内而不是单个厂商内部。厂商在行业规模大的环境中比在行业规模小的环境中更富有效率,也就是说,即使在厂商规模不大的情况下,行业规模越大,厂商的生产成本越低。外部规模经济常常因为厂商的聚集效应而

产生,即集中在一起的厂商比单个厂商更富有效率,其原因在于①:(1)厂商集中在一起能促进专业化供应商的形成。许多行业的产品生产和服务的提供都需要专门化的配套服务,孤立的厂商不可能形成对配套服务大规模的需求,也就不可能刺激专业化供应商的产生。如果众多厂商集中在一起,则可以形成大规模的需求;(2)厂商集中有利于劳动力市场共享,厂商集中能为拥有高度专业化技术的工人创造出一个完善的劳动力市场,这个市场的存在能使厂商较少面临劳动力短缺的问题,同时工人也较少面临失业;(3)厂商集中有利于知识外溢,厂商集中能促使创造发明所需要的知识和信息的非正式流动,厂商更容易与技术发展的前沿保持一致。

在存在内部规模经济的行业中,规模大的厂商比规模小的厂商更能降低成本,竞争的结果就会形成不完全竞争的市场结构。在存在内部规模经济的行业中,内部规模经济的实现与市场容量有密切关系。一国能生产的产品种类和生产规模都受到该国市场规模的限制,对于那些人口较少,国内市场狭小但资本供给相对丰富的小国来说,要得到像生产汽车这样的比较优势,就需要一个能自由进行贸易的广阔市场。国际贸易能克服这种限制,造就全球一体化的世界市场,各国能在一个比贸易前更窄的范围内从事某种产品的大规模专业化生产,同时通过从别国购买自己不生产的产品来扩大消费者可获取的商品种类。

在存在外部经济的行业中存在更大的市场规模,大规模的市场需求促使厂商生产更多的商品,从而改进技术和雇佣更多的劳动力,这一方面会进一步推动市场规模的扩大,同时导致专业化供应商的形成和厂商专业化分工。反过来也将进一步推动行业规模的扩大。

无论是内部规模经济还是外部规模经济,都意味着在既定市场规模和厂商生产均衡的条件下,市场的新进入者将面临着高额的进入成本。在内部规模经济中,行业的新进入者需要占有规模以上的市场份额才能保证获得利润。在外部规模经济中,激烈的竞争将导致低利润率和高竞争风险。这意味着进

---

① 保罗·克鲁格曼,茅瑞斯·奥伯斯法尔德:《国际经济学》,中国人民大学出版社 1998 年版,第 136 页。

入者在进入规模经济的行业中必须谨慎对待竞争的成本和风险。

应该指出,规模经济不仅仅表现在某个产品的整个生产上,也同时表现在某个产品的某部分的生产上(卢锋,2004)。随着技术的进步、运输成本的降低、产品生产和服务的标准化,某些产品(以及服务)的生产可以被分解到全球各地进行生产,以充分利用规模经济和各地的比较优势。而这恰恰是加工贸易产生的基础。

2. 不完全竞争

比较优势理论和要素禀赋理论都假定产品和要素市场均为完全竞争的市场。完全竞争市场模型具备严格的假设条件:(1)市场上存在大量的买者和卖者,一家厂商无论规模多大,它所占有的市场份额都很小,因此不能影响价格;(2)市场上出手的商品是同质的;(3)每个厂商都能自由进入或者退出市场;(4)生产要素具有完全的流动性;(5)买卖双方都能得到有关现在和将来市场情况的全部信息,不存在供求之外的因素对价格和市场产生影响。这样,只要厂商的边际成本低于市场价格,厂商将会继续增加产量,而新的厂商将不断进入该市场,并且出售相同的产品,从而使得价格和边际成本的差异越来越低。在完全竞争的市场上,厂商超额利润为零。

但对于给定的某时期内的世界市场来说,市场规模是有限的。由于规模经济的存在,如果市场保持完全竞争,则某些厂商将自由扩大产量、降低成本但不降低价格。当某些厂商占有很大的市场份额而其他厂商占有小于盈利规模的市场份额时,这些厂商将退出市场竞争,最终,市场上将仅存在达到规模经济的厂商,这样,完全竞争的市场结构就被破坏了。因此,在市场规模有限和规模经济存在的情况下,或者厂商生产有差别的产别彼此进行竞争,或者厂商生产同一种产品并在规模经济之上进行竞争。但无论如何,都将导致不完全竞争的市场结构的形成。

不完全竞争是完全垄断、寡头垄断和垄断竞争的通称。在不完全竞争的情况下,经常存在超额利润和垄断利润,使得商品价格高于边际成本和平均成本。这是因为在不完全竞争的市场存在不同程度的垄断力量。完全垄断必须具备两个条件:(1)只有一个厂商,不允许新的厂商进入;(2)厂商独家定价,消费者只是既定价格的接受者,供给影响着价格,价格与需求成反比。对厂商来说,产量的决定就是在高价少销和低价多销之间作出选择。它的均衡条件始终是边际收益等于边际成本,无论长期或者短期均衡,都有超额的垄断利润存在。寡头垄断指少数几家厂商提供某一行业的大部分产品,这几家厂商的产量在该行业的总产量中各占有较大的份额,因此对市场的价格和产量都有重要的影响。在寡头垄断中,厂商的价格政策相互依存,厂商的不同行为方式会导致不同的结果。垄断竞争是现实生活中常见的市场结构。它的市场条件是:(1)每个厂商均能生产和竞争对手有差异的产品,产品差别保证每个厂商在行业中对它特有的产品有垄断地位,但这些产品又是非常接近的替代品;(2)厂商数目众多,每个厂商对自己商品的价格有一定的控制力量,但不能互相勾结控制市场价格;(3)厂商在市场上进出比较容易。在这样的情况下,垄断竞争的长期均衡是平均收益等于平均成本、边际收益等于边际成本、总收益等于总成本。

当运输成本下降、技术进步从而使产品能分解成标准化的模块、存在规模经济的情况下,全球性的分工将转向产品内分工(卢锋,2004),形成以工序、区段、环节为对象的分工体系。应该指出,此处所说的产品不仅指实体的产品,也包括服务产品;不仅包括直接涉及产品生产的所有工序、区段、环节等,也包括间接涉及产品生产的一系列价值增值的工序、区段和环节[1]。当产品生产模块化(包括工序、区段、环节等)、运输成本下降、产品模块的生产存在规模经济时,市场将趋向于不完全竞争。由于产品生产模块化,市场的厂商将集中生产产品中的某模块,这使得某跨国公司不可能垄断某一产品的生产,市场转向产品模块的不完全竞争,也导致了全球贸易从产品间贸易转向产品内贸易[2]。

3.市场容量

按照斯密命题,市场容量决定分工,市场容量是由分工网络的规模决定。而网络经济表明,厂商对分工进行决策时,分工网络的大小起着决定性的作

---

① 这实际上是价值链的概念。下文将对价值链展开阐述。

② 规范的术语应该是产业内贸易。此处用产品内贸易,意图强调加工贸易在产业内贸易的地位。产业内贸易包括两个方面的贸易,一种是基于平等地位的分工基础上的贸易,即发达国家之间的产业内贸易或者是发达国家与由自主产权的发展中国家的产业内贸易,一种是基于不平等地位的分工基础上的贸易,即发达国家与无自主产权的发展中国家的加工贸易。

用,网络效应是指每个人的网络决策不但影响他本人的生产力,而且影响对他人产品的市场,因而影响他人的生产力。因此,每个人的生产力不但与他个人的努力有关,而且与参加网络的人数(网络规模)有关,而网络规模又反过来由所有人的网络决策所决定。每个人选择职业和选择买哪些产品或自给自足哪些产品的决策就是典型的网络决策,它决定全社会的分工网络。在交易成本降低时,如果某一生产环节达到最低生产规模,厂商就会选择分工,这样分工网络就会变大。在观察发达国家汽车等产品的大量互相交换现象后,以克鲁格曼为代表的一批国际贸易学者,从各国偏好的差异、产业规模经济、产品市场的不完全竞争角度揭示了产业内贸易的本质,这是国际贸易理论的一大突破。但是,产业内的分工还是建立在最终产品之上,只不过是在同种产品的种类、质量层次上进行的分工。而随着国际电子商务的兴起、产品生命周期的缩短,国际分工已进入到更深的层次,围绕着一类产品将它的零部件生产进行专业化分工,即垂直分离化分工,由此产生了加工贸易。分工网络因为技术的进步和制度条件的改善进一步扩大,由此带来了市场容量的进一步扩大。这种基于市场容量的考察也成为推动跨国公司分解价值链并在全球布置生产、配置资源的因素之一。

4. 技术与制度

科学技术的发展、各国贸易政策以及全球贸易体系的变化使得跨国公司利用全球价值链、分解全球价值链从而在全球安排生产成为可能(Krugman,1996)。从 20 世纪末到本世纪初,随着生产技术和计算机信息网络技术的迅速发展,产品生产越发趋向标准化和模块化,这使得产品分解成许多标准的模块成为可能,由此推动了产品特别是中间产品的通用性,使上游产业与下游产业之间的连接成本降低,从而促进了全球产业价值链体系的形成。同时,由于计算机通讯技术的发展,国际贸易也开始进入一个信息化、网络化的时代,这使得在全球进行生产的协调成本和交易成本大大减小,提高了国际贸易效率。国际贸易全方位信息化技术的出现,其代表是电子商务的发展和贸易方式的创新,各类国际组织制定出不同类型的国际电子商务的实施方案,其中有联合国全球贸易网点网络建设,它的目的是通过简化和完善国际贸易的程序,借助现代信息和通讯技术,在全球范围内建立起新的贸易程序,从而节省交易时间、降低交易费用、提高交易效率,促使国际分工网络的扩大。它使中小企业可以参与到国际分工中去,而跨国公司则通过投资和外包将它的部分生产环节转移到其他地区的中小企业。运输技术、条形码技术、冷藏技术等的发展降低了产业的国际运输成本,缩短了货物运输的时距,提高了货物运输的效率,使许多原本是区域性产品变成了世界产品。国际贸易的信息化、网络化发展、生产运输成本的下降和生产的标准化和模块化,拓展了国际贸易的空间和场所,缩短了国际贸易的距离和时间,简化了国际贸易的流程,促使了国际贸易活动的无纸化、简易化和智能化的过程,从而带来了贸易方式的重大革命,同时还导致了国际贸易经营主体发生了深刻变化,出现了依托于网络的"虚拟公司"。这种虚拟公司对生产过程和产品进行分解,将其分解为标准化的模块,依据生产链和价值链的分布和单个公司在各自的专业领域拥有比较优势的核心技术,通过现代信息通讯技术把众多公司相互连接为公司群体网络,完成单个公司不能承担的市场功能,可以更加有效地向市场提供商品和服务。这种新型的企业组织形式,在资本关系上不具有强制各个公司发生联系的权力,而是由于某个公司承担了一定的信息搜集处理和传递功能,从而将一系列相关的企业联结成为一个协作共同体。而跨国公司战略联盟便是这种"虚拟公司"的主要表现形式,通过开放系统的动态网络组合寻找资源和联盟,实行"虚拟经营",以适应瞬息万变的经济竞争环境和消费需求向个性化、多样化方向发展的趋势。

制度变迁特别是贸易制度变迁为产业的全球配置提供了制度基础。GATT/WTO多边贸易体制不仅使货物关税降到相当低的水平,同时约束了货物贸易壁垒的各种措施,使国际贸易的制度成本不断下降。GATT/WTO多边贸易体制还将贸易领域进一步拓展到服务贸易和与贸易有关的知识产权,为全球产业供应链特别是产业制造链和产业服务链之间形成有机统一体提供了制度保障。世界产业中介组织为世界产业分工体系的形成提供了产业制度保障,与产业有关的中介机构由两个方面的组成,一是为所有产业提供了公共服务,这主要体现在企业生产过程中,例如 ISO 9000(全球质量标准),ISO 14000(全球环境标准)和 SA 8000(劳工标准);二是某一具体产业中介组织,例如产品标准化机构,产品质量体系认证机构等。

在这种技术条件和制度条件下,贸易方式发生了变革,贸易经营主体发生了变化。这进一步促使了国际分工形式的改变,由原来的垂直一体化分工逐步向垂直分离化分工转变,由此导致了加工贸易的出现。所谓垂直一体化,是指具有投入产出关系的相邻几个生产阶段或企业合为一体的过程。完整的垂直一体化应包括两个方面的内容:一是资产的完全一体化,二是交易的完全内部化。根据 Williamson(1985) 的解释,垂直一体化是为了对付资产专用性提高后由机会主义行为引起的交易不稳定性而采取的治理方式。随着资产专用程度的提高,资产挪作他用的难度加大,即使能挪作他用,也会引起很大的损失。这时,交易双方的交易关系具有高度的依赖性。如果占有有利位置的一方采取机会主义行为,如改变价格,减少、终止供应或购买,另一方将蒙受很大的损失。在这种情况下,企业为减少产生损失的可能性,就可能实行垂直一体化。然而,随着全球市场一体化的进展,生产系统出现了一种新的变化,许多企业越来越多地采用部分外购、外包以及战略联盟的方式来建立企业间的关系,形成一个全球性的生产网络。Feenstra(1998)用垂直分离化来表述这一全球性的生产网络形成过程。垂直分离化实际上是跨国公司根据价值链的分解、治理和控制(下文将要谈到)、比较优势、规模经济等获得长期利润最大和风险最小的一种手段,垂直分离化的研究历史悠久。早在 20 世纪 70年代,Finger(1995)就对美国 20 世纪 60 年代出现的"海外组装"进行了研究。Athndt(1997) 则利用国际贸易常规分析技术,对全球外包和转包等现象进行了研究,并较早使用了全球外包、海外外包、转包、产品内分工等概念。Dixit 和 Grossman(1982)建立了一个理论模型,考察多区段生产系统如何在不同国家分配工序区段。Jones 和 Kierzkowi(1990) "把生产过程分离开来并散布到不同空间区位"的分工形态称为"分段化生产",该研究强调了服务活动对于展开产品内分工的重要性,并指出两个因素推动了生产过程的分散化进程,一是比较优势,二是规模报酬递增。Jones 和 Kierzkowi (1990) 以及Athndt(1997)的论文与其他相关研究成果汇集在一起,后来用"分段化:世界经济的新生产形态"的题目以论文集的形式发表(Jones and Kierzkowi,2001)。还有一些学者将垂直分离化与信息化相联系。Feenstra(1998)提出"全球经济生产非一体化"概念,用不同贸易指标度量了这一生产方式的拓展情况,并评论了信息革命对这一进程的推动作用。另外,Jarillo(1988)对企业间网络化联系进行了研究,Sturgeon(2002)对模块化生产网络问题进行了研究。有的学者则从全球生产的分段化与国际化和公司内部化等的关系,如Fukunari Kimura(1999)采用日本企业层面的微观数据进行了计量分析,分析表明生产的分段化、国际化和公司内部化三者之间存在着紧密的联系。

垂直分离化表现在两个层次上:在地理空间层次上跨国公司通过向海外投资或外包原先在母国的部分企业生产或服务环节,形成离岸生产,跨国公司整合在海外和母国的生产活动,如 Leamer (1996)所指出的离开本土化;在所有权层次上是将原来属于一个公司所有权下的采购、研发、制造、营销等环节外包给别的公司。垂直分离化形成的动因,Czinkota(1992)将其归结为 8 个方面:(1)填补市场的技术空白;(2)处理多余的生产能力;(3)降低风险和市场进入成本;(4)加速产品开发;(5)实现规模经济;(6)克服法律的贸易壁垒;(7)扩大现有业务范围;(8)降低退出行业成本。韩耀、曹杰和庄尚文(2005)则归结为如下方面:(1)产品生命周期的缩短和大规模投资的风险加大;(2)国际贸易交易成本和交易环节的减少;(3)跨国分工的网络效应。

5. 全球价值链的治理、控制和地理分布

全球价值链的治理关系到确定业务活动的地理和功能分配并且确保它们之间协调的管理结构。国际生产体系中价值链治理的形式多种多样,从提供直接管理性监督的所有权(或产权)联系,直到各种非产权联系。在这种联系中,原先独立的中介人——供应商、制造商和分销处,通过诸如特许经销发放许可证、分包、营销合同、共同技术标准或稳定、基于信任的业务关系等各式各样的关系联系起来。基于产权的治理体系将管理内部化,并且允许对各公司特有的利益给予更强有力的保护。如果利益是在品牌名称和营销方面,也许适宜采用比较外部化的管理方式。

全球价值链的控制是指跨国公司通过控制价值链上的某些关键环节来主导价值链的升级、竞争和利益的分配。这种控制可以通过几个方面的策略达到。一是控制价值链上的核心技术和核心开发设计环节或者是控制价值链关键产品模块的生产。在某些价值链上,如汽车价值链、IT 产业价值链等,核心技术的开发设计以及关键产品的生产非常重要。二是控制价值链最终产品的

营销和品牌。跨国公司通过集中于少数几个但是与整个价值链转型、升级和利益分配最密切相关的环节而将其他环节通过产权或者非产权的方式外包出去来获得长期收益最大和风险最小的目的。跨国公司以何种形式进行外包,取决于合约的完善程度、信息不对称的程度和外包双方的谈判能力。如在Feenstra 和 Hanson(2003)中,作者采用讨价还价模型考察了国际外包并将其应用于我国加工贸易。作者发现,由于加工贸易合约的不完全性、资产(包括人力和非人力)的专用性和从事加工贸易双方的谈判权力的差异,在中国,跨国公司有日益将加工贸易企业所有权和加工贸易企业采购权分离的倾向,跨国公司和中国加工贸易企业采购权控制者在对利润通过讨价还价的方法来确定利润分配。而当加工贸易合约为完全合约、外方和中方存在委托代理关系以及双方存在信息不对称时,双方当事人收益最大化选择的结果将导致两项权力被跨国公司独占。跨国公司控制价值链时在成本最小、长期竞争风险最小和利益最大之间进行权衡。在某些时候,跨国公司可能会牺牲成本最小的原则来削减其面临的潜在竞争威胁,在某些时候,跨国公司则通过成本最小的原则在全球分布价值链。

全球价值链的地理分布是指全球价值链链节在全球经济体系中的分布状况。在过去 15 年里,确定跨国公司最佳活动地点的因素有了巨大的变化,因此国际生产体系内部的技术地理分配、生产和营销活动也有了巨大的变化,将生产分散在全世界的做法已经做了几十年,但是在更大的地理规模上走向一体化的趋势还是比较新的。供应链和价值链已经扩展到全球各个新的地区,并且将原先各自为政的区域生产活动结合在一起。然而,虽然对不少交易而言,距离的重要性也许减少了(由于信息技术和通信技术的改进),但对于某些产品来说,接近主要的市场仍然是很重要的。另外一方面,价值链的地理分布也与价值链的控制密切相关。跨国公司在决定价值链的地理分布时,既要保证成本(包括生产成本和交易成本)的最小和收益的最大,也要保证控制的可靠性。市场、成本、价值链的控制等因素决定了全球价值链的地理分布。

6. 国际生产体系、跨国公司和加工贸易

由以上的论述可见,加工贸易是经济全球化、政策自由化、技术进步、规模经济和不完全竞争的产物。随着技术进步、交易成本的降低、各国贸易壁垒的削减,跨国公司利用规模经济在全球引导产品内分工,形成全球价值链,构建国际生产体系,推动国际分工的发展,由此形成了现代加工贸易。其中的逻辑如下,技术进步使得生产链和价值链能够被分解,生产和产品能够被模块化和标准化,同时使得交易成本大大降低,这使得分解价值链,并在全球布置生产成为可能。各国贸易政策自由化以及全球贸易体制的演变为此提供了制度条件。网络经济的外部性使得能通过构建全球生产体系来推动分工网络的扩大,增加市场容量,而规模经济使得集约生产能大幅度降低成本。对生产链和价值链的治理和控制,使得构建全球生产体系能长期保持其核心竞争力,避免激烈的市场竞争的风险,由此可以大大延长产品生命周期,同时也可以避免垂直一体化带来的巨大的管理、协调成本。因此,经济全球化、政策自由化、技术进步、规模经济和不完全竞争为加工贸易的产生提供了客观基础,跨国公司在全球分布和控制价值链从而获得长期收益最大和(竞争)风险最小化的动机及其行为则是推动加工贸易产生的主观力量。两者的结合才是加工贸易产生的充分条件。因此,加工贸易既然是跨国公司为了获得长期收益最大和风险最小,这就决定了加工贸易的地理分布、贸易利益的分配以及转型升级都受到跨国公司全球价值链控制的决定。发展中国家的加工贸易转型与升级战略必然导致全球价值链上各国和各厂商的利益变动,由此导致价值链上争夺价值链控制权的博弈。这种博弈的结果由价值链上的厂商实力决定。由此我们得出另外一个结论,发展中国家的加工贸易转型与升级的成本与可行性由某价值链上的控制该价值链的跨国公司对其控制能力决定。发展中国家在对加工贸易进行转型与升级时,需要仔细分析加工贸易所在价值链上的控制和利益分配情况,由此决定最佳的战略。

1.7 考虑技术、交易成本、工资率的 加工贸易产生的模型

1.7.1 模型假定和分析

本节建立一个考虑市场容量、交易成本、生产成本、比较优势和生产过程

的模型来分析跨国公司的价值链分解过程。

为了简化分析,我们不妨价值链分为三个部分①:最终产品的价值增值链节,为生产最终产品所需的两种中间产品的价值增值链节。我们用 y 来表示跨国公司整合资源生产出来的最终产品,用 x_1, x_2 来表示生产最终产品 y 所需的两个中间产品。假定跨国公司利用 x_1, x_2 来生产 y 的生产函数为 Cobb-Douglas 生产函数:

$$y = A x_1^\alpha x_2^\beta, \alpha, \beta > 0 \qquad (1.7.1)$$

对于跨国公司来说,它在选择中间产品的生产时有两种可能:一是自己生产中间产品 x_1, x_2;二是将 x_1, x_2 的生产外包出去。假设跨国公司生产 x_1, x_2 的生产函数为 Cobb-Douglas 生产函数,形式分别为:

$$x_1 = A_1 K_1^{\alpha_1} L_1^{\beta_1}, \ x_2 = A_2 K_2^{\alpha_2} L_2^{\beta_2}, \ \alpha_1, \alpha_2, \beta_1, \beta_2 > 0 \qquad (1.7.2)$$

其中,雇佣 L_1 类型的劳动力工资率为 $w_1 > 0$,雇佣 L_2 类型的劳动力工资率为 $w_2 > 0$。因此生产 x_1, x_2 所需的总成本为:

$$c(x_1, x_2) = K_1 + K_2 + w_1 L_1 + w_2 L_2 \qquad (1.7.3)$$

如果跨国公司选择将 x_1, x_2 外包出去,则它需要从外包企业中购买这两种中间产品。假设购买这两种中间产品的单位成本分别为 $p_1(x_1), p_2(x_2)$,所需的交易成本为 $t_1(x_1), t_2(x_2)$②。我们假定:

$$p'_1(x_1)x_1 + p_1(x_1) > 0, p'_2(x_2)x_2 + p_2(x_2) > 0, t'_1(x_1) > 0, t'_2(x_2) > 0 \qquad (1.7.4)$$

我们假设网络经济的正外部性存在,即当跨国公司将中间产品的生产外包时,由于产品生产和消费的示范效应和技术溢出效应,还将带来生产网络和消费网络(即最终产品的生产和消费)的扩大。假设消费网络的扩大量与外包的中间商品 x_1, x_2 有关,其函数为 $Q(x_1, x_2)$,则有 $Q(x_1, x_2) > Q$,其中,Q 为最终产品的初始市场容量。根据网络经济正外部性的定义我们有:

---

① 具有多个链节的价值链上的跨国公司的全球化行为可以类似的分析。本文假定价值链只存在三个链节的情形不失为一般性。

② 跨国公司购买中间产品的交易成本包括了谈判成本、运输成本、通信成本等各种涉及产品交易方面的成本。

$$\frac{\partial Q}{\partial x_1} > 0, \qquad \frac{\partial Q}{\partial x_2} > 0 \tag{1.7.5}$$

跨国公司生产的最终产品的价格 $p(y)$ 与产量 y 有关,它为产量 y 的减函数,即有 $p'(y) < 0$,同时总利润随着产量的增加而增加,从而有:

$$p'(y)y + p(y) > 0 \tag{1.7.6}$$

假设跨国公司选择自己生产的中间产品的数量分别为 x_1^1, x_2^1,选择从外部购买中间产品的数量为 x_1^2, x_2^2。跨国公司所拥有的资金总量是有限的,设为 W。跨国公司的最佳生产策略是保证生产的最终产品的数量等于市场容量,即 $y = Q(x_1^2, x_2^2)$。则跨国公司的净利润为:

$$P(x_1^1, x_2^1, x_1^2, x_2^2) = p(y)y - p_1(x_1^2)x_1^2 - p_2(x_2^2)x_2^2 - c(x_1^1, x_2^1)$$
$$- t_1(x_1^2) - t_2(x_2^2) \tag{1.7.7}$$

其中,

$$y = A(x_1^1 + x_1^2)^\alpha (x_2^1 + x_2^2)^\beta$$
$$x_1^1 = A_1 K_1^{\alpha_1} L_1^{\beta_1}$$
$$x_2^1 = A_2 K_2^{\alpha_2} L_2^{\beta_2} \tag{1.7.8}$$
$$c(x_1^1, x_2^1) = K_1 + K_2 + w_1 L_1 + w_2 L_2$$

最大化问题为:

$$\max P(x_1^1, x_2^1, x_1^2, x_2^2)$$
$$y = A(x_1^1 + x_1^2)^\alpha (x_2^1 + x_2^2)^\beta$$
$$x_1^1 = A_1 K_1^{\alpha_1} L_1^{\beta_1}$$
$$s.t. \quad x_2^1 = A_2 K_2^{\alpha_2} L_2^{\beta_2} \tag{1.7.9}$$
$$c(x_1^1, x_2^1) = K_1 + K_2 + w_1 L_1 + w_2 L_2$$
$$c(x_1^1, x_2^1) + p_1(x_1^2)x_1^2 + p_2(x_2^2)x_2^2 + t_1(x_1^2) + t_2(x_2^2) \leqslant W$$

由 (1.7.3)、(1.7.4) 和 (1.7.6),(1.7.9) 等价于如下问题:

$$\max p(y)y$$
$$y = A(x_1^1 + x_1^2)^\alpha (x_2^1 + x_2^2)^\beta$$
$$x_1^1 = A_1 K_1^{\alpha_1} L_1^{\beta_1}$$
$$s.t. \quad x_2^1 = A_2 K_2^{\alpha_2} L_2^{\beta_2}$$

$$c(x_1^1, x_2^1) = K_1 + K_2 + w_1 L_1 + w_2 L_2$$

$$c(x_1^1, x_2^1) + p_1(x_1^2)x_1^2 + p_2(x_2^2)x_2^2 + t_1(x_1^2) + t_2(x_2^2) = W \quad (1.7.10)$$

根据最优化的 K-K-K 条件,存在 λ,使得上述问题的最优解 $x_1^2, x_2^2, K_1,$ K_2, L_1, L_2 满足如下 K-K-T 方程组:

$$(p'(y)y + p)\frac{\partial y}{\partial x_1^2} - \lambda[p'_1(x_1^2)x_1^2 + p_1(x_1^2) + t'_1(x_1^2)] = 0 \quad (A)$$

$$(p'(y)y + p)\frac{\partial y}{\partial x_2^2} - \lambda[p'_2(x_2^2)x_2^2 + p_2(x_2^2) + t'_2(x_2^2)] = 0 \quad (B)$$

$$(p'(y)y + p)\frac{\partial y}{\partial x_1^1}\frac{\partial x_1^1}{\partial K_1} - \lambda = 0 \quad (C)$$

$$(p'(y)y + p)\frac{\partial y}{\partial x_1^1}\frac{\partial x_1^1}{\partial L_1} - \lambda w_1 = 0 \quad (D)$$

$$(p'(y)y + p)\frac{\partial y}{\partial x_2^1}\frac{\partial x_1^1}{\partial K_2} - \lambda = 0 \quad (E)$$

$$(p'(y)y + p)\frac{\partial y}{\partial x_2^1}\frac{\partial x_1^1}{\partial L_2} - \lambda w_2 = 0 \quad (F) \qquad (1.7.11)$$

$$K_1 + K_2 + w_1 L_1 + w_2 L_2 + p_1(x_1^2)x_1^2 + p_2(x_2^2)x_2^2 + t_1(x_1^2) + t_2(x_2^2) = W \quad (G)$$

将(1.7.11)的(C)除以(D)、(E)除以(F),我们得到:

$$K_1 = \frac{\alpha_1 w_1}{\beta_1} L_1, \quad K_2 = \frac{\alpha_2 w_2}{\beta_2} L_2 \qquad (1.7.12)$$

将(1.7.12)代入(1.7.11)的(C)和(E),经过简化得到:

$$L_1 = \left[\alpha\, \alpha_1 A_1 \left(\frac{\alpha_1 w_1}{\beta_1}\right)^{\alpha_1 - 1}\right]^{\frac{1}{1-(\alpha_1+\beta_1)}} \left(\frac{\varphi\, y}{x_1}\right)^{\frac{1}{1-(\alpha_1+\beta_1)}}$$

$$L_2 = \left[\beta\, \alpha_2 A_2 \left(\frac{\alpha_2 w_2}{\beta_2}\right)^{\alpha_2 - 1}\right]^{\frac{1}{1-(\alpha_2+\beta_2)}} \left(\frac{\varphi\, y}{x_2}\right)^{\frac{1}{1-(\alpha_2+\beta_2)}}$$

$$\qquad (1.7.13)$$

$$x_1^1 = A_1 \left(\frac{\alpha_1 w_1}{\beta_1}\right)^{\alpha_1 - 1} \left[\alpha\, \alpha_1 A_1 \left(\frac{\alpha_1 w_1}{\beta_1}\right)^{\alpha_1 - 1}\right]^{\frac{\alpha_1+\beta_1}{1-(\alpha_1+\beta_1)}} \left(\frac{\varphi\, y}{x_1}\right)^{\frac{\alpha_1+\beta_1}{1-(\alpha_1+\beta_1)}}$$

$$x_2^1 = A_2 \left(\frac{\alpha_2 w_2}{\beta_2}\right)^{\alpha_2 - 1} \left[\beta\, \alpha_2 A_2 \left(\frac{\alpha_2 w_2}{\beta_2}\right)^{\alpha_2 - 1}\right]^{\frac{\alpha_2+\beta_2}{1-(\alpha_2+\beta_2)}} \left(\frac{\varphi\, y}{x_2}\right)^{\frac{\alpha_2+\beta_2}{1-(\alpha_2+\beta_2)}}$$

其中,φ 由(1.7.15)定义,且

$$x_1 = x_1^1 + x_1^2, \ x_2 = x_2^1 + x_2^2 \qquad (1.7.14)$$

令：

$$\varphi = p'(y)y + p$$

$$f_1(x_1^2) = p'_1(x_1^2)x_1^2 + p_1(x_1^2) + t'_1(x_1^2) \qquad (1.7.15)$$

$$f_2(x_2^2) = p'_2(x_2^2)x_2^2 + p_2(x_2^2) + t'_2(x_2^2)$$

从(1.7.11)的(A)和(B)，我们可以推得：

$$\frac{y}{x_1} = \frac{f_1(x_1^2)}{\alpha \varphi}, \quad \frac{y}{x_2} = \frac{f_2(x_2^2)}{\beta \varphi}, \quad x_2 = \frac{\beta}{\alpha} \frac{f_1(x_1^2)}{f_2(x_2^2)} x_1 \qquad (1.7.16)$$

再令

$$C_1 = A_1 \left(\frac{\alpha_1 w_1}{\beta_1} \right)^{\alpha_1-1} \left[\alpha \alpha_1 A_1 \left(\frac{\alpha_1 w_1}{\beta_1} \right)^{\alpha_1-1} \right]^{\frac{\alpha_1+\beta_1}{1-(\alpha_1+\beta_1)}}$$

$$= A_1^{\frac{1}{1-(\alpha_1+\beta_1)}} \left(\frac{\alpha_1 w_1}{\beta_1} \right)^{\frac{1}{1-(\alpha_1+\beta_1)}} (\beta \alpha_1)^{\frac{\alpha_1+\beta_1}{1-(\alpha_1+\beta_1)}}$$

$$C_2 = A_2 \left(\frac{\alpha_2 w_2}{\beta_2} \right)^{\alpha_2-1} \left[\beta \alpha_2 A_2 \left(\frac{\alpha_2 w_2}{\beta_2} \right)^{\alpha_2-1} \right]^{\frac{\alpha_2+\beta_2}{1-(\alpha_2+\beta_2)}} \qquad (1.7.17)$$

$$= A_2^{\frac{1}{1-(\alpha_2+\beta_2)}} \left(\frac{\alpha_2 w_2}{\beta_2} \right)^{\frac{1}{1-(\alpha_2+\beta_2)}} (\beta \alpha_2)^{\frac{\alpha_2+\beta_2}{1-(\alpha_2+\beta_2)}}$$

$$F_1(x_1^2) = p_1(x_1^2)x_1^2 + t_1(x_1^2)$$

$$F_2(x_2^2) = p_2(x_2^2)x_2^2 + t_2(x_2^2)$$

则 $F_1(x_1^2)$ 和 $F_2(x_2^2)$ 为跨国公司为购买两种中间产品所需要花的费用（包括交易成本和购买成本），且有

$$f_1(x_1^2) = F'_1(x_1^2), \quad f_2(x_2^2) = F'_2(x_2^2)$$

因此 $f_1(x_1^2)$ 和 $f_2(x_2^2)$ 分别为增加购买单位数量的这两种中间产品所需要多花的成本。注意到(1.7.15)中的 φ 则为多生产单位最终产品所带来的利润的增加量。显然我们有

$$f_1(x_1^2) > 0, f_2(x_2^2) > 0, \varphi > 0 \qquad (1.7.18)$$

由(1.7.13)、(1.7.15)、(1.7.16)和(1.7.17)，我们得到：

$$x_1^1 = C_1 \left(\frac{f_1(x_1^2)}{\alpha} \right)^{\frac{\alpha_1+\beta_1}{1-(\alpha_1+\beta_1)}}, x_2^1 = C_2 \left(\frac{f_2(x_2^2)}{\beta} \right)^{\frac{\alpha_2+\beta_2}{1-(\alpha_2+\beta_2)}} \qquad (1.7.19)$$

由(1.7.14)和(1.7.19)，我们得到：

$$x_1 = x_1^2 + C_1 \left(\frac{f_1(x_1^2)}{\alpha} \right)^{\frac{\alpha_1+\beta_1}{1-(\alpha_1+\beta_1)}}, x_2 = x_2^2 + C_2 \left(\frac{f_2(x_2^2)}{\beta} \right)^{\frac{\alpha_2+\beta_2}{1-(\alpha_2+\beta_2)}}$$

$$(1.7.20)$$

由(1.7.16)和(1.7.20)，我们得到：

$$\frac{x_2^2 + C_2 \left(\frac{f_2(x_2^2)}{\beta} \right)^{\frac{\alpha_2+\beta_2}{1-(\alpha_2+\beta_2)}}}{x_1^2 + C_1 \left(\frac{f_1(x_1^2)}{\alpha} \right)^{\frac{\alpha_1+\beta_1}{1-(\alpha_1+\beta_1)}}} = \frac{\beta}{\alpha} \frac{f_1(x_1^2)}{f_2(x_2^2)} \qquad (1.7.21)$$

由(1.7.11)的(G)，我们得到：

$$\left(1 + \frac{\alpha_1}{\beta_1}\right) \left[\alpha \, \alpha_1 A_1 \left(\frac{\alpha_1 w_1}{\beta_1} \right)^{\alpha_1-1} \right]^{\frac{1}{1-(\alpha_1+\beta_1)}} w_1 \left(\frac{f_1(x_1^2)}{\alpha} \right)^{\frac{\alpha_1+\beta_1}{1-(\alpha_1+\beta_1)}}$$

$$+ \left(1 + \frac{\alpha_2}{\beta_2}\right) \left[\beta \alpha_2 A_2 \left(\frac{\alpha_2 w_2}{\beta_2} \right)^{\alpha_2-1} \right]^{\frac{1}{1-(\alpha_2+\beta_2)}} w_2 \left(\frac{f_2(x_2^2)}{\beta} \right)^{\frac{\alpha_2+\beta_2}{1-(\alpha_2+\beta_2)}}$$

$$+ p_1(x_1^2)x_1^2 + t_1(x_1^2) + p_2(x_2^2)x_2^2 + t_2(x_2^2) = W \qquad (1.7.22)$$

现在我们考察几种简单的情形。我们假定

$$p_1(x_1^2) = p_1, t_1(x_1^2) = \mu + \nu x_1^2, p_2(x_2^2) = p_2, t_2(x_2^2) = \delta + \gamma x_2^2$$

$$(1.7.23)$$

其中，$p_1, p_2, \mu, \nu, \delta, \gamma$ 都是大于 0 的常数。并设：

$$C_3 = C_1 \left(\frac{p_1 + \nu}{\alpha} \right)^{\frac{\alpha_1+\beta_1}{1-(\alpha_1+\beta_1)}}$$

$$C_4 = C_2 \left(\frac{p_2 + \gamma}{\beta} \right)^{\frac{\alpha_2+\beta_2}{1-(\alpha_2+\beta_2)}}$$

$$(1.7.24)$$

$$C_5 = \left(1 + \frac{\alpha_1}{\beta_1}\right) \left[\alpha \, \alpha_1 A_1 \left(\frac{\alpha_1 w_1}{\beta_1} \right)^{\alpha_1-1} \right]^{\frac{1}{1-(\alpha_1+\beta_1)}} w_1$$

$$C_6 = \left(1 + \frac{\alpha_2}{\beta_2}\right) \left[\beta \alpha_2 A_2 \left(\frac{\alpha_2 w_2}{\beta_2} \right)^{\alpha_2-1} \right]^{\frac{1}{1-(\alpha_2+\beta_2)}} w_2$$

在(1.7.23)的假定下，由(1.7.24)的记号，(1.7.21)和(1.7.22)可简化为：

$$x_2^2 - \frac{\beta}{\alpha} \frac{p_1 + \nu}{p_2 + \gamma} x_1^2 = \frac{\beta}{\alpha} \frac{p_1 + \nu}{p_2 + \gamma} C_3 - C_4$$

$$(p_1 + \nu)x_1^2 + (p_2 + \gamma)x_2^2 = W - \left[\frac{C_3 C_5}{C_1} + \frac{C_4 C_6}{C_2} + \mu + \delta\right] \quad (1.7.25)$$

由此解得:

$$x_1^2 = \frac{W + C_4(p_2 + \gamma) - \dfrac{\beta}{\alpha}(p_1 + \nu)C_3 - \left[\dfrac{C_3 C_5}{C_1} + \dfrac{C_4 C_6}{C_2} + \mu + \delta\right]}{\left(1 + \dfrac{\beta}{\alpha}\right)(p_1 + \nu)}$$

$$x_2^2 = \frac{W + C_4(p_2 + \gamma) - \dfrac{\beta}{\alpha}(p_1 + \nu)C_3 - \left[\dfrac{C_3 C_5}{C_1} + \dfrac{C_4 C_6}{C_2} + \mu + \delta\right]}{\left(1 + \dfrac{\beta}{\alpha}\right)(p_2 + \gamma)}\dfrac{\beta}{\alpha}$$

$$+ \frac{\beta}{\alpha}\frac{p_1 + \nu}{p_2 + \gamma}C_3 - C_4$$

$$(1.7.26)$$

记

$$D_1 = A_2^{\frac{1}{1-(\alpha_2+\beta_2)}}\left(\frac{\alpha_2}{\beta_2}\right)^{\frac{1}{1-(\alpha_2+\beta_2)}}(\beta\alpha_2)^{\frac{\alpha_2+\beta_2}{1-(\alpha_2+\beta_2)}}\left(\frac{1}{\beta}\right)^{\frac{\alpha_2+\beta_2}{1-(\alpha_2+\beta_2)}}$$

$$D_2 = A_1^{\frac{1}{1-(\alpha_1+\beta_1)}}\left(\frac{\alpha_1}{\beta_1}\right)^{\frac{1}{1-(\alpha_1+\beta_1)}}(\alpha\alpha_1)^{\frac{\alpha_1+\beta_1}{1-(\alpha_1+\beta_1)}}\left(\frac{1}{\alpha}\right)^{\frac{\alpha_1+\beta_1}{1-(\alpha_1+\beta_1)}} \quad (1.7.27)$$

再记

$$D_3 = \left(1 + \frac{\alpha_1}{\beta_1}\right)\left[\alpha\alpha_1 A_1\left(\frac{\alpha_1}{\beta_1}\right)^{\alpha_1-1}\right]^{\frac{1}{1-(\alpha_1+\beta_1)}}\left(\frac{1}{\alpha}\right)^{\frac{1}{1-(\alpha_1+\beta_1)}}$$

$$D_4 = \left(1 + \frac{\alpha_2}{\beta_2}\right)\left[\beta\alpha_2 A_2\left(\frac{\alpha_2}{\beta_2}\right)^{\alpha_2-1}\right]^{\frac{1}{1-(\alpha_2+\beta_2)}}\left(\frac{1}{\beta}\right)^{\frac{1}{1-(\alpha_2+\beta_2)}} \quad (1.7.28)$$

则有:

$$x_1^2 = \frac{\begin{array}{c}W + D_1 w_2^{\frac{\alpha_2-1}{1-(\alpha_2+\beta_2)}}(p_2+\gamma)^{\frac{1}{1-(\alpha_2+\beta_2)}} - \dfrac{\beta}{\alpha}D_2 w_1^{\frac{\alpha_1-1}{1-(\alpha_1+\beta_1)}}(p_1+\nu)^{\frac{1}{1-(\alpha_1+\beta_1)}} - \\ \left[D_3 w_1^{\frac{-\beta_1}{1-(\alpha_1+\beta_1)}}(p_1+\nu)^{\frac{\alpha_1+\beta}{1-(\alpha_1+\beta_1)}} + D_4 w_2^{\frac{-\beta_2}{1-(\alpha_2+\beta_2)}}(p_2+\gamma)^{\frac{\alpha_2+\beta_2}{1-(\alpha_2+\beta_2)}} + \mu + \delta\right]\end{array}}{\left(1 + \dfrac{\beta}{\alpha}\right)(p_1+\nu)}$$

$$W + D_1 w_2^{\frac{a_2-1}{1-(a_2+\beta_2)}} (p_2 + \gamma)^{\frac{1}{1-(a_2+\beta_2)}} - \frac{\beta}{\alpha} D_2 w_1^{\frac{a_1-1}{1-(a_1+\beta_1)}} (p_1 + \nu)^{\frac{1}{1-(a_1+\beta_1)}} -$$

$$x_2{}^2 = \frac{\left[D_3 w_1^{\frac{-\beta_1}{1-(a+\beta_1)}} (p_1+\nu)^{\frac{a_1+\beta}{1-(a_1+\beta_1)}} + D_4 w_2^{\frac{-\beta_2}{1-(a_2+\beta_2)}} (p_2+\gamma)^{\frac{a_2+\beta_2}{1-(a_2+\beta_2)}} + \mu + \delta \right] \frac{\beta}{\alpha}}{\left(1 + \frac{\beta}{\alpha}\right)(p_2+\gamma)}$$

$$+ \frac{\beta}{\alpha} \frac{p_1+\nu}{p_2+\gamma} D_2 w_1^{\frac{a_1-1}{1-(a_1+\beta_1)}} (p_1+\nu)^{\frac{a_1+\beta_1}{1-(a_1+\beta_1)}} - D_1 w_2^{\frac{a_2-1}{1-(a_2+\beta_2)}} (p_2+\gamma)^{\frac{a_2+\beta_2}{1-(a_2+\beta_2)}}$$

$$(1.7.29)$$

根据对称性,我们只需考察 x_1^2 (即中间产品 1 的外包数量)与本国生产中间产品 1 的劳动力的工资率 w_1 和外包生产购买中间产品 1 所需的成本 $p_1 + \nu$ 的关系。

我们先考察 x_1^2 与 w_1 的关系。注意到

$$\frac{\partial x_1^2}{\partial w_1} = \frac{w_1^{\frac{-\beta_1}{1-(a_1+\beta_1)}-1} (p_1+\nu)^{\frac{a_1+\beta}{1-(a_1+\beta_1)}} \left[\frac{\beta D_2}{\alpha} \frac{\alpha_1-1}{(\alpha_1+\beta_1)-1} \frac{p_1+\nu}{w_1} - \frac{\beta_1 D_3}{(\alpha_1+\beta_1)-1} \right]}{\left(1+\frac{\beta}{\alpha}\right)(p_1+\nu)}$$

$$(1.7.30)$$

因此,

(1)如果生产最终服务的公司所在的国家生产中间产品 x_1 是规模收益递减的,即 $\alpha_1 + \beta_1 < 1$,则有 $\frac{\beta D_2}{\alpha} \frac{\alpha_1-1}{1-(\alpha_1+\beta_1)} \frac{p_1+\nu}{w_1} - \frac{\beta_1 D_3}{1-(\alpha_1+\beta_1)} < 0$,从而有 $\frac{\partial x_1^2}{\partial w_1} > 0$。因此,该国外包中间产品 1 的数量随着该国生产中间产品 1 的劳动力的工资率 w_1 的上升而上升,随之下降而下降。

(2)如果生产最终服务的公司所在的国家生产中间产品 x_1 是规模收益递增的,即 $\alpha_1 + \beta_1 > 1$,则当 $w_1 \leqslant \frac{\beta D_2 (\alpha_1-1)}{\alpha \beta_1 D_3} (p_1 + \nu)$ 时,$\frac{\partial x_1^2}{\partial w_1} \leqslant 0$,因此此时该国外包中间产品 1 的数量随着该国生产中间产品 1 的劳动力的工资率 w_1 的上升而下降,随之下降而上升;当 $w_1 > \frac{\beta D_2 (\alpha_1-1)}{\alpha \beta_1 D_3} (p_1 + \nu)$ 时,$\frac{\partial x_1^2}{\partial w_1} > 0$,此时该国外包中间产品 1 的数量随着该国生产中间产品 1 的劳动力的工资率 w_1 的上升而上升,随之下降而下降。

现在我们考察 x_1^2 与 $p_1 + \nu$ 的关系。为了简化我们的分析,我们设 $z = p_1 + \nu$, $\theta = \dfrac{\alpha_1 + \beta}{1 - (\alpha_1 + \beta_1)}$,以及

$$a = \frac{W + D_1 w_2^{\frac{\alpha_2 - 1}{1 - (\alpha_2 + \beta_2)}}(p_2 + \gamma)^{\frac{1}{1 - (\alpha_2 + \beta_2)}} - \left[D_4 w_2^{\frac{-\beta_2}{1 - (\alpha_2 + \beta_2)}}(p_2 + \gamma)^{\frac{\alpha_2 + \beta_2}{1 - (\alpha_2 + \beta_2)}} + \mu + \delta \right]}{1 + \frac{\beta}{\alpha}}$$

$$b = \frac{\beta D_2 w_1^{\frac{\alpha_1 - 1}{1 - (\alpha_1 + \beta_1)}}}{\alpha + \beta}, c = \frac{\alpha D_3 w_1^{\frac{-\beta_1}{1 - (\alpha_1 + \beta_1)}}}{\alpha + \beta}$$

则

$$x_1^2 = \frac{a - b\, z^{\theta+1} - c z^{\theta}}{z}, \qquad \frac{\partial x_1^2}{\partial z} = -\frac{a + b\,\theta z^{\theta+1} + c(\theta - 1)z^{\theta}}{z^2}$$

$$(1.7.31)$$

由于 $b > 0, c > 0$,因此 $a > 0$。否则 $x_1^2 < 0$,即外包中间产品 1 的数量为负,这不符合本模型的设定。因此只有在 $a > 0$ 时外包才会发生。此时,

(1)当 $1 \geqslant \alpha_1 + \beta_1 > \dfrac{1}{2}$ 时,$\theta = \dfrac{\alpha_1 + \beta_1}{1 - (\alpha_1 + \beta_1)} \in (1, +\infty)$ [①],此时有 $\dfrac{\partial x_1^2}{\partial z}$ < 0,因此,生产最终产品的国家外包中间产品 1 的数量会随着交易费用和购买中间产品 1 的价格的上升而下降,随着其下降而上升。

(2)当 $\alpha_1 + \beta_1 \leqslant \dfrac{1}{2}$ 时,$\theta = \dfrac{\alpha_1 + \beta_1}{1 - (\alpha_1 + \beta_1)} \in (0, 1]$。令 $z^* = \dfrac{c(1 - \theta)}{b(1 + \theta)} = \dfrac{aD_3 w_1 [1 - 2(\alpha_1 + \beta_1)]}{\beta D_2}$ 以及 $d(z) = a + b\theta z^{\theta+1} + c(\theta - 1)z^{\theta}$。若 $d(z^*) \geqslant 0$,则有 $\dfrac{\partial x_1^2}{\partial z} < 0$,此时生产最终产品的国家外包中间产品 1 的数量会随着交易费用和购买中间产品 1 的价格的上升而下降,随着其下降而上升。若 $d(z^*)$ < 0,则 $d(z^*) = 0$ 在 $(0, +\infty)$ 有根时必有两根 $0 < z_1^* < z_2^*$。由于 $d(0) =$

---

① 这是因为 $\theta(x) = \dfrac{x}{1 - x}$ 是关于 x 的增函数。$\theta(0) = 0, \theta(\frac{1}{2}) = 1, \lim\limits_{x \to 1+}\theta(x) = -\infty$,$\lim\limits_{x \to +\infty}\theta(x) = -1, \lim\limits_{x \to 1-}\theta(x) = +\infty$。因此我们可以分别得出当 $x \in (0, \frac{1}{2}], x \in (\frac{1}{2}, 1), x \in (1, +\infty)$ 时 θ 的取值范围。下面的分析可类似地解释。

$a > 0$，因此当 $z \in (0, z_1^*]$ 时，$d(z^*) \geqslant 0$，因此有 $\frac{\partial x_1^2}{\partial z} < 0$。此时生产最终产品的国家外包中间产品 1 的数量会随着交易费用和购买中间产品 1 的价格的上升而下降，随着其下降而上升；当 $z \in (z_1^*, z_2^*]$ 时，$d(z^*) \leqslant 0$，因此有 $\frac{\partial x_1^2}{\partial z} \geqslant 0$。此时生产最终产品的国家外包中间产品 1 的数量会随着交易费用和购买中间产品 1 的价格的上升而上升，随着其下降而下降；当 $z \in (z_2^*, +\infty)$ 时，$d(z^*) > 0$，因此有 $\frac{\partial x_1^2}{\partial z} < 0$，因此生产最终产品的国家外包中间产品 1 的数量会随着交易费用和购买中间产品 1 的价格的上升而下降，随着其下降而上升。

（3）当 $\alpha_1 + \beta_1 > 1$ 时，显然有 $\frac{\partial x_1^2}{\partial z} < 0$，因此此时生产最终产品的国家外包中间产品 1 的数量会随着交易费用和购买中间产品 1 的价格的上升而下降，随着其下降而上升。

（4）显然，如果外包中间产品 1 的跨国公司有中间产品 1 的垄断定价的能力，则它可以通过垄断定价将 $z = p_1 + \nu$ 尽可能地压低，从而使得其外包的数量增加。同样地，如果承包中间产品 1 的国家对本国要素进行扭曲，从而压低了本国生产中间产品 1 的成本，则本国可以得到的承包数量也将可能增加。事实上，在很多发展中国家中，政府为了吸引加工贸易的外资，通过政府力量将本国的土地、劳动力价格或者税收进行了扭曲，人为地压低了中间产品的生产成本，从而使得加工贸易的发展速度大大加快。在我国，由于某些地方政府（如苏州等）的短视行为，为了扩大政绩吸引外资，很多地方的土地被低价提供给外国加工贸易投资厂商，税收在很低的水平上征收，劳动力的价格被认为压低，所有这些降低了加工贸易产品的生产成本。这使得我国加工贸易在过去十几年中发展迅速。

（5）我们看到，外包的中间产品 1 的交易成本也影响着外包的水平。由于交易成本受到通讯、交通、承包国的交易效率、产品生产的标准化等各种因素的影响，随着这些因素的改进，加工贸易随之发展也就不足为奇了。

相似的结论对 x_2^2 也一样成立。

在上述分析中,我们注意到外包中间产品的水平与最终产品的价格 p 没有关系,这说明无论最终产品价格如何,只要最终产品的生产可能进行,那么外包中间产品的水平就不受最终产品价格的影响。这个事实尽管令人惊奇,但其实非常合理,因为外包多少主要受到成本的影响。

1.7.2 结 论

从上述讨论可知,生产最终产品的国家是否将中间产品的生产外包给它国,与该国及它国生产最终产品、中间产品的生产率(由 $A, A_1, A_2, \alpha, \beta, \alpha_1, \beta_1$ 和 α_2, β_2 体现)、该国生产中间产品的工资率(由 w_1, w_2 体现)、外包中间产品的成本(由 $\mu, \delta, \nu, \gamma, p_1, p_2$ 体现)有关。在技术不变的情况下(即 A, A_1, A_2, α, β, α_1, β_1 和 α_2, β_2 保持恒定),规模经济、该国生产中间产品的工资率和外包购买中间产品的价格以及交易成本有密切关系。总的来说,在外包可能发生的情况下(即 $a > 0$),规模经济强烈地影响了外包,同时该国生产中间产品的工资率越高,外包的可能性和外包的数量越大,类似地,它国生产的中间产品的价格和交易中间产品的交易成本越低,外包的可能性和外包的数量越大。这些都很符合人们的直觉。

1.8 最终产品的生产需要固定比例的中间产品的均衡模型

1.8.1 模型的说明及假定

在上一节的模型中,我们考察了最终产品需要两种中间产品进行生产情形的外包数量与工资率、交易成本等因素的关系。在上节的分析中,这两种中间产品可以互相替代。但在很多情况下(尤其是现代生产),生产一种最终产品所需要的中间产品的比例是固定的,亦即,要素之间是不可替代的。可以想象,不可替代的要素必然会影响最终产品生产国的外包[①]。另外,在上节的分

① 应该指出,要素的可替代性本质上不会影响上一节关于外包的结论。

析中,跨国公司外包中间产品的生产时并没有考虑到承包中间产品的生产的国家是否会接受中间产品生产的承包。此外,上节的模型也未考虑到外包国和承包国为生产中间产品所需的进入成本、为交易中间产品所需的交易成本。而事实上,外包国和承包国在进行中间产品的生产时需要支付一部分沉没成本,而且在交易中间产品时也有一个起始成本①。以往考察生产的沉没成本和交易的起始成本时往往将其平均分摊到生产或交易的产品中,但这种平摊的方法意味着交易和生产能够连续进行。事实上,交易和生产的当事者可以进行也可以不进行交易和生产,交易和生产能够进行当且仅当当事者在其中获得的净收益能大于 0。生产最终产品的国家和承包中间产品的国家就是根据外包和承包给他们带来的净收益进行决策。这是一个动态的博弈过程。而上节的模型未能反映这一点。因此,我们需要将这些因素考虑在内进行分析。

本节考察中间产品承包国和中间产品外包国是否承包和外包。本节将建立一个考虑交易成本、生产进入成本(沉没成本)加工贸易的均衡分析框架。在此框架内,本节将分析加工贸易外包和承包将发生的条件。

我们假定世界上只有两个国家:A 国和 B 国,各国的制造业开放。我们假定 A 国的资源禀赋为 W_A,B 国的资源禀赋为 W_B。A 国进行一种最终产品 y 的生产,该最终产品只能由 A 国生产,且其生产需要一种中间产品 x 的投入,该中间产品的生产则既可由 A 国进行也可由 B 国进行。我们假设两国的劳动力短期供给充足,不会由于劳动力需求的增加而导致工资的上升,因此工资水平恒定。

我们假定 A 国生产最终产品 y 和中间产品 x 的生产函数分别为:

$$y = AL_y, L_y = \tau x, \quad x = A_1 K_A^{\alpha} L_{Ax}^{\beta} \qquad (1.8.1)$$

其中,L_{Ax}, L_y, K_A 分别表示用于中间产品、最终产品生产所雇佣的劳动力以及用于中间产品生产所需的资本,$A, A_1, \alpha, \beta, \alpha_1, \beta_1 > 0$。假定 A 国生产中间产品和最终产品的劳动力的价格分别为 w_{Ax}, w_y。并设 A 国从 B 国购买中

---

① 即一旦进行交易,则需要支付一个固定数额的成本,随着交易量的增加,交易成本也逐渐增加。

间产品的价格为 p_x ,最终产品的市场价格 $p_y = p(y)$ 与其供给有关,为:

$$p(y) = m - ny \tag{1.8.2}$$

我们假定 A 国进入最终产品的生产,需要支付的沉没成本为 $c_y > 0$,该国如果要进入中间产品 x 的生产,需要沉没成本 $c_{Ax} > 0$,而其如果要购买中间产品 x ,则需支付交易成本 $t_A(x)$ 。我们假定交易成本函数为:

$$t_A(x) = \begin{cases} \delta_A + \eta_A x & if \quad x > 0 \\ 0 & else \end{cases}, \delta_A, \eta_A > 0 \tag{1.8.3}$$

我们假定 B 国如果进入中间产品 x 的生产,则需支付沉没成本 $c_{Bx} > 0$,并设其中间产品 x 的生产函数是

$$x = A_2 K_B^{\alpha_2} L_{Bx}^{\beta_2} \tag{1.8.4}$$

同样地,它为了进行中间产品 x 的交易,需要支付交易成本。我们设其交易成本函数为:

$$t_B(x) = \begin{cases} \delta_B + \eta_B x & if \quad x > 0 \\ 0 & else \end{cases} \tag{1.8.5}$$

本文中假定 B 国货币兑换 A 国货币的汇率为 $1^①$, B 国为生产中间产品 x 所雇佣的劳动力的工资率为 w_{Bx} 。

我们假设 A 国生产 $y > 0$ 单位的最终产品,自身生产 x_A 单位的中间产品,并从 B 国购买 x_B 单位的中间产品。显然, A 国为了进行最终产品的生产,需要 $x = x_A + x_B > 0$ 。则 A 国面临如下三种可能的情形:

(1) $x_A = 0$ 。此时 A 国为了生产 y 单位的最终产品,需要支付的成本为:

$$c_A(y) = c_y + w_y L_y + t_A(x_B) + p_x x_B = c_y + \delta_A + w_y L_y + (\eta_A + p_x) x_B \tag{1.8.6}$$

因此其净利润最大化问题为:

$$\max \quad my - ny^2 - [c_y + \delta_A + w_y L_y + (\eta_A + p_x) x_B]$$

$$s.t. \qquad y = A\tau x_B, L_y = \tau x_B \tag{1.8.7}$$

$$c_y + \delta_A + w_y L_y + (\eta_A + p_x) x_B \leqslant W_A$$

---

① 本文假定 B 国和 A 国的汇率为 1 纯粹是为了简化分析。但毫无疑问,汇率会影响外包和承包的进行。

(2) $x_A > 0, x_B > 0$。此时 A 国为了生产 y 单位的最终产品,需要支付的成本为:

$$c_A(y) = c_y + c_{Ax} + K_{Ax} + w_{Ax}L_{Ax} + w_yL_y + t_A(x_B) + p_xx_B = c_y + c_{Ax} + \delta_A + K_{Ax} + w_{Ax}L_{Ax} + w_yL_y + (\eta_A + p_x)x_B \qquad (1.8.8)$$

因此其净利润最大化问题为:

$$\max \quad my - ny^2 - [c_y + c_{Ax} + \delta_A + K_A + w_{Ax}L_{Ax} + w_yL_y + (\eta_A + p_x)x_B]$$

$$s.t. \quad y = A\tau(x_A + x_B)$$

$$x_A = A_1 K_A^{\alpha_1} L_{Ax}^{\beta_1}$$

$$c_y + c_{Ax} + \delta_A + K_{Ax} + w_{Ax}L_{Ax} + w_yL_y + (\eta_A + p_x)x_B \leqslant W_A$$

$$\qquad (1.8.9)$$

(3) $x_B = 0$。此时 A 国为了生产 y 单位的最终产品,需要支付的成本为:

$$c_A(y) = c_y + c_{Ax} + K_{Ax} + w_{Ax}L_{Ax} + w_yL_y \qquad (1.8.10)$$

因此,其净利润最大化问题为:

$$\max \quad my - ny^2 - (c_y + c_{Ax} + K_A + w_{Ax}L_{Ax} + w_yL_y)$$

$$s.t. \qquad y = A\tau x_A, x_A = A_1 K_{Ax}^{\alpha_1} L_{Ax}^{\beta_1} \qquad (1.8.11)$$

$$c_y + c_{Ax} + K_{Ax} + w_{Ax}L_{Ax} + w_yL_y \leqslant W_A$$

对于 B 国来说,其承包的中间产品 x 的数量为 x_B,它面临两种情形:

(4) $x_B = 0$。则 B 国的利润和成本都为 0。

(5) $x_B > 0$。则 B 国为生产中间产品 x 所支付的成本为:

$$c_B(x_B) = c_{Bx} + t_B(x_B) + K_B + w_{Bx}L_{Bx} = c_{Bx} + \delta_B + \eta_Bx_B + K_B + w_{Bx}L_{Bx}$$

$$\qquad (1.8.12)$$

因此 B 国的净利润最大化问题为:

$$\max \quad p_xx_B - (c_{Bx} + \delta_B + \eta_Bx_B + K_B + w_{Bx}L_{Bx})$$

$$s.t. \qquad x_B = A_2 K_B^{\alpha_2} L_{Bx}^{\beta_2} \qquad (1.8.13)$$

$$c_{Bx} + \delta_B + \eta_Bx_B + K_B + w_{Bx}L_{Bx} \leqslant W_B$$

在本文中,为了简化分析,我们假定 $\alpha_1 + \beta_1 \neq 1, \alpha_2 + \beta_2 \neq 1$。这种假定纯粹是为了简化推导过程,而不会影响问题分析的结果。

1.8.2　模型分析

1. B 国承包中间产品的分析

显然,对 B 国来说,B 国承担中间产品 x 的生产当且仅当下式成立:

$$p_x x_B + W_A \geqslant 2(c_{Bx} + \delta_B + \eta_B x_B + K_B + w_{Bx} L_{Bx}) \tag{1.8.14}$$

现在我们来分析问题(1.8.13)。

(1)如果该问题的解在 $c_{Bx} + \delta_B + \eta_B x_B + K_B + w_{Bx} L_{Bx} < W_B$ 处达到,此时问题(1.8.13)等价于如下无约束最优化问题:

$$\max_{K_B, L_{Bx}} p_x A_2 K_B^{\alpha_2} L_{Bx}^{\beta_2} - (c_{Bx} + \delta_B + \eta_B A_2 K_B^{\alpha_2} L_{Bx}^{\beta_2} + K_B + w_{Bx} L_{Bx})$$

$$\tag{1.8.15}$$

容易求得该问题的最优解为:

$$K_B = \frac{\alpha_2 w_{Bx}}{\beta_2} L_{Bx}, L_{Bx} = \left(\frac{\alpha_2 A_2 (p_x - \eta_B)(\alpha_2 w_{Bx})^{\alpha_2 - 1}}{\beta_2^{\alpha_2 - 1}}\right)^{\frac{1}{1-(\alpha_2 + \beta_2)}}, \alpha_2 + \beta_2 \neq 1$$

$$\tag{1.8.16}$$

由于

$$x_B = A_2 K_B^{\alpha_2} L_{Bx}^{\beta_2} = A_2 \left(\frac{\alpha_2 w_{Bx}}{\beta_2}\right)^{\frac{\beta_2}{\alpha_2 + \beta_2 - 1}} [\alpha_2 A_2 (p_x - \eta_B)]^{\frac{\alpha_2 + \beta_2}{1-(\alpha_2 + \beta_2)}}$$

因此,当不存在规模经济(即 $\alpha_2 + \beta_2 < 1$)时,B 国承包中间产品的数量随工资率的上升而下降,随着中间产品的交易的边际收益(即 $p_x - \eta_B$)的增加而增加;而当存在规模经济即 $\alpha_2 + \beta_2 > 1$ 时,情况恰好相反[①]。

这样,B 国会承担中间产品 x 的生产当且仅当下式成立:

$$(p_x - 2\eta_B) A_2 \left(\frac{\alpha_2 w_{Bx}}{\beta_2}\right)^{\alpha_2} \left(\frac{(\alpha_2 w_{Bx})^{1-\alpha_2}}{\beta_2^{1-\alpha_2} \alpha_2 A_2 (p_x - \eta_B)}\right)^{\frac{\alpha_2 + \beta_2}{\alpha_2 + \beta_2 - 1}} + W_A$$

$$\tag{1.8.17}$$

$$-2\left[c_{Bx} + \delta_B + \left(1 + \frac{\alpha_2}{\beta_2}\right) w_{Bx} \left(\frac{(\alpha_2 w_{Bx})^{1-\alpha_2}}{\beta_2^{1-\alpha_2} \alpha_2 A_2 (p_x - \eta_B)}\right)^{\frac{1}{\alpha_2 + \beta_2 - 1}}\right] \geqslant 0$$

(2)如果该问题的解在 $c_{Bx} + \delta_B + \eta_B x_B + K_B + w_{Bx} L_{Bx} = W_B$ 处达到,此时

---

① 这是因为当存在规模经济时,B 国单位劳动力和资本能生产出更多的中间产品,在 B 国从 A 国购买中间产品所得到的边际收益不变的情况下,这意味着其收益相应增加,因此有这样的结果发生。

问题(1.8.13)等价于如下约束最优化问题：

$$\max \qquad p_x A_2 K_B^{\alpha_2} L_{Bx}^{\beta_2}$$

$$s.t. \qquad c_{Bx} + \delta_B + \eta_B A_2 K_B^{\alpha_2} L_{Bx}^{\beta_2} + K_B + w_{Bx} L_{Bx} = W_B \qquad (1.8.18)$$

用拉格朗日方法以及根据约束最优化问题的 K-K-T 条件，我们求得问题(1.8.18)的最优解为：

$$K_B = \frac{\alpha_2 w_{Bx}}{\beta_2} L_{Bx}, L_{Bx} = \arg\left\{ \eta_B A_2 \left(\frac{\alpha_2 w_{Bx}}{\beta_2}\right)^{\alpha_2} L_{Bx}^{\alpha_2 \beta_2} + \left(\frac{\alpha_2}{\beta_2} + 1\right) w_{Bx} L_{Bx} = W_B - c_{Bx} - \delta_B \right\} \quad ①$$

$$(1.8.19)$$

其中" $\arg\{\cdot\}$ "表示" $\cdot$ "的解。注意到 $x_B = A_2 \left(\frac{\alpha_2 w_{Bx}}{\beta_2}\right)^{\alpha_2} L_{Bx}^{\alpha_2 + \beta_2}$ ，因此根据(1.8.19)我们容易得到 x_B 随着 w_{Bx} 、$c_{Bx} + \delta_B$ 和 η_B 的上升而下降，随着 w_{Bx}、$c_{Bx} + \delta_B$ 和 η_B 的下降而上升②。

此时，B 国将承包中间产品 x 的生产当且仅当 $p_x A_2 K_B^{\alpha_2} L_{Bx}^{\beta_2} \geqslant W_B$ ，由此推出：

$$\left(1 - \frac{\eta_B}{p_x}\right) W_B - c_{Bx} - \delta_B - \left(\frac{\alpha_2}{\beta_2} + 1\right) w_{Bx} L_{Bx} \geqslant 0 \qquad (1.8.20)$$

因此，B 国会否承担中间产品 x 的生产在于(1.8.17)或者(1.8.20)会否至少有一式成立，且 B 国会否用尽其资源禀赋进行该中间产品的生产取决于(1.8.17)和(1.8.20)两式左边的大小。

因此，综合上述两种情况，B 国承包中间产品 x_B 的最佳数量与规模经济、该国工资率、交易成本、进入成本以及在承包中获得的边际收益有关。但由于 B 国是否承包和承包多少主要受 A 国的中间产品外包策略（包括外包数量、

---

① 方程 $\eta_B A_2 \left(\frac{\alpha_2 w_{Bx}}{\beta_2}\right)^{\alpha_2} L_{Bx}^{\alpha_2 + \beta_2} + \left(\frac{\alpha_2}{\beta_2} + 1\right) w_{Bx} L_{Bx} = W_B - c_{Bx} - \delta_B$ 必有唯一解。这是因为该式子左边是关于 L_{Bx} 的增函数，且当 $L_{Bx} = 0$ 时为 0，当 $L_{Bx} = +\infty$ 时为 $+\infty$，而 B 国能够进行承包，其资源禀赋 W_B 必然大于为进行承包所需的起始交易成本和进入中间产品的生产的沉没成本之和（即 $W_B - c_{Bx} - \delta_B > 0$）。这样，根据连续函数的介值定理，该方程必定有唯一解。

② 要得出这一点，只需要对方程 $\eta_B A_2 \left(\frac{\alpha_2 w_{Bx}}{\beta_2}\right)^{\alpha_2} L_{Bx}^{\alpha_2 + \beta_2} + \left(\frac{\alpha_2}{\beta_2} + 1\right) w_{Bx} L_{Bx} = W_B - c_{Bx} - \delta_B$ 两边关于所要考察的参数（如 w_{Bx}，而其他参数保持不变）求导并考察 $\frac{dx_B}{dw_{Bx}}$ 的符号即可。

定价等方面)影响,因此在实际中其关于中间产品的承包数量并不一定如最佳情况所述。具体的关系如上面所述。对于意图通过外贸发展本国经济的发展中国家而言,只要其承包的净利润大于 0,则承包有可能进行,尽管承包可能在 A 国的垄断低价下进行。而在实际经济中,B 国甚至有可能通过对本国要素进行扭曲来获得承包。中国的加工贸易就是其中一例。

2. A 国外包中间产品的分析

现在我们分析 A 国的利润最大化问题。有三种情形:

(1) $x_A = 0$。此时如果问题(1.8.7)的最优解在 $c_y + \delta_A + w_y L_y + (\eta_A + p_x)x_B < W_A$ 处达到,问题(1.8.7)等价于如下无约束优化问题:

$$\max_{x_B, L_y} mA\tau x_B - n\tau^2 A^2 x_B^2 - [c_y + \delta_A + \tau w_y x_B + (\eta_A + p_x)x_B] \qquad (1.8.21)$$

其最优解为:

$$x_B = \frac{\tau(mA - w_y) - (\eta_A + p_x)}{2n\tau^2 A^2} \qquad (1.8.22)$$

容易看出,在这种情况下,A 国外包中间产品 x 的边际成本 $\eta_A + p_x$ 越大,外包的数量越小;最终产品生产的劳动力的工资率越大[①],外包的数量越小;最终产品的价格关于供给的弹性越小,外包数量越大。

若问题(1.8.7)的最优解在 $c_y + \delta_A + w_y L_y + (\eta_A + p_x)x_B = W_A$ 处达到,此时问题等价于如下约束优化问题:

$$\max \qquad mA\tau x_B - n\tau^2 A^2 x_B^2$$
$$s.t. \quad c_y + \delta_A + w_y L_y + (\eta_A + p_x)x_B = W_A \qquad (1.8.23)$$

求解上述问题,我们得到其最优解为:

$$x_B = \frac{W_A - c_y - \delta_A}{\tau w_y + \eta_A + p_x} \qquad (1.8.24)$$

该式子明确表明,在这种情况下,外包数量随 A 国的中间产品和最终产品的进入成本的增加而减少,与购买中间产品的边际成本成反比,与生产最终产品的劳动力的工资率成反比,与生产最终产品的劳动生产率[②]成正比。

---

① 这是因为最终产品的生产不可由 B 国代替。这样,A 国为了获得尽可能多的利润,需要将更多的资源禀赋用于最终产品的生产,由此不得不削减中间产品的外包。

② 容易看出,最终产品的劳动生产率可以用 $1/\tau$ 来表示。

上述两种情况的结果表明,在 $x_A = 0$ 的情况下,A 国外包中间产品 x 的数量与购买中间产品的边际成本成反向相关的关系,与最终产品的劳动生产率和工资率成反比,与中间产品和最终产品的进入成本(沉没成本)成反向相关的关系,与最终产品关于供给的弹性成反比。

(2) $x_A > 0, x_B > 0$。此时如果问题(1.8.9)的最优解在 $c_y + c_{Ax} + \delta_A + K_{Ax} + w_{Ax}L_{Ax} + w_y L_y + (\eta_A + p_x)x_B < W_A$ 处达到,则问题(1.8.9)等价于如下无约束最优化问题:

$$\max_{K_A, L_{Ax}, x_B} mA\tau(A_1 K_A^{\alpha_1} L_{Ax}^{\beta_1} + x_B) - nA^2\tau^2(A_1 K_A^{\alpha_1} L_{Ax}^{\beta_1} + x_B)^2 - [c_y + c_{Ax} + \delta_A + K_{Ax} + w_{Ax}L_{Ax} + \tau w_y(A_1 K_A^{\alpha_1} L_{Ax}^{\beta_1} + x_B) + (\eta_A + p_x)x_B] \quad (1.8.25)$$

该问题的最优解为:

$$K_A = \frac{\alpha_1 w_{Ax}}{\beta_1}L_{Ax}, \quad L_{Ax} = \left(\frac{\alpha_1 A_1(\eta_A + p_x)(\alpha_1 w_{Ax})^{\alpha_1 - 1}}{\beta_1^{\alpha_1 - 1}}\right)^{\frac{1}{1-(\alpha_1+\beta_1)}},$$

$$x_B = \frac{\tau(mA - w_y) - (\eta_A + p_x)}{2n\tau^2 A^2} - A_1\left(\frac{\alpha_1 w_{Ax}}{\beta_1}\right)^{\frac{-\beta_1}{1-(\alpha_1+\beta_1)}}[\alpha_1 A_1(\eta_A + p_x)]^{\frac{\alpha_1+\beta_1}{1-(\alpha_1+\beta_1)}}$$

$$(1.8.26)$$

在这种情况下,A 国外包中间产品 x 的数量和该国生产最终产品的劳动生产率、工资率、最终产品关于供给的弹性的关系和 $x_A = 0$ 的情形相似。如果 $\alpha_1 + \beta_1 < 1$,则由于 $\dfrac{dx_B}{dw_{Ax}} > 0$,随着 A 国生产中间产品劳动力的工资率上升,A 国外包中间产品的数量将上升,反之则下降;同样的结果对于购买中间产品的边际成本 $\eta_A + p_x$ 也成立;但当 $\alpha_1 + \beta_1 > 1$ 时,由于 $\dfrac{dx_B}{dw_{Ax}} < 0$,所以 A 国外包中间产品的数量 x_B 随着其生产中间产品劳动力的工资率上升而下降,随之下降而上升;而对于购买中间产品的边际成本 $\eta_A + p_x$ 来说,当 $\eta_A + p_x$ 小于某个值 $\theta^* = \dfrac{1}{\alpha_1 A_1}\left[\dfrac{2n\tau^2 A^2(\alpha_1+\beta_1)\alpha_1 A_1^2}{\alpha_1+\beta_1-1}\left(\dfrac{\alpha_1 w_{Ax}}{\beta_1}\right)^{\frac{-\beta_1}{1-(\alpha_1+\beta_1)}}\right]^{\frac{\alpha_1+\beta_1-1}{2(\alpha_1+\beta_1)-1}} > 0$ [①] 时,

---

① 该值为方程 $\dfrac{dx_B}{d(\eta_A + p_x)} = \dfrac{(\alpha_1+\beta_1)\alpha_1 A_1^2}{\alpha_1+\beta_1-1}\left(\dfrac{\alpha_1 w_{Ax}}{\beta_1}\right)^{\frac{-\beta_1}{1-(\alpha_1+\beta_1)}}[\alpha_1 A_1(\eta_A + p_x)]^{\frac{2(\alpha_1+\beta_1)-1}{1-(\alpha_1+\beta_1)}} - \dfrac{1}{2n\tau^2 A^2} = 0$ 的解。

A 国外包中间产品的数量 x_B 随着之上升而上升,随之下降而下降;而当 $\eta_A + p_x$ 大于值 θ^* 时,A 国外包中间产品的数量 x_B 随着之上升而下降,随之下降而上升。可见,规模经济在很大程度上影响了外包的形式和数量。这从某个方面证明了克鲁格曼的观点($Krugman$,1996)。

如果问题(1.8.9)的最优解在 $c_y + c_{Ax} + \delta_A + K_{Ax} + w_{Ax}L_{Ax} + w_yL_y + (\eta_A + p_x)x_B = W_A$ 处达到,则问题(1.8.9)等价于如下约束最优化问题:

$$\max \quad mA\tau(A_1K_A^{\alpha}L_{Ax}^{\beta} + x_B) - nA^2\tau^2(A_1K_A^{\alpha}L_{Ax}^{\beta} + x_B)^2$$

$$s.t \quad c_y + c_{Ax} + \delta_A + K_{Ax} + w_{Ax}L_{Ax} + \tau w_y(A_1K_A^{\alpha}L_{Ax}^{\beta} + x_B)$$

$$+ (\eta_A + p_x)x_B = W_A \tag{1.8.27}$$

该问题的最优解为:

$$K_A = \frac{\alpha_1 w_{Ax}}{\beta_1}L_{Ax}, L_{Ax} = \left[\frac{\alpha_1 A_1(\eta_A + p_x)(\alpha_1 w_{Ax})^{\alpha_1 - 1}}{\beta_1^{\alpha_1 - 1}}\right]^{\frac{1}{1-(\alpha_1+\beta_1)}},$$

$$x_B = \frac{W_A - (c_y + c_{Ax} + \delta_A) - \left(\frac{\alpha_1 w_{Ax}}{\beta_1}\right)^{\frac{-\beta_1}{1-(\alpha_1+\beta_1)}}[\alpha_1 A_1(\eta_A + p_x)]^{\frac{\alpha_1+\beta_1}{1-(\alpha_1+\beta_1)}}\left[\left(1 + \frac{\beta_1}{\alpha_1}\right)[\alpha_1 A_1(\eta_A + p_x)] - \tau w_y A_1\right]}{\tau w_y + \eta_A + p_x}$$

$$\tag{1.8.28}$$

式子(1.8.28)表明,在此情况下,A 国外包中间产品 x_B 的数量与最终产品和 A 国本身生产中间产品的进入成本 $c_y + c_{Ax}$ 成反向关系,与最终产品的劳动生产率和工资率 w_y 成反比①。另外,当 $\alpha_1 + \beta_1 < 1$ 时,因为 $\frac{dx_B}{dw_{Ax}} > 0$,

---

① 这只要考察函数 $g(\tau) = \frac{a - b\tau}{c\tau + d}$ 的关于 x 的单调性即可,其中,$b = w_y A_1\left(\frac{\alpha_1 w_{Ax}}{\beta_1}\right)^{\frac{-\beta}{1-(\alpha_1+\beta_1)}}[\alpha_1 A_1(\eta_A + p_x)]^{\frac{\alpha_1+\beta}{1-(\alpha_1+\beta_1)}} > 0$,

$a = W_A - (c_y + c_{Ax} + \delta_A) - \left(\frac{\alpha_1 w_{Ax}}{\beta_1}\right)^{\frac{-\beta}{1-(\alpha_1+\beta_1)}}[\alpha_1 A_1(\eta_A + p_x)]^{\frac{\alpha_1+\beta}{1-(\alpha_1+\beta_1)}}\left(1 + \frac{\beta_1}{\alpha_1}\right)[\alpha_1 A_1(\eta_A + p_x)] > 0$ (为了保证能够进入最终产品和中间产品的生产和外包),$c = w_y, d = \eta_A + p_x$。这是显然的,因为 $g'(\tau) = -\frac{ac + bd}{(c\tau + d)^2}$。类似的结论对 w_y 成立。

因此 A 国外包中间产品的数量随该国生产中间产品的工资率的上升而上升，随之下降而下降；此时，由于 $\dfrac{dx_B}{d(\eta_A + p_x)} < 0$，因此 A 国外包中间产品的数量随该国购买中间产品的边际成本的上升而下降，随之下降而上升；而当 $\alpha_1 + \beta_1 > 1$ 时，由于 $\dfrac{dx_B}{dw_{Ax}} < 0$，因此 A 国外包中间产品的数量随该国生产中间产品的工资率的上升而下降，随之下降而上升；此时，存在 $\vartheta^* > 0$[①]，使得，当 $w_{Ax} \leqslant \vartheta^*$ 时，$\dfrac{dx_B}{d(\eta_A + p_x)} \geqslant 0$，因此 A 国外包中间产品的数量随该国购买中间产品的边际成本的上升而上升，随之下降而下降；而当 $w_{Ax} > \vartheta^*$ 时，$\dfrac{dx_B}{d(\eta_A + p_x)} < 0$，因此 A 国外包中间产品的数量随该国购买中间产品的边际成本的上升而下降，随之下降而上升。显然，在规模经济存在情形，外包的数量和我们的直觉有所不同。

（3）$x_B = 0$。此时如果 A 国净利润最大在 $c_y + c_{Ax} + K_A + w_{Ax}L_{Ax} + w_yL_y < W_A$ 处达到，则问题(1.8.11)等价于如下无约束最优化问题：

$$\max_{K_A, L_{Ax}, x_B} mA\tau A_1 K_{Ax}^{\alpha_1} L_{Ax}^{\beta_1} - nA^2\tau^2 A_1^2 K_{Ax}^{2\alpha_1} L_{Ax}^{2\beta_1} - (c_y + c_{Ax} + K_{Ax} + w_{Ax}L_{Ax} + \tau w_y A_1 K_{Ax}^{\alpha_1} L_{Ax}^{\beta_1}) \tag{1.8.29}$$

其最优解为：

$$K_A = \frac{\alpha_1 w_{Ax}}{\beta_1} L_{Ax}, \quad L_{Ax} = \left(\frac{\alpha_1 A_1(\eta_A + p_x)(\alpha_1 w_{Ax})^{\alpha_1 - 1}}{\beta_1^{\alpha_1 - 1}}\right)^{\frac{1}{1 - (\alpha_1 + \beta_1)}} \tag{1.8.30}$$

如果其净利润最大在 $c_y + c_{Ax} + K_A + w_{Ax}L_{Ax} + w_yL_y = W_A$ 达到，则问题(1.8.11)等价于如下优化问题：

$$\max \quad mA\tau A_1 K_{Ax}^{\alpha_1} L_{Ax}^{\beta_1} - nA^2\tau^2 A_1^2 K_{Ax}^{2\alpha_1} L_{Ax}^{2\beta_1}$$
$$s.t. \quad c_y + c_{Ax} + K_A + w_{Ax}L_{Ax} + \tau w_y A_1 K_{Ax}^{\alpha_1} L_{Ax}^{\beta_1} = W_A \tag{1.8.31}$$

其最优解为：

---

① ϑ^* 是方程 $\dfrac{dx_B}{d(\eta_A + p_x)} = 0$ 的根。容易证明该根存在唯一。

$$K_A = \frac{\alpha_1 w_{Ax}}{\beta_1} L_{Ax}, L_{Ax} = \arg\left\{ c_y + c_{Ax} + \left(1 + \frac{\alpha_1}{\beta_1}\right) w_{Ax} L_{Ax} + \tau w_y A_1 \left(\frac{\alpha_1 w_{Ax}}{\beta_1}\right)^{\alpha_1} L_{Ax}^{\alpha_1 + \beta_1} = W_A \right\}$$

$$(1.8.32)$$

综合以上三种情况，A 国是否外包以及外包多少中间产品 x 给 B 国，要考察上述三种外包策略给 A 国带来的收益最多以后再决定。但由我们的分析可知，无论 A 国采取上述三种外包策略的哪一种，一般来说，规模经济、最终产品的劳动生产率、劳动力工资率、中间产品的交易成本和购买价格、最终产品和中间产品的进入成本都会影响外包和承包的发生及其数量的大小，而对于不同策略的影响方式如前所述。我们看到，其中的某些方面非常符合我们的直觉，但有些方面则有些出人意料。值得指出的是，尽管 A 国有外包中间产品 x 的意向，B 国并不一定会承包中间产品的生产，而要看其承包所获得的净利润是否大于原始资源禀赋。在实际中究竟哪种情况发生，视乎 A、B 两国的博弈结果。其博弈过程可由下述扩展树表示：

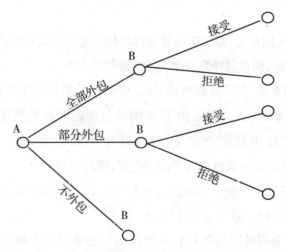

图 1—1　A、B 两国关于中间产品外包和承包的博弈过程

3. 一个例子

假设有 A、B 两个国家，其情况如前所述，其中各国相对应的数据如下所示：

$$p_x = 2, m = 100, n = 0.05, \tau = 10, A = 1.5, A_1 = 1.8, A_2 = 1.13,$$

$\alpha_1 = 0.6, \beta_1 = 0.7,$

$\alpha_2 = 0.5, \beta_2 = 0.6, c_y = 2000, c_{Ax} = 2000, c_{bx} = 100, w_y = 5, w_{Ax} = 4,$
$w_{Bx} = 1.2,$

$\delta_B = 0.3, \eta_B = 0.2, \delta_A = 4, \eta_A = 0.2, W_A = 40000, W_B = 10000,$

则此时 A 国全部外包中间产品、外包部分中间产品、不外包中间产品的最佳决策和净利润分别如下表所示：

表 1—1　A 国在 $x_A = 0; x_A > 0, x_B > 0; x_B = 0$ 三种情形下的最佳生产策略及净利润

最佳方案 外包策略	K_{Ax}	L_{Ax}	x_B	净利润 （π_A）
$x_A = 0$	0	0	66.68	50000
$x_A > 0, x_B > 0$	71.9487	0.7012	45.69	42540
$x_B = 0$	131.1567	1.6576	0	46002.46

显然，对 A 国来说，最佳策略是全部外包其中间产品的生产，此时其耗尽所有的资源禀赋，因此其净利润率为 125%[①]。

对于 B 国来说，在其资源禀赋下，其中间产品的最佳生产量为 9360.46，此时净利润为 8720.93。但是由于 A 国外包中间产品的数量仅仅为 $x_B = 66.68$，因此在 B 国最优生产下，其最佳生产策略为 $K_B = 40.73, L_{Bx} = 40.73$[②]。故 B 国如果承包中间产品的生产，则其净利润为

$\pi_B = p_x q - (\delta_B + \eta_B q) - (w_{Bx} L_{Bx} + K_B) = 2 \times 66.68 - (3 + 0.2 \times 66.68) - (1.2 \times 40.73 + 40.73) = 27.41$

由于 B 国获得的净利润大于 0，因此 B 国会承包该中间产品的生产。此时其净利润率为 25.87%。我们看到，和 A 国 125% 的净利润率相比，B 国在贸易中所获得的收益十分小。

---

① 即等于净利润除以成本。B 国的净利润率由相似的计算可得。

② B 国在此情况下的最佳生产计划需要求解问题 $\min_{K_B, L_{B_x}} w_{Bx} L_{Bx} + K_B, s.t. \quad A_2 K_B^\alpha L_{Bx}^\beta = x_B$。在我们给定的数据下，容易求得该解。

4. 结 论

显然,在我们上面分析的模型中,A 国和 B 国并不处于对等的地位上。A 国因为可以唯一地生产最终产品(从而市场),从而控制了整个价值链。A 国是否外包以及外包多少数量的中间产品,并不由 A 国来决定,而视乎其采用何种外包策略方可达到利润最大化。而对于 B 国来说,是否能够承包中间产品的生产虽然视乎其是否能获得大于初始资源禀赋的净利润,但在实际中,面临着经济全球化形式的国家为了本国发展需要,可能会通过种种方法(如免税或者低税、对土地和劳动力价格人为压低等等)来获得承包。这种情况在可以生产中间产品的相互替代的国家很多时发生得尤其普遍。这样,面临相似处境的国家(或者同一个国家的地区)为了承包竞争,争先对本国生产要素进行扭曲。而这丧失了本国的大部分利益。在这种情况下,中间产品的外包国(A 国)甚至有对中间产品的购买价格进行垄断定价的能力,从而使得承包国利益更加微薄。这极大地阻碍了承包国的经济发展。

在 A 国的不同承包策略中,我们看到,规模经济、最终产品的劳动生产率、劳动力工资率、中间产品的交易成本和购买价格、最终产品和中间产品的进入成本都会影响外包和承包的发生及其数量的大小,其影响的方式如前面的分析所述。本节中的分析结果可能只是对以往贸易理论的一个证明,但有些方面仍然有些出人意料。本节的意义在于给出了囊括规模经济、劳动生产率、工资率、交易成本和中间产品的购买价格、最终产品和中间产品的进入成本等各种因素的一个统一框架。不同的情况都可通过本文的框架进行分析并得出结论。而且,本节的模型有利于对这些因素影响外包和承包的方式及其程度提供一些理论洞见。

1.9　考虑风险的加工贸易产生的模型

1.9.1　模型的假定及说明

在前面两节的模型中,我们考察了确定环境情形 A、B 两国在生产一种最终产品和一种中间产品情况下在中间产品上的外包与承包情况。我们看到,在这样的确定性环境下,A 国的外包策略和 B 国的承包与两国的工资率、生产的进入(沉没成本)、中间产品的交易成本、规模经济等有密切的关系。在我们前面的论述中,A 国的外包归根结底在其利润最大化的追求上。这些模型能够较好地说明为什么 A 国要外包以及 B 国要承包中间产品的生产。但这些模型并没有囊括所有的影响外包和承包的因素。应该指出,A 国之所以要将中间产品的生产外包给 B 国,除了追求利润最大化之外,规避风险也是其主要的一个目的。在不少跨国公司的经营管理的著作中,跨国公司为了规避经营风险从而在全球配置资源的论述有很多,但在许多国际贸易模型中,这一因素却令人吃惊地没有考虑进去。如果说经典的产业间国际贸易理论和模型(如比较优势理论、要素禀赋理论、产品生命周期理论等)没有考虑该因素是因为国家之间的贸易与经营的风险关系不大[①],那么在跨国公司日益主导国际贸易的今天,考虑产业内贸易的若干理论和模型以及新国际贸易理论没有考虑该因素则让人觉得不可思议。

本文考察风险对国家之间贸易的影响。类似上一节的方法,本节将建立一个考虑交易成本、生产进入成本(沉没成本)以及风险的加工贸易的分析框架。在此框架内,本节将分析加工贸易外包和承包将发生的条件。

我们仍然假定世界上只有两个国家:A 国和 B 国,各国的制造业开放。我们假定 A 国的资源禀赋为 W_A ,B 国的资源禀赋为 W_B 。A 国进行一种最终产品 y 的生产,该最终产品只能由 A 国生产,且其生产需要一种中间产品 x 的投入,该中间产品的生产则既可由 A 国进行也可由 B 国进行。我们假设两国的劳动力短期供给充足,不会由于劳动力需求的增加而导致工资的上升,因此工资水平恒定。

我们假定 A 国生产最终产品 y 和中间产品 x 的生产函数分别为:

$$y = AL_y, L_y = \tau x, \ x_A = A_1 L_{Ax} \tag{1.9.1}$$

其中,L_{Ax} ,L_y ,K_A 分别表示用于中间产品、最终产品生产所雇佣的劳动力以及用于中间产品生产所需的资本,$A, A_1 > 0$ 。假定 A 国生产中间产品和最

---

① 产业间贸易仅仅考虑已经完成生产的产品之间的贸易,因此生产中的风险因素并忽略掉了。

终产品的劳动力的价格分别为 w_{Ax} ,w_y 。并设 A 国从 B 国购买中间产品的价格为 p_x ,最终产品的市场价格 $p_y = p(y)$ 与其供给有关,为:

$$p(y) = m - ny \tag{1.9.2}$$

我们假定 A 国进入最终产品的生产,需要支付的沉没成本为 $c_y > 0$,该国如果要进入中间产品 x 的生产,需要沉没成本 $c_{Ax} > 0$,而其如果要购买中间产品 x ,则需支付交易成本 $t_A(x)$ 。我们假定交易成本函数为:

$$t_A(x) = \begin{cases} \delta_A + \eta_A x & if \quad x > 0 \\ 0 & else \end{cases}, \delta_A, \eta_A > 0 \tag{1.9.3}$$

我们假定 B 国如果进入中间产品 x 的生产,则需支付沉没成本 $c_{Bx} > 0$,并设其中间产品 x 的生产函数是

$$x_B = A_2 L_{Bx} \tag{1.9.4}$$

同样地,它为了进行中间产品 x 的交易,需要支付交易成本。我们设其交易成本函数为

$$t_B(x) = \begin{cases} \delta_B + \eta_B x & if \quad x > 0 \\ 0 & else \end{cases} \tag{1.9.5}$$

本文中假定 B 国货币兑换 A 国货币的汇率为 1[①],B 国为生产中间产品 x 所雇佣的劳动力的工资率为 w_{Bx} 。

我们假设 A 国生产 $y > 0$ 单位的最终产品,自身生产 x_A 单位的中间产品,并从 B 国购买 x_B 单位的中间产品。显然,A 国为了进行最终产品的生产,需要 $x = x_A + x_B > 0$ 。

A 国在生产和贸易过程中面临着不确定性。有很多种方法来表示 A 国所面临的这些不确定性。在这里我们用到鲁棒的方法,即假定 A 国将面临本国生产最终产品、中间产品的劳动力工资率以及从 B 国购买中间产品所面临的不确定性。类似地,B 国也将面临着生产中间产品的劳动力工资率的变动。我们假定如下式子成立:

---

① 本文假定 B 国和 A 国的汇率为 1 纯粹是为了简化分析。但毫无疑问,汇率会影响外包和承包的进行。

$$(w_y, w_{Ax}, p_x, w_{Bx})^T \in \Omega = \left\{ \begin{array}{l} (w_y + \overline{w}_y, w_{Ax} + \overline{w}_{Ax}, p_x + \overline{p}_x, w_{Bx} + \overline{w}_{Bx})^T \\ (w_y, w_{Ax}, p_x, w_{Bx}) \Gamma (w_y, w_{Ax}, p_x, w_{Bx})^T \leqslant r^2 \end{array} \right\}$$

$$(1.9.6)$$

即，$(w_y, w_{Ax}, p_x, w_{Bx})^T$ 在椭球 Ω 中变动。其中，$r > 0$，且 $\Gamma = [\sigma_{ij}]_{4 \times 4} > 0$ 为对称正定矩阵。因此，A、B 两国所面临的不确定性可以用椭球的体积的大小来衡量。容易证明，椭球的体积的大小与 $r^2 \Gamma^{-1}$ 的特征值的大小成正向关系。因此，我们可以用 $r^2 \Gamma^{-1}$（从而 $r \Gamma^{-\frac{1}{2}}$）来表示不确定性的大小。在此我们并不假定这些变量是随机变量，而只是假定这些变量在一定范围内变动但不确定。这样，为了保证获得最大的利润，中间产品和最终产品的生产必须考虑到消除这些不确定性，即要求无论这些变量如何变动，资源禀赋的约束必须得到满足（才能保证最终产品和中间产品的生产得以在任何情况下都顺利进行）。这种思想即所谓的"鲁棒"思想。我们假定 A、B 都用"鲁棒"的思想来进行外包或者承包决策。

则 A 国面临如下三种可能的情形：

（1）$x_A = 0$。此时 A 国为了生产 y 单位的最终产品，需要支付的成本为：

$$c_A(y) = c_y + w_y L_y + t_A(x_B) + p_x x_B = c_y + \delta_A + (\tau w_y + \eta_A + p_x) x_B$$

$$(1.9.7)$$

因此其净利润最大化问题为：

$$\max \quad mA\tau x_B - nA^2 \tau^2 x_B^2 - [c_y + \delta_A + (\tau w_y + \eta_A + p_x) x_B]$$

$$s.t. \quad c_y + \delta_A + \tau w_y x_B + (\eta_A + p_x) x_B \leqslant W_A$$

$$(1.9.8)$$

（2）$x_A > 0, x_B > 0$。此时 A 国为了生产 y 单位的最终产品，需要支付的成本为：

$$c_A(y) = c_y + c_{Ax} + w_{Ax} L_{Ax} + w_y L_y + t_A(x_B) + p_x x_B = c_y + c_{Ax} + \delta_A + w_{Ax} L_{Ax} + \tau w_y (A_1 L_{Ax} + x_B) + (\eta_A + p_x) x_B \qquad (1.9.9)$$

因此其净利润最大化问题为：

$$\max mA\tau(A_1 L_{Ax} + x_B) - nA^2 \tau^2 (A_1 L_{Ax} + x_B)^2 - c_y + c_{Ax} + \delta_A + w_{Ax} L_{Ax} + \tau w_y (A_1 L_{Ax} + x_B) + (\eta_A + p_x) x_B$$

$$s.t. \quad c_y + c_{Ax} + \delta_A + w_{Ax}L_{Ax} + \tau w_y(A_1L_{Ax} + x_B) + (\eta_A + p_x)x_B \leqslant W_A \tag{1.9.10}$$

（3）$x_B = 0$。此时 A 国为了生产 y 单位的最终产品，需要支付的成本为：

$$c_A(y) = c_y + c_{Ax} + (w_{Ax} + \tau w_y A_1)L_{Ax} \tag{1.9.11}$$

因此，其净利润最大化问题为：

$$\max \, mA\tau A_1 L_{Ax} - nA^2\tau^2 A_1^2 L_{Ax}^2 - [c_y + c_{Ax} + (w_{Ax} + \tau w_y A_1)L_{Ax}]$$

$$s.t. \quad c_y + c_{Ax} + (w_{Ax} + \tau w_y A_1)L_{Ax} \leqslant W_A \tag{1.9.12}$$

对于 B 国来说，其承包的中间产品 x 的数量为 x_B，它面临两种情形：

（4）$x_B = 0$。则 B 国的利润和成本都为 0。

（5）$x_B > 0$。则 B 国为生产中间产品 x 所支付的成本为：

$$c_B(x_B) = c_{Bx} + t_B(x_B) + w_{Bx}L_{Bx} = c_{Bx} + \delta_B + \eta_B x_B + w_{Bx}L_{Bx} \tag{1.9.13}$$

因此 B 国的净利润最大化问题为：

$$\max \quad p_x A_2 L_{Bx} - [c_{Bx} + \delta_B + (\eta_B A_2 + w_{Bx})L_{Bx}]$$

$$s.t. \quad c_{Bx} + \delta_B + (\eta_B A_2 + w_{Bx})L_{Bx} \leqslant W_B \tag{1.9.14}$$

1.9.2 模型的分析

对 B 国的利润最大化问题来说，首先由于其目标和约束都是决策变量的线性函数，因此其最优解在约束取等式时成立。其次，由于 $(w_y, w_{Ax}, p_x, w_{Bx})^T \in \Omega$，因此 B 国的利润最大化问题（1.9.14）等价于如下问题①：

$$\max \qquad p_x A_2 L_{Bx}$$

$$s.t. \quad c_{Bx} + \delta_B + \left(\eta_B A_2 + \overline{w}_{Bx} + \frac{r}{\sqrt{\sigma_{33}}}\right)L_{Bx} = W_B \tag{1.9.15}$$

容易求得其最优解及其承包的中间产品数量分别为：

---

① 问题（1.9.14）等价于" $\max \, p_x A_2 L_{Bx} - [c_{Bx} + \delta_B + (\eta_B A_2 + w_{Bx})L_{Bx}]$ $s.t.$ $c_{Bx} + \delta_B + (\eta_B A_2 + w_{Bx})L_{Bx} \leqslant W_B$，$\forall w_{Bx}, -r/\sqrt{\sigma_{33}} + \overline{w}_{Bx} \leqslant w_{Bx} \leqslant r/\sqrt{\sigma_{33}} + \overline{w}_{Bx}$"。由此容易得到该结论。

$$L_{Bx} = \frac{W_B - c_{Bx} - \delta_B}{\eta_B A_2 + \overline{w}_{Bx} + \dfrac{r}{\sqrt{\sigma_{33}}}}, \quad x_B = \frac{A_2(W_B - c_{Bx} - \delta_B)}{\eta_B A_2 + \overline{w}_{Bx} + \dfrac{r}{\sqrt{\sigma_{33}}}} \qquad (1.9.16)$$

上式表明,B 国承包中间产品 x 的数量与 B 国承包的进入成本 c_{Bx} 和初始交易成本 δ_B 反向相关,与 B 国生产中间产品的技术 A_2 正向相关,与 B 国生产中间产品的劳动力工资率 $\overline{w}_{Bx}$ 及其不确定程度 $\dfrac{r}{\sqrt{\sigma_{33}}}$、中间产品的边际交易成本 η_B 成反比。这表明,B 国承包的中间产品的数量除了和前文我们讨论的那些因素有关之外,还和风险密切相关。

对 A 国的利润最大化问题来说,我们有如下三种情形:

(1) $x_A = 0$。此时其净利润最大化问题等价于①:

$$\max \ mA\tau x_B - nA^2\tau^2 x_B^2 - \{c_y + \delta_A + \tau\overline{w}_y + \overline{p}_x + [\eta_A + r\sqrt{(\tau,1)Q_{yB}^{-1}(\tau,1)^T}]x_B\}$$

$$s.t. \ c_y + \delta_A + [\eta_A + \tau\overline{w}_y + \overline{p}_x + r\sqrt{(\tau,1)Q_{yB}^{-1}(\tau,1)^T}]x_B \leqslant W_A$$

$$(1.9.17)$$

其中,Q_{yB} 是由 Γ 的第一行和第三行以及第一列和第三列上的元素组成的二阶子阵,即:

$$Q_{yB} = \begin{bmatrix} \sigma_{11} & \sigma_{13} \\ \sigma_{31} & \sigma_{33} \end{bmatrix}$$

此时,若问题(1.9.17)的解在 $c_y + \delta_A + [\eta_A + \tau\overline{w}_y + \overline{p}_x + r\sqrt{(\tau,1)Q_{yB}^{-1}(\tau,1)^T}]$ $x_B < W_A$ 处达到,则其最优解为:

$$x_B = \frac{\tau mA - [\eta_A + \tau\overline{w}_y + \overline{p}_x + r\sqrt{(\tau,1)Q_{yB}^{-1}(\tau,1)^T}]}{2n\tau^2 A^2} \qquad (1.9.18)$$

此时,A 国外包中间产品 x 的数量与 A 国面临的不确定性的程度(从而风险)$r\sqrt{(\tau,1)Q_{yB}^{-1}(\tau,1)^T}$ 成反向相关的关系。

---

① 这是一个 Robust 最优化问题。该问题以及后面所要讨论问题的确定性等价型(为凸二次锥优化问题)的推导可以从"A. Ben-Tal and A. Nemirovski, Robust Convex Optimization, Mathematics of Operations Research, 1998, 23: 769 - 805"以及"L. EI-Ghaoui and H. Lebret, Robust Solutions to Least-square Problems to Uncertain Data Matrices, Sima Journal on Matrix Analysis and Applications, 1997, 18: 1035 - 1064"中找到。

若问题(1.9.17)的解在 $c_y + \delta_A + [\eta_A + \tau\bar{w}_y + \bar{p}_x + r\sqrt{(\tau,1)Q_{yB}^{-1}(\tau,1)^T}]x_B$ $= W_A$ 处达到,则此时(1.9.17)的解为:

$$x_B = \frac{W_A - (c_y + \delta_A)}{\eta_A + \tau\bar{w}_y + \bar{p}_x + r\sqrt{(\tau,1)Q_{yB}^{-1}(\tau,1)^T}} \tag{1.9.19}$$

显然,此时 A 国外包中间产品的数量与 A 国面临的不确定性的程度(从而风险)成反比。因此总结这两种情况可知风险对于 A 国外包中间产品的数量起负面的影响。其他因素对 A 国外包中间产品数量的影响的作用同上节模型中的结果类似。

(2) $x_A > 0, x_B > 0$。因此其净利润最大化问题为:

max $mA\tau(A_1 L_{Ax} + x_B) - nA^2\tau^2(A_1 L_{Ax} + x_B)^2 - [c_y + c_{Ax} + \delta_A + \bar{w}_{Ax}L_{Ax}$

$+ \tau\bar{w}_y(A_1 L_{Ax} + x_B) + (\eta_A + \bar{p}_x)x_B +$

r $\sqrt{(\tau A_1 L_{Ax} + \tau x_B, L_{Ax}, x_B)Q_{yAB}^{-1}(\tau A_1 L_{Ax} + \tau x_B, L_{Ax}, x_B)^T}]$

s.t. $c_y + c_{Ax} + \delta_A + \bar{w}_{Ax}L_{Ax} + \tau\bar{w}_y(A_1 L_{Ax} + x_B) + (\eta_A + \bar{p}_x)x_B +$

r $\sqrt{(\tau A_1 L_{Ax} + \tau x_B, L_{Ax}, x_B)Q_{yAB}^{-1}(\tau A_1 L_{Ax} + \tau x_B, L_{Ax}, x_B)^T} \leqslant W_A$

$$\tag{1.9.20}$$

其中,Q_{yAB} 是 Γ 第一、二、三行和第一、二、三列相交的元素形成的三阶子阵。

若问题(1.9.20)的最优解在

$c_y + c_{Ax} + \delta_A + \bar{w}_{Ax}L_{Ax} + \tau\bar{w}_y(A_1 L_{Ax} + x_B) + (\eta_A + \bar{p}_x)x_B +$

r $\sqrt{(\tau A_1 L_{Ax} + \tau x_B, L_{Ax}, x_B)Q_{yAB}^{-1}(\tau A_1 L_{Ax} + \tau x_B, L_{Ax}, x_B)^T} < W_A$ 时达到,则其最优解满足如下条件:

$$\frac{mA\tau A_1 - 2nA^2\tau^2 A_1(A_1 L_{Ax} + x_B) - (\bar{w}_{Ax} + \tau A_1\bar{w}_y)}{mA\tau - 2nA^2\tau^2(A_1 L_{Ax} + x_B) - (\tau\bar{w}_y + \eta_A + \bar{p}_x)}$$

$$= \frac{(\tau A_1, 1, 0)Q_{yAB}^{-1}(\tau A_1 L_{Ax} + \tau x_B, L_{Ax}, x_B)^T}{(1, 0, 1)Q_{yAB}^{-1}(\tau A_1 L_{Ax} + \tau x_B, L_{Ax}, x_B)^T}$$

$mA\tau A_1 - 2nA^2\tau^2 A_1(A_1 L_{Ax} + x_B) - (\bar{w}_{Ax} + \tau A_1\bar{w}_y)$

$$= \frac{r(\tau A_1, 1, 0)Q_{yAB}^{-1}(\tau A_1 L_{Ax} + \tau x_B, L_{Ax}, x_B)^T}{\sqrt{(\tau A_1 L_{Ax} + \tau x_B, L_{Ax}, x_B)Q_{yAB}^{-1}(\tau A_1 L_{Ax} + \tau x_B, L_{Ax}, x_B)^T}} \tag{1.9.21}$$

记 Q_{yAB}^{-1} 元素分别为 δ_{ij}，$i = 1, 2, 3, j = 1, 2, 3$，即

$$Q_{yAB}^{-1} = \begin{bmatrix} \delta_{11} & \delta_{12} & \delta_{13} \\ \delta_{21} & \delta_{22} & \delta_{23} \\ \delta_{31} & \delta_{32} & \delta_{33} \end{bmatrix}$$

并令

$$a = mA\tau A_1 - (\overline{w}_{Ax} + \tau A_1\overline{w}_y), b = 2nA^2\tau^2 A_1, c = mA\tau - (\tau\overline{w}_y + \eta_A + \overline{p}_x), d = 2nA^2\tau^2$$

$$e = \tau A_1\delta_{11} + \delta_{21}, f = \tau A_1\delta_{12} + \delta_{22}, g = \delta_{11} + \delta_{13}, h = \delta_{13} + \delta_{33}$$

则

$$A_1 L_{Ax} + x_B = \frac{-[a(g+h) + de - ce + bh\tau A_1 x_B] + \sqrt{[a(g+h) + de - ce + bh\tau A_1 x_B]^2 + 4b(g+h)(ah\tau A_1 + cf)x_B}}{2b(g+h)}$$

$$= \varphi(x_B)$$

将 $A_1 L_{Ax} + x_B$ 的表示式代入(1.9.21)中的第二式并经过简化,得到:

$$\frac{[a - b\varphi(x_B)]}{\sqrt{\delta_{11}\tau^2\varphi^2(x_B) + \frac{\delta_{22}[\phi(x_B) - x_B]^2}{A_1^2} + \delta_{33}x_B^2 + \frac{2\delta_{12}\tau}{A_1}\varphi(x_B)[\phi(x_B) - x_B] + 2\delta_{13}\tau\varphi(x_B)x_B + \frac{2\delta_{23}}{A_1}[\phi(x_B) - x_B]x_B}}$$

$$= r[e\varphi(x_B) + fx_B]$$

利用 $\varphi(x_B)$ 的特殊性质(即为(1.9.21)中第一式的解),我们可以将上述方程化为一元四次方程,因此可以求得解析解(此处略)。显然,该解是 δ_{ij}, $i = 1, 2, 3, j = 1, 2, 3$ 的函数。这表明,A 国外包中间产品的数量与该国所面临的风险和不确定性密切相关。在此我们不能得出风险如何影响外包中间产品的数量,但给出具体的矩阵 Γ,我们可以得出其具体的形式。本文猜测 A 国外包中间产品的数量与该国所面临的不确定性成反向关系,即 A 国面临的不确定性越大,外包中间产品的数量越大。

如果问题(1.9.20)的最优解在

$$c_y + c_{Ax} + \delta_A + \overline{w}_{Ax}L_{Ax} + \tau\overline{w}_y(A_1 L_{Ax} + x_B) + (\eta_A + \overline{p}_x)x_B +$$

$r\sqrt{(\tau A_1 L_{Ax} + \tau x_B, L_{Ax}, x_B)Q_{yAB}^{-1}(\tau A_1 L_{Ax} + \tau x_B, L_{Ax}, x_B)^T} = W_A$ 处达到,则我们可以用拉格朗日方法,遵由上面相似的推导过程得出 A 国外包中间产品的数量与其面临的不确定性密切相关(推导过程略)。

（3）$x_B = 0$。此时 A 国的净利润最大化问题等价于如下问题：

$$\max \quad mA\tau A_1 L_{Ax} - nA^2\tau^2 A_1^2 L_{Ax}^2 - \begin{bmatrix} c_y + c_{Ax} + \bar{w}_{Ax} + \tau \bar{w}_y A_1 + \\ + r\sqrt{(1,\tau A_1)Q_{yA}^{-1}(1,\tau A_1)^T} L_{Ax} \end{bmatrix}$$

$$s.t. \quad c_y + c_{Ax} + (\bar{w}_{Ax} + \tau\bar{w}_y A_1 + r\sqrt{(1,\tau A_1)Q_{yA}^{-1}(1,\tau A_1)^T})L_{Ax} \leqslant W_A$$

$$(1.9.22)$$

其中，Q_{yA} 是 Γ 的第一、二行和第一、二列交叉上的元素组成的二阶子阵，即：

$$Q_{yA} = \begin{bmatrix} \sigma_{11} & \sigma_{12} \\ \sigma_{21} & \sigma_{22} \end{bmatrix}$$

此时，若(1.9.22)的解在 $c_y + c_{Ax} + \begin{bmatrix} \bar{w}_{Ax} + \tau\bar{w}_y A_1 + \\ r\sqrt{(1,\tau A_1)Q_{yA}^{-1}(1,\tau A_1)^T} \end{bmatrix} L_{Ax} < W_A$ 处

达到，则其最优解为：

$$L_{Ax} = \frac{\tau mA A_1 - \left[\bar{w}_{Ax} + \tau\bar{w}_y A_1 + r\sqrt{(1,\tau A_1)Q_{yA}^{-1}(1,\tau A_1)^T}\right]}{2n\tau^2 A^2 A_1^2},$$

$$x_A = \frac{\tau mA A_1 - \left(\bar{w}_{Ax} + \tau\bar{w}_y A_1 + r\sqrt{(1,\tau A_1)Q_{yA}^{-1}(1,\tau A_1)^T}\right)}{2n\tau^2 A^2 A_1} \quad (1.9.23)$$

若(1.9.22)的解在 $c_y + c_{Ax} + \begin{bmatrix} \bar{w}_{Ax} + \tau\bar{w}_y A_1 + \\ r\sqrt{(1,\tau A_1)Q_{yA}^{-1}(1,\tau A_1)^T} \end{bmatrix} L_{Ax} = W_A$ 处达到，

则其最优解为：

$$L_{Ax} = \frac{W_A - (c_y + c_{Ax})}{\bar{w}_{Ax} + \tau\bar{w}_y A_1 + r\sqrt{(1,\iota A_1)Q_{yA}^{-1}(1,\tau A_1)^T}},$$

$$x_A = \frac{W_A - (c_y + c_{Ax})}{\bar{w}_{Ax} + \tau\bar{w}_y A_1 + r\sqrt{(1/A_1,\tau)Q_{yA}^{-1}(1/A_1,\tau)^T}} \quad (1.9.24)$$

显然，无论是在哪种情况下，A 国本身生产中间产品（从而最终产品）的数量 x_A 随着其面临的不确定性程度的上升而下降。其他因素对其影响类似上节分析的结果所示。

综合上面三种情况，我们看到，A 国是否外包以及外包多少中间产品 x 给 B 国，除了受到前文所阐述的各种因素的影响之外，还与该国所面临的最终产品、中间产品生产劳动力的工资率以及从 B 国购买中间产品的价格不确定性

密切相关。一般地,在 A 国全部外包或者不外包中间产品情形,不确定性影响了和外包数量成反比;在部分外包情形,不确定性也影响了外包的数量(尽管本文没有具体得出其影响的方式)。同样地,B 国承包的中间产品的数量也与该国所面临的工资率以及购买价格的不确定性成反比。在实际中,B 国是否愿意承包 A 国外包的中间产品,取决于该国在承包过程中获得的净利润是否大于 0。

1.9.3 结 论

在国际贸易产生的原因的分析中,多方面考察了比较优势、竞争优势、规模经济、不完全竞争等多种因素。本节的分析则表明,国际贸易(加工贸易)的产生,除了受到上述各种因素的影响之外,还受到各国所面临的风险和不确定性的影响。这表明,国际加工贸易的产生原因,除了源于各国追求利润最大化的行为,也源于其在全球配置资源从而规避风险。因此,各国所面临的不确定性也影响了各国贸易和分工的决定。而这点在大多数国际贸易产生的模型中却很少注意到。

1.10 本章结论

我们认为,现代加工贸易由跨国公司发起和推动,现代加工贸易是跨国公司实现全球战略的重要手段。技术进步(使得交易成本下降和产品生产模块化)和各国贸易政策自由化使得加工贸易的产生成为可能,而规模经济和跨国公司逐利行为则使得加工贸易的产生成为现实。加工贸易在跨国公司构建全球生产体系的过程中产生和发展,它一方面是跨国公司为了获得长期利润最大化从而采取降低原材料、劳动力等其他成本、提高技术创新的盈利从而在全球配置资源的结果,另一方面也是为了规避公司面临的各种风险的结果。跨国公司将其所主导的产业链向全球转移的根本准则是在收益和风险之间求得均衡。从跨国公司的这种目的以及各国特征中,我们可以判别和计算全球加工贸易产业链链节的地理分布、贸易利益的决定与分布。

我们认为,加工贸易的转型和升级的成本和可行性由加工贸易所在价值链的跨国公司对价值链的控制能力决定。发展中国家在决定加工贸易的转型和升级时，需要动态分析加工贸易所在价值链的各国厂商利益的分布以及转型和升级带来的价值链变动。本文建议发展中国家在决定加工贸易转型和升级时，寻找和发展未成型或者跨国公司控制能力不强的价值链上的产业。

本章还用成本——收益分析的微观方法构建了三个理论模型来逐次考察世界只存在两个国家、一种最终产品情形影响加工贸易产生的因素。第一个模型考察两种中间产品情形加工贸易产生的影响因素，其中中间产品的生产要素可互相替代、存在交易成本但不存在沉没成本，且我们只考虑最终产品的生产国的中间产品的外包情况；第二个模型考察存在沉没成本情形加工贸易产生的影响因素，其中外包国决定最优的外包策略，而承包国则可以决定接受或者不接受，这样，加工贸易的产生的博弈过程就被考虑进来了；第三个模型考察不确定情形加工贸易产生的影响因素。我们除了考虑存在交易成本、沉没成本，还考虑了两国面临的两国工资率、中间产品的交易价格等不确定因素。在这样的设定下，分析表明，加工贸易的产生受到贸易各国的工资率、生产率、交易成本、沉没成本、规模经济、垄断定价、不确定性等因素的影响。我们还分析了各因素影响加工贸易的规模的具体方式。本章的分析融合了价值链的观点，并舍弃了传统考察国际加工贸易产生的原因时所作的贸易双方处于平等地位的假设。这样，尽管我们的方法的核心是比较静态的方法，但动态的过程隐含于其间，贸易国双方的博弈过程被考虑了进来。这种考察角度为分析我国加工贸易规模迅速扩大的原因及其转型和升级有理论意义。

本章还指出如下几点：第一，加工贸易是跨国公司推进和主导的，它们把持了加工贸易产业链的核心技术，掌握着产业链的话语权和利益分配的决定权；第二，既然加工贸易是跨国公司的公司行为的结果，那么它就可以从跨国公司的公司行为的特点和性质中得到解释；第三，作为公司性质的组织，跨国公司的经营目的是长期利润的最大化，而为了达到这个目的，跨国公司不仅要控制成本、提高生产，还要进行风险管理，通过辨别、测量、转移和控制等风险管理手段把公司的风险转移出去；第四，跨国公司转移风险和控制成本、提高生成的最佳路径是构建全球的加工贸易生产网络。第五，跨国公司在转移风险和生产链节时，必然要在产业链控制权和风险之间作权衡。这些观点在本文中未得到充分论证,但认识到这几点对于国家发展加工贸易、进行加工贸易转型和升级具有重要意义。

1.11　本书的内容及结构

本书主要分成上下两篇,上篇考察我国加工贸易的贸易利益问题,主要考察加工贸易的发展历史、现状、特征、贸易利益、加工贸易主要的贸易模式、不同贸易模式所带来的贸易利益以及加工贸易对经济增长的贡献,该篇包括第2、3、4章。下篇考察我国加工贸易的转型和升级问题,主要集中分析我国加工贸易的转型升级路径及其可行性以及几个不同行业(包括服装业、高新技术产业、家具制造业和离岸服务)的加工贸易转型升级路径,包括第5、6、7、8章。各章具体内容如下。

第2章主要从总体上对我国加工贸易的发展历史、现状、特征和贸易利益进行分析。首先回顾了改革开放以来我国加工贸易的发展历程,我们认为,自改革开放以来,我国加工贸易的发展历程可以分为四个阶段,即来料加工阶段、进料加工阶段、结构转换阶段和与国际产业链融合的阶段,不同阶段的特点和所面临的国际形势不同,因此其所获得的贸易利益和所应采取的发展策略也应不同。接着我们分析了我国加工贸易的总体结构,包括产品结构、主体结构和地区结构。我们认为,在产品结构上,我国加工贸易逐渐向高新技术方向发展;在主体(产权)结构上,加工贸易以三资企业特别是外商独资企业为主体,企业逐渐向规模化发展;在地区结构上,加工贸易从以广东省为主渐渐向广东、福建、江苏、上海、山东和天津等六省市集中。最后我们用各种贸易条件指数分析了改革开放以来我国加工贸易所获得的贸易利益,并将加工贸易和其他贸易的贸易利益进行了对比分析。我们的分析表明,自改革开放以来,我国从加工贸易上所获得的利益总体上呈上升趋势,但加工贸易所带来的贸易利益总体上比其他贸易所带来的利益要低。

第3章分析我国的加工贸易发展模式及其所带来的贸易利益。我们以台湾省、浙江宁波和江苏苏州这三个我国加工贸易比较典型的地区为例分析了这三个地方的加工贸易发展模式及各自所带来的贸易利益。我们的分析表明,总体上来说,台湾的加工贸易模式发展得比较成功,宁波的加工贸易模式次之,苏州的加工贸易模式所带来的贸易利益最低。其中的原因,在于各地区对加工贸易的产业链延伸以及在加工贸易过程中的讨价还价能力,后者依赖于各地区在加工贸易产业链(价值链)中所处的地位和对产业链(价值链)的影响。

第4章分析我国加工贸易对我国经济增长的贡献。我们的分析从两部分展开,首先我们从理论上分析了加工贸易和其他贸易对经济增长的影响机制,构建了一个模型,然后我们用联立方程组方法分析了加工贸易和其他贸易对我国经济增长的贡献。我们的计量结果表明,总体来说,自改革开放以来,加工贸易对我国经济增长的影响为正。但从1980~1991年,加工贸易对经济增长的影响相对于其他贸易来说要小,但从1992~2004年加工贸易较其他贸易影响要大。但总体上来说,加工贸易对经济增长的影响很小。

第5章考察我国加工贸易的转型和升级问题。我们进一步分析了我国加工贸易所面临的各种问题如贸易摩擦等,这些问题以及第5章所阐述的问题客观上要求我国加工贸易进行转型和升级。为此,我们应用全球价值链的分析方法分析了在经济全球化和一体化向纵深方向的形势下全球产业转移所表现出新的特征,分析了不同产业的价值链的治理结构,讨论了我国加工贸易转型升级的可能路径。我们认为,在全球新的产业分工体系下,我国加工贸易的转型和升级必须创建品牌,而创建品牌必须遵循全球价值链规律。但目前全球价值链的分析方法远不成熟,在其应用上还有若干盲点。我们基于全球价值链(GVC)的分析方法并对之提出质疑的基础上,分析了我国低技术产业(以服装产业为例)和高技术产业(以计算机产业为例)加工贸易的转型路径。我们认为,不同产业的全球价值链具有不同的特点,它们很难用统一的模式归纳出来,因此我国加工贸易在转型升级、实施品牌战略时要对不同的产业进行具体分析,但根本点需着眼于未成熟价值链或价值链的未成熟链节上。

从第6章到第7章,我们应用全球价值链的分析方法以低技术产业(以服装业为例)、高新技术产业(以计算机产业为例)等为例分析了我国加工贸易的转型升级(实施品牌战略)的路径。在这两章中,我们的分析逻辑如下,首先分析各产业全球价值链的特点及其治理结构和发展趋势、我国该产业的发展现状、贸易方式和贸易格局、在全球价值链中所处的地位和所获得的贸易利益、我国该产业转型升级的具体对策。第 6 章和第 7 章的分析结果表明,我国在低技术产业和高技术产业所获得的贸易利益是不同的,低技术并不代表低贸易利益,高技术并不代表高贸易利益,关键在于我国各产业在全球价值链中所处的地位。不同产业全球价值链的特点决定了我国不同产业的贸易利益和转型升级路径。

第 8 章考察跨国公式离岸服务、服务外包的发展趋势。我们以呼叫中心为例分析了离岸服务和服务外包产生的背景、内部化趋势及其利润分配。我们的分析结果表明,由于市场战略、成本节约和利润寻求,和跨国公司内部贸易的关联离岸呼叫中心运作模式将是离岸服务和服务外包发展的一个趋势。

参考文献

[1]陈家勤主编:《当代国际贸易新理论》,经济科学出版社 2000 年版,第 1～40 页。

[2]崔大沪:《外商直接投资与中国的加工贸易》,《世界经济研究》2002 年第 6 期,第 9～13 页。

[3]Dominick Salvatore[美]:《国际经济学》,清华大学出版社 2004 年版。

[4]冯雷:《加工贸易对我国国民经济总体作用评价:迈向市场经济的前沿》,《国际贸易》2000 年第 9 期,第 26～31 页。

[5]冯雷:《从贸易方式走向与国际经济融合-中国加工贸易管理模式探析》,《国际贸易》2002 年第 3 期,第 18～22 页。

[6]韩耀,曹杰,庄尚文:《网络经济下国际分工的演化及其经济机理研究》,《国际贸易问题》2005 年第 10 期,第 24～28 页。

[7]金志刚,唐翠林:《试论我国加工贸易的发展空间》,《国际商务-对外经济贸易大学学报》2005 年第 2 期,第 13～17 页。

[8]鞠建东,林毅夫,王勇:《要素禀赋、专业化分工、贸易的理论与实证:与杨小凯、张永生商榷》,《北京大学中国经济研究中心研究报告》2003 年 No. C2003033。

[9]赖明勇,雷京:《中国出口贸易对经济增长作用的实证研究》,《预测》

1998 年第 3 期。

[10]赖明勇,许和连,包群:《出口贸易与经济增长:理论、模型与实证》,上海三联书店出版社 2003 年版。

[11]李蕊:《加工贸易:全球化背景下中国工业化的必由之路》,Forward Position in Economics2005 年第 7 期,第 30～34 页。

[12]联合国贸易与发展会议:《2002 年世界投资报告:跨国公司和出口竞争力概述》。

[13]联合国贸易与发展会议,2002 年世界投资报告:跨国公司与出口竞争力。

[14]廖涵:《论我国加工贸易中间品进口替代》,《管理世界》2003 年第 1期,第 63～70 页。

[15]林毅夫,李永军:《对外贸易与经济增长关系的再考察》,北京大学经济研究中心讨论稿系列 2001 年 No. C2001008。

[16]刘林忠,王耀中:《加工贸易对我国经济增长作用的实证研究》,《财经理论与实践》2003 年第 24(126)期,第 89～92 页。

[17]隆国强:《加工贸易政策研究》,《经济研究参考》2003 年第 11 期,第2～27 页。

[18]卢锋:《产品内分工——一个分析框架》,北大中国经济研究中心工作论文,2004 年 No. C2004005。

[19]马强:《依靠长远产业政策-我国加工贸易转型升级面临的问题和发展方向》,《国际贸易》2005 年第 2 期,第 15～18 页。

[20]迈克尔·波特[美]:《竞争战略》,三联书店 1988 年版,第 266～268 页。

[21]闵天:《规范管理——我国加工贸易进一步发展的设想》,《国际贸易》2000 年第 3 期,第 18～20 页。

[22]潘悦,杨镭:《产业的全球化趋势与发展中国家的产业升级-兼论中国高新技术产业的外商投资与加工贸易发展》,《财贸经济》2002 第 10 期,第 44～49 页。

[23]强永昌:《产业内贸易论——国际贸易最新理论》,复旦大学出版社

2002 年版。

[24]乔治·施蒂格勒[美]:《产业组织与政府管制》,上海三联书店 1989 年版,第 30 页。

[25]沈程翔:《中国出口导向型经济增长的实证分析:1977～1998》,《世界经济》1999 年第 12 期。

[26]沈玉良:《多边贸易体制与我国经济制度的变迁》,上海社会科学文献出版社 2003 年版。

[27]宋全成:《加工贸易带动的提升——我国产业内贸易实证分析》,《国际贸易》2003 年第 12 期,第 10～13 页。

[28]孙楚仁,沈玉良,赵红军:《加工贸易和一般贸易对经济增长贡献率的估计》,《世界经济研究》2006 年第 3 期。

[29]王子先,杨正位,宋刚:《促进落地生根——我国加工贸易转型升级的发展方向》,《国际贸易》2004 年第 2 期,第 10～13 页。

[30]魏巍贤:《中国名义与实际有效汇率的构造与应用研究》,《统计研究》1999 年第 6 期。

[31]徐剑明:《延长我国加工贸易国内价值链问题探析》,《国际贸易问题》2003 年第 11 期,第 14～17 页。

[32]许和连,赖明勇(a):《出口带动经济增长假设在中国的进一步检验》,《湖南大学学报(自然科学版)》2002 年第 3 期。

[33]许和连,赖明勇(b):《出口导向经济增长(ELG)的经验研究:综述与评论》,《世界经济》2002 年第 2 期。

[34]杨小凯,张永生:《新贸易理论、比较利益理论及其经验研究的新成果:文献综述》,《经济学季刊》2001 第 1(1)期,第 19～44 页。

[35]叶克林:《经济全球化与走出去战略——金城集团"境外加工贸易模式"案例研究》,《管理世界》2001 年第 6 期,第 160～174 页。

[36]张华初,李永杰:《论我国加工贸易的就业效应》,《财贸经济》2004 年第 6 期,第 87～89 页。

[37]张婧:《论加工贸易与我国产业升级》,《首都经济贸易大学学报》2003 年第 6 期,第 59～62 页。

［38］张丽平：《加工贸易国内价值链研究》，《经济研究参考》2003 年第 11 期，第 56～64 页。

［39］张旭宏：《我国加工贸易发展面临的挑战与对策分析》，《宏观经济管理》2004 年第 2 期，第 7～11 页。

［40］张亚斌，易红星，林金开：《进口贸易与我国经济增长的实证分析》，《财经理论与实践》2002 年第 23(120)期，第 63～65 页。

［41］Ben-Tal，A. Nemirovski：“Robust Convex Optimization”，Mathematics of Operations Research，Vol. 23，1998，pp. 769 - 805.

［42］Dixit，Avinash and Joseph Stiglitz：“Monopolistic Competition and Optimum Product Diversity”，American Economic Review，Vol. 67，1977，pp. 298 - 308.

［43］Fukunari Kimura：“Fragmentation，Internalization，and Inter-firm Linkages：Evidence from the Micro Data of Japanese Manufacturing Firms”，Proceeding of International Conference on “Global Production：Specialization and Trade”，Hong Kong，October 25 - 27，1999.

［44］G. Gary Gereffi，Olga Memodovic：“The Global Apparel Value Chain：What Prospects for Upgrading by Developing Countries”，(with) United Nations Industrial Development Organization，Sectorial Studies Series，available for downloading at http://www. unido. org/doc/12218.

［45］Gereffi，Gary and Miguel Korzeninewicz(eds.)：“Commodity Chains and Global Capitalism”，Praeger：Westport，CT，1999.

［46］Grossma Ge. M. and Helpman，Elhanan：“Outsourcing Versus FDI in Industry Equilibrium”，NBER Working paper，No. 9300，2002.

［47］Holmes，Thomas：“Localization of Industry and Vertical Disintegratio”，Review of Economic and Statistics，Vol. 81，1999，pp. 314 - 325.

［48］Industrail Policies and Research Branch of the United Unions Industrial Development Organization：“Industry and Trade in a Global Economy with Special Reference to Sub-saharan Africa”，Report of the United Unions Industrial Development Organization，2000.

[49]L. EI-Ghaoui and H. Lebret: "Robust Solutions to Least-square Problems to Uncertain Data Matrices", Sima Journal on Matrix Analysis and Applications, Vol. 18, 1997, pp. 1035 – 1064.

[50] Olga Memedovic: "Inserting Local Industries into Global Value Chains and Lobal Production Networks: Opportunities and Challenges for Upgrading with a Focus on Asia", available at http://www. unido. org/file-storage/download/? file_id＝33079.

[51]R. C. Feenstra: "Integration of Trade and Disintergration of Production in the Global Economy", Journal of Economic Perspective, Vol. 12 (4), 1998, pp. 31 – 50.

[52]Robert C. Feenstra and Gordon H. Hanson: "Ownership and Control in Outsourcing to China", NBER Working Paper, No. 10198,2003.

[53]X. Yang and Y. K. NG: "Specialization and Economic Organization: A New Classical Microeconomic Framework", North-Holland, 1993.

2 中国国际加工贸易的总量结构和贸易条件

内容提要：本章考察了我国加工贸易快速发展的原因、发展的历程，并以上海地区的计算机产业、纺织品和服装产业的加工贸易为例，计算了商品贸易条件且将其与全国商品贸易条件进行比较。分析表明，我国加工贸易的快速发展是由我国特殊的国情、中央和地方政府的经济政策、全球产业转移的快速发展所决定的。由于全球分工体系的形成，全球产业发展和转移从而加工贸易越来越按照全球价值链的发展规律发展，这就要求我国必须根据全球价值链的发展规律来发展本国加工贸易的相关产业。但由于我国加工贸易的主体是外资企业，这就使得我国的加工贸易利益微薄，而且其转型和升级将面临重重困难。

关键词：加工贸易，贸易结构，贸易条件，全球价值链

2.1 中国加工贸易发展的原因

自 1978 年广东承接第一份来料加工贸易合同至今，中国加工贸易的发展已经历了 29 年历史。中国加工贸易从无到有，从小到大，推动了我国国际贸易发展，为我国整个贸易结构、经济增长作出了重要贡献。目前，加工贸易已经成为我国出口贸易的主导和出口创汇的重要来源。下表是我国从 1981～2006 年加工贸易和其他贸易进出口的情况。

表2—1 1981～2006年中国加工贸易和其他贸易进出口情况一览表

年份	加工贸易进口（亿元）	加工贸易出口（亿元）	其他贸易进口（亿元）	其他贸易出口（亿元）	加工贸易净出口（亿元）	其他贸易净出口（亿元）	加工贸易在进出口中所占比重（%）	加工贸易进口在进口中所占比重（%）	加工贸易出口在出口中所占比重（%）
1981	23.87	18.755	351.571	356.5155	-5.115	4.9445	5.6779469	6.3578565	4.9977283
1982	37.85	28.3875	327.2133	394.0185	-9.4625	66.8052	8.411439	10.368065	6.7204301
1983	45.4411	37.5383	377.1611	401.6598	-7.9028	24.4987	9.6286112	10.752689	8.5470087
1984	69.81	67.483	568.0207	540.7948	-2.327	-27.2259	11.01774	10.944911	11.094109
1985	120.4006	99.8444	1120.313	703.3157	-20.5562	-416.9973	10.775862	9.7041412	12.431444
1986	231.3376	193.3568	1249.914	874.9395	-37.9808	-374.9745	16.657636	15.617711	18.099548
1987	379.6542	327.5448	1229.037	1140.451	-52.1094	-88.586	22.985731	23.600191	22.31238
1988	547.1487	521.094	1510.056	1247.648	-26.0547	-262.408	27.921003	26.596707	29.461278
1989	617.4764	745.4898	1609.204	1232.694	128.0134	-376.51	32.414036	27.730805	37.685568
1990	894.4584	1219.716	1657.379	1750.173	325.2576	92.794	38.288286	35.051544	41.069414
1991	1330.825	1724.749	2064.908	2103.236	393.924	38.328	42.299187	39.191097	45.056316
1992	1737.099	2183.782	2707.117	2500.32	446.683	-206.797	42.952941	39.086737	46.621145
1993	2097.368	2552.566	3892.807	2733.493	455.198	-1159.314	41.236587	35.013468	48.28864
1994	4102.501	4912.659	5862.44	5516.83	810.158	-345.61	44.20403	41.169346	47.103545

年份	加工贸易进口(亿元)	加工贸易出口(亿元)	其他贸易进口(亿元)	其他贸易出口(亿元)	加工贸易净出口(亿元)	其他贸易净出口(亿元)	加工贸易在进出口中所占比重(%)	加工贸易进口在进口中所占比重(%)	加工贸易出口在出口中所占比重(%)
1995	4876.984	6154.687	6153.017	6269.931	1277.703	116.914	47.034109	44.215626	49.536227
1996	5179.747	7008.871	5362.857	5549.729	1829.124	−813.128	50.572652	44.87503	55.809334
1997	5819.44	8256.641	5982.749	6896.285	2437.201	913.536	52.220445	49.308141	54.488757
1998	5679.463	8651.66	5931.147	6557.875	2972.197	626.728	53.434174	48.916147	56.883133
1999	6092.829	9180.635	7624.314	6956.255	3087.806	−668.059	51.160471	44.417624	56.89222
2000	7665.798	11391.08	10968.05	9238.694	3725.282	−1729.356	48.535711	41.139103	55.216698
2001	7780.38	12208.58	12378.25	9816.522	4428.2	−2561.728	47.385471	38.595778	55.430299
2002	10114.49	14890.32	14319.21	12057.11	4775.83	−2262.1	48.665356	41.395654	55.256921
2003	13486.54	20017.92	20684.22	16265.96	6531.38	−4418.26	47.554654	39.468072	55.170285
2004	18352.98	27147.08	28098.08	21960.83	8794.1	−6137.25	47.61464	39.510358	55.280463
2005	22606.379	34357.934	31850.88	28504.02	11751.555	−3346.86	48.554974	41.51215	54.656166
2006	25680.46	40769.22	37550.18	36639.58	15088.76	−910.6	47.248254	40.613949	52.667423

资料来源:历年《中国统计年鉴》《中国海关统计年鉴》。

　　由表2—1可以看到,从1981年到2006年,加工贸易进出口总额在我国贸易进口、出口、进出口总额中所占的比重整体呈上升趋势,且各比重总体上超过了40%,加工贸易在进出口总额中所占的比重甚至超过了50%,加工贸易净出口呈现剧烈上升趋势,而其他贸易净出口则呈现递减趋势,如图2—1和2—2所示。另据2003年商务部和中国海关统计,我国总出口额51.9%的机电产品中,加工贸易占到了75%,而在1102亿美元的高新技术产品出口中,加工贸易占到了90%左右。加工贸易已经成为我国贸易的主导力量。

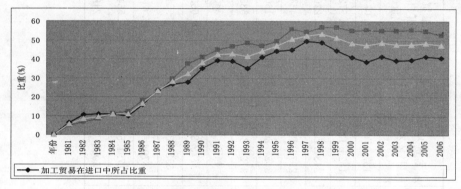

**图2—1　1981～2006年加工贸易在进口、出口、
进出口总额中所占的比重**

资料来源:根据表2—1中数据计算并作图得到。

　　我国加工贸易如此快速的发展,是由我国特殊的国情、中央和地方政府的经济政策、全球产业转移的快速发展所决定的。

　　一、我国特殊的国情决定了加工贸易成为贸易的主导方式。近代中国一百多年以来受到帝国主义的侵略,经济、科学技术和文化非常落后,地区发展极不平衡,工业体系整体技术含量低,竞争力弱。这种国情成为加工贸易发展的肥沃土壤。再由于我国人口众多,国民素质整体偏低,使得本国经济的发展无法提供足够的就业机会,从而为本国经济发展带来了巨大的压力。2002年我国城乡登记失业人数为770万人,2003年为800万人,实际上我国失业人数远远高于这些数字。人口众多和非充分就业又导致了我国平均劳动力成本低,而加工贸易主要集中在劳动密集型的行业,低成本的劳动力是其发展的必要条件。所有这些就为加工贸易提供了发展的条件和基础。我国由于经济落

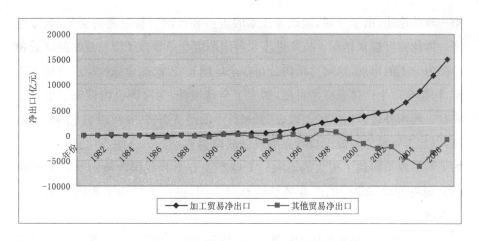

图 2—2　1981～2006 年加工贸易和其他贸易净出口

资料来源:根据表 2—1 中数据计算并作图得到。

后,工业基础差,企业竞争力弱。在全球化的今天,一般贸易的发展势必受到跨国公司阻碍和扼杀,从而使得其发展困难重重。因此我国必须一定程度上按照比较优势来发展本国产业,这也为加工贸易的发展提供了空间。

二、中央政府和地方政府的经济政策推动了加工贸易的发展。20 世纪 80 年代以来,中央政府在改革开放政策的指导下,开始发展"三来一补"的来料加工贸易,以解决劳动力就业和外汇短缺问题。20 世纪 90 年代以来,为了适应国家经济发展的需要,进料加工贸易在政府政策的支持下发展起来。尤其是沿海地区,地方政府凭借沿海优势大力发展进料加工贸易并进行深加工。中央政府和地方政府的进出口征退税制度也推动了加工贸易的进一步发展。加工贸易实行不退不征制度,企业无需负担征退税的差额,政府无需承担退税,一般贸易企业则需负担征退税的差额,而政府需承担 25% 的出口退税。因此,为了减轻财政负担,地方政府纷纷发展加工贸易而遏制一般贸易的发展[①]。另外,从提高企业融资功能、提高经济效益等方面分析,短期来说开展加工贸易比开展一般贸易更有好处。

三、全球经济一体化和全球产业分工推动了我国加工贸易的发展。根据

① 季风:《当前我国加工贸易发展的特点及原因》[J],《经济论坛》2005(18),第 19 页。

中国国际加工贸易的总量结构和贸易条件

第一章的论述,由于交通、通讯等技术的进步和各国贸易制度的变革,全球经济一体化程度越来越深。技术进步和各国制度变革导致了交易成本的降低和产品内分工的出现,这使得跨国公司在全球配置资源、按全球价值链分解产业链、构建全球生产体系成为可能,扩大了全球市场,为跨国公司带来了更大的收益。而国外许多国家的经验表明(如日本的经济奇迹、亚洲四小龙的东亚奇迹)以加工贸易为主的出口导向型发展战略是成功的。这些成功经验对我国加工贸易政策起到了很大的影响。全球产业分工和我国政策的支持使得跨国公司将劳动密集型的产业链节转移到中国,进一步推动了我国加工贸易的发展。

总之,加工贸易在我国的快速发展,既有国情上的原因,也受到全球经济一体化和全球产业分工的影响。而其他国家的成功经验也对我国起到了示范作用,从而使得中央和地方政府在政策上鼓励加工贸易的发展。

2.2 中国国际加工贸易的发展阶段

中国加工贸易开始于 1978 年,1981 年进入加工贸易发展的起步期,从1981 年至今,中国加工贸易经历了四个阶段。1981～1985 年来料加工阶段、1986～1992 年进料加工贸易阶段、1993～1999 年加工贸易结构转换阶段和2000 至今我国加工贸易成为全球产业制造链的组成部分,并向离岸服务贸易发展。

第一阶段:1981～1985 年来料加工阶段。20 世纪 80 年代初,一方面,以香港为代表的亚洲"四小龙"正好处于劳动密集型产业的转移时期,另一方面,改革开放使我国外贸政策开始进行重大调整,国家颁布了《以进养出试行办法》和《开展对外加工装配和中小型补偿贸易办法》,从政策和法规上确立了加工贸易作为一种新型的贸易方式而具有存在的价值。

由于受到当时我国企业加工条件和企业经营能力的限制,在发展加工贸易形态上主要以来料加工贸易为主,见图 2—4。1981 年,我国来料加工贸易为 19.48 亿美元,到 1985 年达到 52.81 亿美元,占加工贸易的比重为 70.02%。

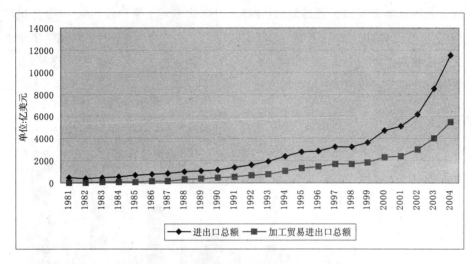

图2—3　中国加工贸易总额（1981～2004 年）

资料来源：根据表 2—1 中数据计算并作图而得。

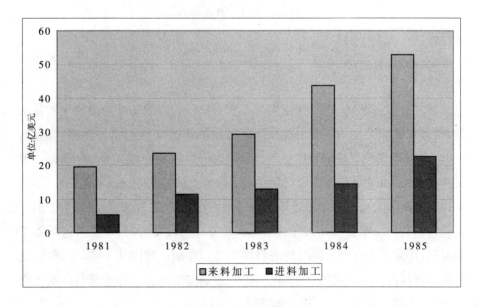

图2—4　中国加工贸易类型构成（1981～1985 年）

资料来源：根据《中国海关统计年鉴》相关数据作图而得。

同时由于广东毗邻香港，国家对广东实行特殊政策和灵活措施，使广东省成为我国从事来料加工贸易最为活跃的地区,广东省工缴费收入从 1979 年的 1385 万美元增加到 1985 年的 10 亿美元以上。在 1987 年全国来料加工工缴费外汇收入中,广东省占 75%,上海占 5.9%,福建占 5.9%,浙江占 2.5%,北京占 2.2%,五个省市合计占 91.5%。①

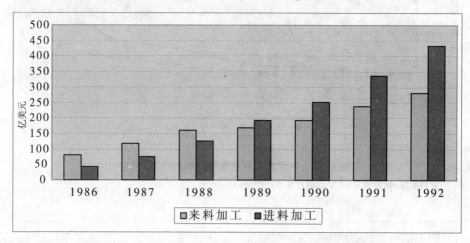

图 2—5　来料加工和进料加工贸易的发展(1986～1992 年)
资料来源:作者自行整理而成。

第二阶段:1986～1992 年进料加工贸易阶段。经过第一阶段加工贸易的发展,使我国加工能力大为提高,资金短缺的状况也得到明显改善。同时,1988 年,我国出台了鼓励外向型经济发展的一系列政策,先后颁布了《以进养出试行办法》、《关于加强综合管理促进对外加工装配业务发展的通知》、《中华人民共和国海关对进料加工进口货物管理办法》等一系列规定,从政策上引导企业从来料加工贸易方式向进料加工贸易方式的转变,并放宽了对进料加工的限制,建立了适合当时情况的进料加工监管办法。我国从 1989 年开始,进料加工贸易占加工贸易的比重超过 50%,进料加工贸易在加工贸易中的比重从 1986 年的 35.19% 上升到 1992 年的 60.73%。

①　邵祥林,王玉梁,任晓薇:《未来国际贸易的主流——加工贸易》,对外经济贸易大学出版社 2001 年版,第 68 页。

第三阶段:1993～1999年加工贸易结构转换阶段。从1993年开始,我国进入到全面开放阶段,除了亚洲"四小龙"继续向我国转移劳动密集型产业外,欧洲、美国、日本等跨国公司开始将成熟的技术和制造工序带入我国,使我国加工贸易结构开始发生变化。在政策方面,1990年我国设立了第一家保税区,即上海外高桥保税区,以后又相继建立了大连、天津等15家保税区,进一步优化了加工贸易的经营环境。由于政府吸收外资政策主要集中在制造领域,使外资企业在加工贸易中的作用迅速提高。这一阶段外商投资企业取代乡镇集体企业成为加工贸易的经营主体,1999年,外资企业加工贸易出口745.4亿美元,占加工贸易出口比重的67.2%,占外资企业出口比重的86.8%,这说明,外资企业在华投资行为中,以低廉的劳动力成本作为投资取向,通过加工组装,以加工贸易方式出口产品,使它们成为我国加工贸易的主导力量。在加工贸易产品结构的变动方面,在这一阶段,加工贸易的产品结构从劳动密集型为主向劳动密集型和技术、资金密集型产品并重的方向发展,高新技术产品和机电产品加工贸易逐步成为我国加工贸易的主要产品。1999年,机电产品加工贸易出口额为657.9亿美元,占我国加工贸易出口总额的59.32%,加工贸易机电产品出口占全国机电产品出口额的比重逐年增加,1993年所占比重为35.8%,1999年为58.9%。1999年,高新技术加工贸易出口额达到215.7亿美元,占加工贸易出口比重的19.5%,占高新技术产品出口比重的87.3%。

第四阶段:2000年至今,成为全球产业制造链的组成部分,并向离岸服务发展。2000年以后,全球信息制造业开始复苏,以我国台湾地区信息制造业为代表的IT制造业开始大规模进入大陆,他们采用加工贸易的方式,将代工设计放在台湾本土,加工组装通过投资的形式进入到大陆,使我国成为全球IT制造链中的组装、加工链节。同时,我国出口加工区的设立为规范化的国际加工贸易提供了制度条件。2005年1～8月,在我国高新技术产品进出口前15位的产品中,出口以IT最终产品为主,进口以ICT产品(集成电路产品)为主,在这些产品的进出口中,加工贸易占整个贸易的87%,加工贸易的企业以外商独资企业为主,特别是台资企业在其中起到重要的作用。

表2—2 我国高新技术产品出口前15位商品（2005年1～8月）

出口排序	税号及商品	出口量（百万）	出口额（亿美元）	金额占比（%）
1	[8471300000]重量≤10公斤的便携数字式自动数据处理设备	24.2	178.4	13.8
2	[8473309000]8471所列其他机器的零件、附件	740.8	149.9	11.6
3	[8525202200]手持(包括车载)无线电话机	125.3	117.0	9.0
4	[8471601100]液晶显示器	43.5	85.0	6.6
5	[8529902000]手持式无线电话机零件	21.5	58.3	4.5
6	[8521901200]数字化视频光盘(DVD)播放机	80.5	36.4	2.8
7	[8542211900]其他线宽≤0.18微米数字单片集成电路	597.2	32.6	2.5
8	[8525405000]其他数字照相机	42.9	31.6	2.4
9	[8519999000]其他声音重放设备	40.1	30.7	2.4
10	[8471603200]激光打印机	15.5	28.9	2.2
11	[8542212900]其他0.18<线宽≤0.35微米数字单片集成电路	3336.1	24.2	1.9
12	[8471703000]光盘驱动器	106.6	24.1	1.9
13	[8471701000]硬盘驱动器	56.9	22.6	1.7
14	[8534009000]四层及以下的印刷电路	7048.2	21.6	1.7
15	[8529909000]8525至8528所列其他装置或设备用其他零件	40.8	19.9	1.5

资料来源：商务部科技司官方网站，http://kjs. mofcom. gov. cn/aarticle/bn/bs/200509/20050900467760. html。

表2—3 我国高新技术产品进口前15位商品（2005年1～8月）

进口排序	税号及商品	进口量（百万）	进口金额（亿美元）	金额占比（%）
1	[8542211900]其他线宽≤0.18微米数字单片集成电路	4380.7	173.0	14.4

进口排序	税号及商品	进口量（百万）	进口金额（亿美元）	金额占比（%）
2	[8542290000]其他单片集成电路	23018.2	107.8	9
3	[8473309000]8471 所列其他机器的零件、附件	90.3	65.7	5.5
4	[8542212900]其他 0.18<线宽≤0.35 微米数字单片集成电路	4841.7	61.0	5.1
5	[8529902000]手持式无线电话机零件	8.9	60.0	5.0
6	[8542219900]其他线宽＞0.35 微米数字式单片集成电路	6418.3	49.8	4.1
7	[8471701000]硬盘驱动器	63.6	43.0	3.6
8	[8542212100]0.18<线宽≤0.35 微米数字单片集成电路原片	3220.6	41.9	3.5
9	[8542600000]混合集成电路	3151.2	39.8	3.3
10	[8479899000]未列名具有独立功能的机器及机械器具	22.6	31.3	2.6
11	[8802401000]45000≥空载重量＞15000 公斤的飞机等航空器	80(套)	29.0	2.4
12	[8534009000]四层及以下的印刷电路	9883.3	25.6	2.1
13	[8471703000]光盘驱动器	46.1	20.3	1.7
14	[8473302900]其他打印机零件、附件	54.7	19.4	1.6
15	[8541400000]光敏半导体器件；发光二极管	15951	15.8	1.3

资料来源：商务部科技司官方网站，http://kjs.mofcom.gov.cn/aarticle/bn/bs/200509/20050900467760.html。

由于跨国公司之间的竞争越来越激烈，它们倾向于更加狭隘的专业化而将越来越多的功能发包给分布在全世界的独立性公司。跨国公司把非核心的生产、营销、物流、研发乃至非主要框架的设计活动，都分包给成本低的发展中国家的企业或专业化公司去完成，不仅减少了固定投入成本，而且达到了在全球范围内利用最优资源的目的。这样使传统的加工贸易主要从事制造业务中某个比较短的制造链节逐步转变为整个制造链节,我们称为 OEM(原始设备生产商),或者是某个业务单元,例如设计单元,我们称为 ODM(原始设计制造商),物流外包服务(OLM)等,离岸服务贸易正成为加工贸易新的重要内容。

表2—4 我国高新技术产品进出口(按企业性质分类) 单位:亿美元

企业类型	累计进口	累计金额占比(%)	累计出口	金额占比(%)
国有企业	177.6	14.7	96.8	7.5
三资企业	956.5	79.4	1137.4	87.7
合作企业	14.7	1.2	21.0	1.6
合资企业	219.7	18.3	254	19.6
独资企业	722.1	60.0	862.4	66.5
集体企业	19.0	1.6	25.3	2.0
私营企业	50.2	4.2	36.8	2.8
其他企业	0.639	0.053	0.033	0.003

资料来源:商务部科技司官方网站,http://kjs.mofcom.gov.cn/aarticle/bn/bs/200509/20050900467760.html。

我国加工贸易发展到今天,是政府制定一系列有利于加工贸易的政策、法规的结果,也顺应了世界产业变化的一般规律,推动了中国与世界的产业融合。中国加工贸易的发展不仅对中国经济的快速增长提供了强有力的推动,而且对世界经济的稳定增长提供了条件。

2.3 中国国际加工贸易结构

中国国际加工贸易结构的基本特点是:加工贸易产品结构向高新技术方向发展,贸易的产权性质结构以三资企业特别是外商独资企业为主体,企业规模结构上向规模化发展,地区结构上从以广东省为主向广东、福建、江苏、上海、山东和天津等六省市集中。

2.3.1 加工贸易产品结构

20 世纪 90 年代以来,中国贸易结构出现了重大变化,从初级产品为主的贸易结构向工业制成品为主的贸易结构转变,在工业制成品中,高新技术产品在外贸结构中的比重进一步提升,而高新技术产品的贸易结构大多采用加工贸易的贸易方式。

表 2—5 是 1990～2004 年中国贸易结构变化,从出口结构看,1990 年工业制成品出口比重占 74.4%,到 2004 年达到 93.2%。在工业制成品结构中,高新技术产品①进出口所占的比重有了比较大的提高,高新产品在所有商品贸易结构中的比重和工业制成品结构中的比重占三成左右,这说明我国对外贸易结构出现了比较大的变化。

表 2—5　中国产品贸易结构(1990～2004 年)　　　单位:亿美元,%

结构　　时间	初级产品				工业制成品			
	出口		进口		出口		进口	
	金额	比重	金额	比重	金额	比重	金额	比重
1990	158.9	25.6	98.6	18.3	461.8	74.4	434.9	81.6
1991	161.5	22.5	108.3	17	556.9	77.5	529.6	83
1992	170	20	132.6	16.4	679.4	80	673.3	83.6
1993	166.7	18.2	142.2	13.7	750.3	81.8	897.3	86.3
1994	197.1	16.3	164.7	14.2	1013.3	83.7	992.2	85.8
1995	214.9	14.4	244.1	18.5	1272.8	85.6	1076.7	81.5
1996	219.3	14.5	254.4	18.3	1291.4	85.5	1134	81.7
1997	239.3	13.1	286.2	20.1	1587.7	86.9	1137.4	79.9
1998	206	11.2	229.5	16.4	1631.6	88.8	1172.1	83.6

---

①　商务部目前对我国高新技术产品的统计主要包括十大行业,即计算机行业、通信技术行业、电子技术行业、光电技术行业、计算机集成制造技术、生物技术、生命科学技术、航空航天技术、材料技术和其他技术。

结构 时间	初级产品				工业制成品			
	出口		进口		出口		进口	
	金额	比重	金额	比重	金额	比重	金额	比重
1999	199.3	10.2	268.4	16.2	1750	89.8	1388.7	83.8
2000	254.6	10.2	467.4	20.8	2237.5	89.8	1783.6	79.2
2001	263.5	9.9	457.7	18.8	2398	90.1	1978.4	81.2
2002	284.8	8.7	492.7	16.7	2970.8	91.3	2459.3	83.3
2003	348.1	7.9	727.8	17.6	4035.6	91.2	3400.5	82.4
2004	405.5	6.8	1173	20.9	5528.2	93.2	4441.2	79.1

资料来源:中华人民共和国商务部网站。

我国高新产品的贸易是以加工贸易的方式出现的,由于我们没有收集到进口方面的数据,只能通过出口的数据进行分析。1994年,一般贸易在高新产品中的比重还占23.4%,但到2004年,只占6.8%,加工贸易占93.2%。在加工贸易中,进料加工贸易所占的比重最大,2004年达到75.7%。

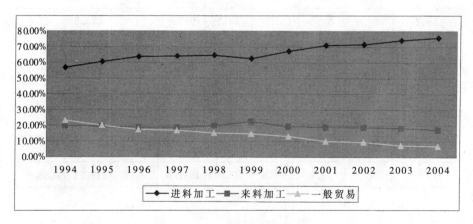

图2-6 高新产品的出口贸易方式构成(1994~2004年)

在这些加工贸易中,又主要以外资企业推动。发展中成员要进一步提高这些产品的附加值是相当困难的,因为他们没有足够的技术储备;二是推动发展中成员高技术产品出口不是本国的国内企业,而是吸收国际直接投资(FDI)中的国外企业,特别是跨国公司,发展中成员的出口受到国外企业的制约,实际上就是跨国公司的制约。发展中成员在高技术领域的出口不仅同国内企业没有联系,而且同国内市场没有联系①。发展中成员出口结构间的断层难以带动发展中成员整个产业结构的转换,从而也难以真正的工业化。

表 2—6　高新技术产品在贸易额的比重(1992～2004 年)　单位：%

时间 指标		1992	1993	1994	1995	1996	1997	1998	1999	2000	2001	2002	2003	2004
占商品	出口	4.7	5.1	5.2	6.8	8.4	8.9	11.0	12.7	14.9	17.5	20.8	25.2	28.1
	进口	13.3	15.3	17.8	16.5	16.2	16.8	20.8	22.7	23.3	26.3	28.1	28.9	28.8
占工业制成品	出口	5.9	6.2	6.3	7.9	9.8	10.3	12.4	14.1	16.6	19.4	22.8	27.3	29.9
	进口	15.9	17.7	20.8	20.3	19.8	21.0	24.9	27.1	29.4	32.4	33.7	35.1	—

资料来源：商务部科技司官方网站, http://kjs.mofcom.gov.cn/aarticle/bn/bs/200509/20050900467760.html。

表 2—7　高新技术产品加工贸易出口情况(1997～2004 年)　单位:亿美元

年份	加贸高新产品出口	同比增长%	占加贸出口比重%	占高新技术产品出口比重%
1997	139.9	30.6	14.0	85.7
1998	175.6	25.6	16.8	86.7
1999	215.7	22.8	19.5	87.3
2000	328.0	52.0	23.8	88.6
2001	414.7	26.4	28.1	89.3
2002	606.2	46.2	33.7	89.5
2003	990.1	63.3	40.9	89.7
2004	1479.0	49.4	45.1	89.3

资料来源:商务部机电司。

① 有关这方面的分析,联合国贸易与发展会议专门比较了 G7(发达国家 7 国)与 D7(发展中成员 7 国)在出口能力、出口与进口、出口与 GDP 之间等方面的差异,可参阅:UNCTAD, Trade and Development Report,2002. pp. 79 - 81,www.unctad.org。

所以，从国际贸易产品结构看，中国的贸易结构确实出现了很大的变化，①但这种结构是通过加工贸易的方式实现的，贸易结构变动的承担主体是外资企业，特别是外商独资企业。

2.3.2 加工贸易主体结构

我们在分析加工贸易产品结构时实际上已经涉及了加工贸易的主体结构问题。我国加工贸易主体结构的显著特点是"三资企业"在加工贸易中占绝对主导地位，并且还具有上升的趋势，1997年，外资企业加工贸易占我国加工贸易出口的比重为64.1%，但到2004年达到81.21%。同时，外资企业的出口主要以加工贸易的方式，2004年，外资企业加工贸易出口要占整个外资企业出口的78.7%。

表2—8 外资企业在加工贸易中的比重

年份	外资企业加贸出口（亿美元）	占加贸出口比重%	占外资企业出口比重%
1997	638.1	64.1	82.1
1998	691.8	66.2	90.2
1999	745.4	67.2	86.8
2000	972.3	70.6	82.9
2001	1066.0	72.3	84.7
2002	1346.0	74.8	79.2
2003	1902.7	78.7	79.2
2004	2663.5	81.2	78.7

资料来源：商务部机电司。

"三资企业"加工贸易的内部结构也开始出现较大的变化，中外合作和中外合资企业加工贸易比重下降，而外商独资企业的比重显著上升。从总体上看，外商投资企业的加工贸易比重从2000年的37.87%上升到55.65%，其中进料加工贸易所占比重更高，达到61.80%。

---

① 这种贸易结构变化我们之所以不用高度化的词句，而只是用了"变化"一词，是因为这种贸易结构的变化并没有带动我国产业链的变动。

因此,中国加工贸易的推动主体是外商独资企业,外商投资企业不仅推动了加工贸易总量增长,也从根本上改变了我国加工贸易结构,从而进一步影响了我国经济总量和经济结构,特别是产业结构。

2.3.3 加工贸易企业规模结构

由于我们没有完整的加工贸易企业资产、销售收入等的具体资料,因而不能精确地描述我国加工贸易企业的规模结构。但从商务部对 10 亿美元以上出口额企业的统计看,见表 2—8,2002 年,10 亿美元出口额的加工贸易企业只有 7 家,2003 年达到了 17 家,这 17 家加工贸易企业占全国加工贸易出口额的比重 2002 年为 10.19%,2003 年则达到 14.99%。

表 2—9　2003 年前 17 家企业的加工出口额　　　单位:亿美元

序号	企业名称	加工贸易出口金额	2002 年加工贸易出口金额	金额同比%
	合　计	362.52	183.40	97.67
1	鸿富锦精密工业(深圳)有限公司	64.20	43.84	46.44
2	达丰(上海)电脑有限公司	52.91	8.83	498.98
3	名硕电脑(苏州)有限公司	31.65	10.58	199.21
4	摩托罗拉(中国)电子有限公司	27.07	26.59	1.81
5	长城国际信息产品(深圳)有限公司	26.56	11.25	136.11
6	戴尔计算机(中国)有限公司	17.41	11.71	48.70
7	明基电通信息技术有限公司	17.24	7.88	118.73
8	英特尔产品(上海)有限公司	15.48	2.26	583.43
9	希捷国际科技(无锡)有限公司	14.67	12.23	19.99
10	伟创力实业(珠海)有限公司	14.21	6.99	103.47
11	顺德市顺达电脑厂有限公司	13.36	10.96	21.90
12	英业达(上海)有限公司	12.66	2.95	328.75
13	鑫茂科技(深圳)有限公司	12.14	11.22	8.27

序号	企业名称	加工贸易出口金额	2002 年加工贸易出口金额	金额同比％
14	广东省东莞机械进出口有限公司	11.62	0.00	—
15	乐金电子(惠州)有限公司	10.52	9.30	13.14
16	仁宝电子科技(昆山)有限公司	10.44	5.35	95.03
17	福建捷联电子有限公司	10.36	1.45	613.52

资料来源:商务部机电司。

2.3.4　加工贸易企业地区结构

从加工贸易的地区结构看,我国加工贸易存在着明显的结构不平衡,广东省明显处于主导地位,1993 年广东省加工贸易占我国加工贸易总额的65.10％,尽管 2004 年以后占到 44.62％,但还是处于相当高的份额。从对天津、上海、江苏、山东、福建和广东等六省市的统计看,加工贸易所占份额将近90％,因此,我国加工贸易的发展区域主要集中在这六个省市。同时,我们计算了全国各省市加工贸易的变异系数,系数在缩小,说明加工贸易的地区分布在扩大。

表 2—10　　中国加工贸易的地区结构(1993～2004 年)　　　单位：％

时间	1993	1994	1995	1996	1997	1998	1999	2000	2001	2002	2003	2004
1	65.10	62.86	56.52	55.20	55.19	56.59	55.53	52.62	52.58	52.53	49.20	44.62
2	87.22	86.43	84.49	85.44	86.41	87.79	88.65	87.74	88.06	88.64	89.4	89.17
3	22.11	23.57	27.96	30.23	31.22	31.20	33.11	35.12	35.47	36.11	40.2	44.54
4	3.605	3.4813	3.1408	3.0772	3.0820	3.1610	3.1152	2.9742	2.9749	2.9823	2.8682	2.6946

1. 广东省加工贸易在全国所占比重。
2. 天津、上海、江苏、山东、福建和广东加工贸易在全国所占比重。
3. 天津、上海、江苏、山东、福建等五省市加工贸易在全国所占比重。
4. 变异系数,其计算公式为:样本标准差/样本平均数×100％。

表 2—11　我国加工贸易主体结构比较（2000～2004 年）

单位：亿美元，%

		国有企业		外商投资企业合计		外商投资企业							集体		私营
						中外合作		中外合资		外商独资						
		2000	2004	2000	2004	2000	2004	2000	2004	2000	2004		2000	2004	2004
进口	总值	989.2	1763	1172.7	3244.5	85.2	107.3	543.3	1091.4	544.2	2045.8		61.8	177.2	419.7
	加工贸易比重	23.90	12.23	74.03	82.83	6.45	3.45	26.16	19.40	41.42	59.98		1.92	1.97	2.96
	来料加工贸易比重	18.77	9.37	43.58	49.56	4.50	2.89	12.76	8.56	17.19	38.11		3.29	3.46	8.30
	进料加工贸易比重	5.13	3.78	91.17	93.47	7.29	3.63	31.96	22.87	51.92	66.98		1.33	1.49	1.25
出口	加工贸易总计	369	441.1	972.2	2663.39	82.8	106.1	368.3	731.99	521.1	1825.3		33	79.7	95.4
	加工贸易比重	26.82	13.45	70.65	81.21	6.02	3.24	26.77	22.32	37.87	55.65		2.40	2.43	2.91
	来料加工比重	64.48	44.10	31.92	43.66	3.75	2.84	12.19	8.40	15.99	32.42		3.50	4.23	5.91
	进料加工比重	10.78	5.35	87.15	91.13	6.98	3.34	32.97	26.00	47.19	61.80		1.93	1.95	3.68

资料来源：中华人民共和国对外贸易经济合作部：《中国对外经济贸易白皮书》2001，中国金融出版社。中华人民共和国商务部：《中国对外经济贸易白皮书》2004，中信出版社。

2.4 中国加工贸易的贸易条件：以上海纺织服装业和计算机产业的比较为例

在本书第 1 章的 1.7 和 1.8 中，我们已经从中间产品、模块化技术的角度考察了加工贸易的贸易利益问题。本节则从加工贸易的贸易条件角度来考察加工贸易的贸易利益问题。采用贸易条件考察贸易利益问题是考察国际贸易利益问题的基本方法，也是考察整体行业或者个别行业比较优势的重要参考指标(张晔，2004；张青，2007)。考察贸易条件一般是对一国所有进出口商品来说的，对某种特殊贸易的贸易条件由于相关数据的缺乏一般很少有研究者进行考察。关于贸易条件的相关研究，读者可以参考于宾(2006)。贸易条件有许多种。一是用物物交换表示，即用实物形态来表示的贸易条件；二是用价格来表示的贸易条件，即一国的所有的出口商品价格与所有的进口商品价格的比率。现实生活中通常用出口商品价格指数与进口商品价格指数之比亦即贸易条件指数来表示。贸易条件一般用贸易条件指数来衡量，常用的贸易条件指数有商品贸易条件指数、要素贸易条件指数和收入贸易条件指数。商品贸易条件指数是一定时期内一国出口商品价格指数与进口商品价格指数之比。设 P_X 为出口商品价格指数、P_M 为进口商品价格指数，则商品贸易条件指数可以表示为 $T = P_X/P_M$。当 $T > 1$ 时，表明同等数量的出口商品换回了比基期更多的进口商口，贸易条件得到改善；当 $T < 1$ 时，表示贸易条件恶化。因此贸易条件的实质是国际贸易利益的分割问题。把商品贸易条件与要素生产率结合起来考察，可以得到要素贸易条件指数，它分为单项要素贸易条件指数和双项要素贸易条件指数。单项要素贸易条件指数是一定时期内一国出口商品生产部门要素生产率指数与商品贸易条件指数的乘积，即 $S = P_X/P_M \times Z_X$，其中，S 代表单项要素贸易条件指数，Z_X 代表一国出口商品生产部门要素生产率指数。一般来说，商品贸易条件指数下降不一定导致一国贸易利益减少。在劳动(要素)生产率提高的基础上，一国主动降低商品贸易条件，还可扩大市场占有率，反而有可能获得更大利益。如果一国商品贸易条件下降幅度超过劳动生产率上升幅度，该国贸易利益就会减少，随着贸易量的扩张，实

际收入水平将会下降,出现所谓贫困化增长。这时该国就需要对国内经济结构进行调整,以改变进出口商品结构。双项要素贸易条件不仅考虑出口商品要素生产率的变化,而且考虑进口商品要素生产率的变化,它定义为 $D = P_X/P_M \times Z_X/Z_M$,其中,$D$ 代表双项要素贸易条件指数,Z_M 代表进口商品要素生产率指数。如果一国出口商品要素生产率指数提高幅度大于进口商品要素生产率指数提高幅度,就可能抵消商品贸易条件恶化而获得双项要素贸易条件改善。这反映了进出口国贸易竞争,实质上是劳动生产率竞争这一现实。收入贸易条件指数是一定时期内出口量指数与商品贸易条件指数的乘积,它表示一国用出口支付进口的能力,它定义为 $I = P_X/P_M \times Q_X$,其中,I 代表收入贸易条件指数,Q_X 代表出口量指数。在本文中,我们采用商品贸易条件指数来考察加工贸易的贸易条件并将其和我国总贸易条件相比较来分析加工贸易的贸易利益问题。为此,我们需要计算进出口价格指数。

进出口价格指数的计算方法为,先计算拉氏和派氏价格指数,然后由此计算得到费氏价格指数。拉氏指数首先由法国统计学家拉斯贝尔(Etienre Laspeyres,1835～1913 年)于 1865 年提出①,其计算公式为:

以基期物量为权数的综合价格指数 $= \sum p_{it}q_{i0} / \sum p_{i0}q_{i0}$

其中,p_{it},p_{i0} 分别表示第 i 种商品在计算期和基期的价格,q_{it},q_{i0} 分别表示其数量。这种指数公式被后人称为拉氏公式。派氏指数首先由法国统计学家派许(Hermann Paasche,1851～1925)于 1875 年又提出②,其计算公式为:

以报告期物量为权数的综合价格价格指数 $= \sum p_{it}q_{it} / \sum p_{i0}q_{it}$

其中的符号和拉氏指数公式中的符号相同。而费氏价格指数这是拉氏和派氏指数的几何平均值。

由于加工贸易进出口统计只有大类的统计数据,因此我们无法对全国加工贸易进出口价格指数进行计算,从而也就无法计算得到加工贸易的贸易条

① 见 http://media.open.edu.cn/media_file/netcourse/asx/gmjjh/unit/unit5/xxnr/htm/10.htm。

② 见 http://media.open.edu.cn/media_file/netcourse/asx/gmjjh/unit/unit5/xxnr/htm/11.htm。

件指数。考虑到数据的可获得性,我们利用 1995~2005 年上海加工贸易进出口商品的统计数据来分析上海加工贸易贸易条件指数。我们可搜集得到上海计算机产业和纺织品和服装业加工贸易每年各种商品进出口总额、数量和价格的数据,再利用派氏指数计算进出口价格指数,然后再计算商品贸易条件指数。各种通过上海加工贸易的贸易条件指数,可以大致看出来全国的加工贸易条件指数。

我们选取了我国加工贸易两类比较有代表性的产品来计算加工贸易贸易条件指数,一类是纺织和服装产品,一类是高新技术产品(主要是计算机和通讯产品)。我们以 1995 年为基期,利用上海 1995~2005 年的相关数据,计算得到了上海纺织和服装、计算机产业的商品贸易条件指数。再将崔津渡等(2006)中计算得到的全国商品贸易条件[1]指数折算到以 1995 年为基期[2]并和前述指标放到同一张表中,如下表所示:

表 2—12   1995~2006 年上海计算机、纺织和服装业商品贸易
条件指数和全国商品贸易条件指数

年份	上海		全国贸易条件
	计算机产业	纺织和服装业	
1995	1	1	1
1996	0.5581	0.7681	1.1071429
1997	0.4886	1.1085	0.8333333
1998	0.4013	0.4508	0.8452381
1999	0.6402	1.0712	0.9166667
2000	0.4114	1.0206	0.7857143
2001	0.2984	1.1462	0.75
2002	0.1659	1.7483	0.75
2003	0.2232	2.0548	0.7380952
2004	0.276	1.9413	0.7619048
2005	0.3283	2.6808	0.7738095
2006	1	2.4544	

资料来源:作者整理而得。

---

[1] 陈飞翔等(2005)考察了我国 1995~2004 年的收入贸易条件。
[2] 他们原来的计算基期为 1994 年。

将其作成图表如下：

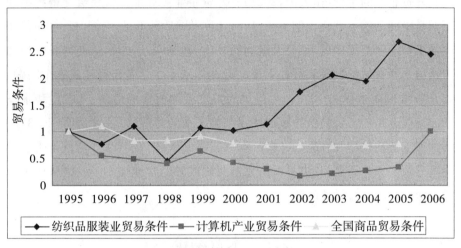

图2—7 上海计算机、纺织和服装业商品贸易条件指数和
全国商品贸易条件指数（1995～2006年）

资料来源：根据表2—12作图而得。

从表2—12和图2—7中我们可以看到，在1995～2006年，总体上来说，纺织品和服装业的商品贸易条件要比计算机产业的商品贸易条件大，这在一定程度上表明我国从服装业加工贸易上获得的贸易利益整体上要比计算机产业加工贸易大①。从图2—6中我们还可以看出，自2000年以来，上海纺织品和服装业加工贸易的商品贸易条件和计算机业的商品贸易条件都有逐步上升的趋势，这一定程度上表明纺织品和服装业的加工贸易利益有逐步上升的趋势。从表2—12和图2—7还可以看出，在大多数年份，上海纺织品和服装业的商品贸易条件总体上要比全国商品贸易条件要大，而总体上来说，计算机业加工贸易的商品贸易条件也比全国商品贸易条件要小。这进一步说明了上海从纺织品服装贸易中获取的利益要比从高科技产业中获取的贸易利益大。

① 要准确地知道是否是这样，我们需考察收入贸易条件。为此我们需要收集劳动生产率的数据和计算进出口数量指数。这对于加工贸易来说很难做到。因此本章不作这样的考察。

但加工贸易的贸易条件可能掩盖了这么一个事实,即我国加工贸易主要受到外资企业的主导(崔大沪,2002)。外资企业主导加工贸易会使得我国加工贸易中间品的本地化比例不高,从而导致发展后劲不足,它同时还会使得我国加工贸易增值率极低,致使大量利润外流(徐剑明,2003),这使得我国在加工贸易上所获得的贸易利益并不多。近些年来不少学者已经注意这个问题,如张晔(2005)对1996~2004年苏州加工贸易增值率的考察、刘志彪和张晔(2005)对苏州加工贸易所导致的产业结构失衡的考察、以及徐剑明(2003)对我国加工贸易转型和升级的考察。本书第一章介绍了不少关于我国加工贸易转型升级的相关研究,其中不少研究都明确或者隐含地指出了我国从加工贸易中所获得的利益微薄问题。

2.5 本章结论

本章考察了我国加工贸易快速发展的原因、发展的历程,并以上海地区的计算机产业、纺织品和服装产业的加工贸易为例计算了商品贸易条件且将其与全国商品贸易条件进行了比较。从加工贸易产生的原因来看,我国加工贸易的快速发展是由我国特殊的国情、中央和地方政府的经济政策、全球产业转移的快速发展所决定的,政府制定了一系列有利于加工贸易的政策、法规,顺应了世界产业变化的一般规律,推动了中国与世界的产业融合。从加工贸易的发展历程和特征来看,由于全球分工体系的形成,全球产业发展和转移从而加工贸易越来越按照全球价值链的发展规律发展,这就要求我国必须根据全球价值链来发展本国加工贸易的相关产业。从我国加工贸易的主体结构来看,我国加工贸易的主体仍然是外资企业,这就意味着我国加工贸易的转型和升级将面临重重困难。我们对上海地区纺织品和服装业以及计算机产业加工贸易的商品贸易条件的计算大致表明我国从纺织品服装商所获得的贸易利益可能比从计算机加工贸易上获得的贸易利益更大。考虑到外资主导我国加工贸易以及我国在纺织品服装加工贸易的所有权比在计算机加工贸易的所有权要占优(Feenstra and Hanson,2003)的事实,我们犹可相信这一点。

参考文献

[1]陈飞翔，郑静，聂钏：《我国收入贸易条件变动分析：1995～2004 年》[J]，《经济经纬》2005 年第 5 期，第 30～33 页。

[2]崔大沪：《外商直接投资与中国的加工贸易》[J]，《世界经济研究》2002 年第 6 期，第 9～15 页。

[3]崔津渡，李诚邦：《中国对外贸易条件：1995～2005 年状况分析》[J]，《国际经济合作》2006 年第 4 期，第 27～29 页。

[4]季风：《当前我国加工贸易发展的特点及原因》[J]，《经济论坛》2005 年第 18 期，第 18～19 页。

[5]刘志彪，张晔：《中国沿海地区外资加工贸易模式与本土产业升级：苏州地区的案例研究》[J]，《经济理论与经济管理》2005 年第 8 期，第 57～62 页。

[6]邵祥林，王玉梁，任晓薇：《未来国际贸易的主流——加工贸易》，对外经济贸易大学出版社 2001 年版。

[7]徐剑明：《延长我国加工贸易价值链问题探析》[J]，《国际贸易问题》2003 年第 11 期，第 14～17 页。

[8]于宾，张延珺：《贸易条件理论研究：文献述评》[J]，《社科纵横》2006 年第 8 期，第 61～66 页。

[9]张青：《我国贸易条件现状分析和对策研究》[R]，中国科技论文在线，http://www. paper. edu. cn/downloadpaper. php? serial_number=200704 - 648.

[10]张晔：《外资出口加工模式下的本土产业升级与失衡——以苏州地区为例》[J]，《南京师大学报》(社会科学版)2005 年第 5 期，第 44～49 页。

[11]张晔：《我国制造业的要素贸易条件变化与比较优势分析》[J]，《福建论坛·人文社会科学版》2004 年第 1 期，第 32～34 页。

[12]中华人民共和国对外贸易经济合作部：《中国对外经济贸易白皮书》[R]，中国金融出版社 2001 年版。

[13]中华人民共和国对外贸易经济合作部：《中国对外经济贸易白皮书》[R]，中国金融出版社 2004 年版。

[14]Robert C. Feenstra and Gordon H. Hanson, Ownership and Control in Outsourcing to China, 2003, NBER Working Paper, No. 10198.

3 我国国际加工贸易对 经济增长的贡献

内容提要：对外贸易与经济增长的关系已经成为理论界和政策层关心的重要话题。本章强调了加工贸易和一般贸易对经济增长贡献的不同作用，将出口和进口对经济增长的贡献置于平等地位，然后采用因果分析、支出法和联立方程组法对我国加工贸易和一般贸易对经济增长的贡献进行了计量分析。分析结果显示，在 1981～2005 年，加工贸易和一般贸易出口对经济增长的贡献为正，而加工贸易和一般贸易进口对经济增长的贡献总体来说为负；从分阶段来说，1981～1992 年，加工贸易没有一般贸易对经济增长的贡献大，而 1993～2005 年加工贸易对经济增长的贡献要比一般贸易对经济增长的贡献大，这符合我国对外贸易政策的阶段性效果。尽管从总体来说加工贸易和其他贸易对经济增长的贡献率为正，但它们的数值都很小。

关键词：加工贸易，一般贸易，联立方程组，Granger 因果检验，平稳性

3.1 导 言

自改革开放以来，我国的对外贸易取得了飞速的发展。对外贸易与经济增长之间的关系也因此成为理论界关心的热点问题。对该问题的讨论大致包括如下两个方面：第一，对出口与经济增长之间因果关系的讨论。这种讨论致

力于区分是出口增长推动了经济的增长还是经济的增长带动了出口的增长。第二,对外贸易与经济增长之间关系的实际测算。这种研究一般承认出口的增长推动了经济的增长,并在此基础上利用各种方法测算对外贸易的发展对经济增长的贡献程度,如张亚斌等(2002)、彭建仿(2003)、林媛媛(2000)、林毅夫和李永军(2001)、赖明勇和雷京(1998)、赖明勇等(2003)、沈程翔(1999)、许和连和赖明勇(2002a,2002b)。综述性的文献参见赖明勇等(2003)和赖明勇(2002b)。本章则考察加工贸易和其他贸易对我国经济增长的贡献程度。撰写本章的原因在于,长期以来人们对加工贸易对我国经济增长到底贡献是正还是负一直众说纷纭,没有定论。即使认为加工贸易对我国的经济增长贡献为正,这种贡献程度到底是多大也未得到合理估计。为此,本章借鉴林毅夫和李永军(2001)中的计算方法来估计加工贸易和其他贸易与我国经济增长之间的关系。该方法避免了传统的估计对外贸易与经济增长关系的缺陷,有一定的可信度。本章将采用该方法估计1981年以来加工贸易对我国经济增长的总的贡献率、我国贸易1981～1992年、1993～2005年两个阶段加工贸易和其他贸易出口对该阶段经济增长的贡献率以及江苏、浙江两地加工贸易和其他贸易净出口对当地经济增长的贡献率。本章的分析表明,长期以来加工贸易和其他贸易对经济增长的贡献率的估计存在一定的问题。而且,加工贸易和其他贸易在我国经济增长的不同阶段对经济增长的贡献率也有很大的不同。基于对不同地方的加工贸易对经济增长贡献率的考察,本章认为,加工贸易和其他贸易对我国经济增长在一定时间内是有正面作用的。

3.2　传统方法的缺陷

我们从如下的国民收入恒等式出发来考察加工贸易对经济增长的贡献程度:

$$Y=C+I+G+NE \qquad (3.2.1)$$

其中,Y,C,I,G,X,M分别代表国民收入、消费、投资、政府支出、出口和进口。上式两边分别对时间求导可得:

$$Y'=C'+I'+G'+(X'-M') \qquad (3.2.2)$$

其中，$Y' = \dfrac{dY}{dt}$，其余类似。对(3.2.2)式进行简单的运算可得：

$$\frac{Y'}{Y} = \frac{C'}{C}\frac{C}{Y} + \frac{I'}{I}\frac{I}{Y} + \frac{G'}{G}\frac{G}{Y} + \frac{NE'}{NE}\frac{NE}{Y} \qquad (3.2.3)$$

其中，$NE = X - M$ 为净出口。(3.2.3)式中 $\dfrac{Y'}{Y}$，$\dfrac{C'}{C}$，$\dfrac{I'}{I}$，$\dfrac{G'}{G}$，$\dfrac{NE'}{NE}$ 分别为各个变量的增长率，$\dfrac{C}{Y}$，$\dfrac{I}{Y}$，$\dfrac{G}{Y}$，$\dfrac{NE}{Y}$ 则分别表示消费、投资、政府支出、净出口在国民收入中所占的比例。因此，(3.2.3)式表示了收入恒等式中的各个组成部分数量上的变化对总的国民收入增长的影响。根据(3.2.3)，我们可以核算净出口的变化与经济增长之间的直接关系。在文献中，$\dfrac{NE'}{Y} \Big/ \dfrac{Y'}{Y}$（或者 $\dfrac{NE'}{Y'}$）被称为外贸增长对 GDP 增长的贡献度（或拉动度），GDP 增长率分解到净出口的部分，即 $\dfrac{\dot{NE}}{\dot{Y}}\dfrac{Y'}{Y}$（或者 $\dfrac{NE'}{Y}$）经常被称为外贸增长对 GDP 的贡献率。

为了核算加工贸易对经济增长的贡献程度，我们需要对(3.2.3)做一点变形。我们把国际贸易分为加工贸易和其他贸易两部分。这两部分的净出口我们分别用 P 和 Q 来表示，则有 $NE = P + Q$ 以及 $\dot{NE} = \dot{P} + \dot{Q}$，且(3.2.3)可以重新表示为：

$$\frac{Y'}{Y} = \frac{C'}{C}\frac{C}{Y} + \frac{I'}{I}\frac{I}{Y} + \frac{G'}{G}\frac{G}{Y} + \frac{\dot{P}}{P}\frac{P}{Y} + \frac{\dot{Q}}{Q}\frac{Q}{Y} \qquad (3.2.4)$$

由于我国政府所公布的支出法国内生产总值统计资料中没有单独的政府支出 G，我们把居民消费 C 和政府支出 G 统一用消费 C 来代替。因此对我国而论，支出法国民收入恒等式变为：

$$Y = C + I + P + Q \qquad (3.2.5)$$

相应地，我们有：

$$\frac{Y'}{Y} = \frac{C'}{C}\frac{C}{Y} + \frac{I'}{I}\frac{I}{Y} + \frac{\dot{P}}{P}\frac{P}{Y} + \frac{\dot{Q}}{Q}\frac{Q}{Y} \qquad (3.2.6)$$

类似地，我们把 $\dfrac{\dot{P}}{Y}$、$\dfrac{\dot{Q}}{Y}$ 分别称为加工贸易和其他贸易增长对 GDP 增长的贡献度（或者拉动度），而 $\dfrac{\dot{P}}{Y'}\dfrac{Y'}{Y}$（或者 $\dfrac{\dot{P}}{Y}$）以及 $\dfrac{\dot{Q}}{Y'}\dfrac{Y'}{Y}$（或者 $\dfrac{\dot{Q}}{Y}$）则被分别称为加工贸

易和其他贸易对 GDP 增长的贡献率。

用支出法计算我国 1981 年到 2005 年 GDP 所得的数据如下表。

表 3-1　支出法国内生产总值（1981～2005 年）　　单位：亿元

年份	生产总值	最终消费	资本形成	货物和服务	加工贸易净出口	其他贸易净出口
1981	4901.4	3309.1	1581	11.3	-5.115	16.4
1982	5489.2	3637.9	1760.2	91.1	-9.4625	100.6
1983	6076.3	4020.5	2005	50.8	-7.9028	58.7
1984	7164.4	4694.5	2468.6	1.3	-2.327	3.6
1985	8792.1	5773	3386	-366.9	-20.5562	-346.3
1986	10132.8	6542	3846	-255.2	-37.9808	-217.2
1987	11784.7	7451.2	4322	11.5	-52.1094	63.6
1988	14704	9360.1	5495	-151.1	-26.0547	-125.0
1989	16466	10556.5	6095	-185.5	128.0134	-313.5
1990	18319.5	11365.2	6444	510.3	325.2576	185.0
1991	21280.4	13145.9	7517	617.5	393.9242	223.6
1992	25863.7	15952.1	9636	275.6	446.6826	-171.1
1993	34500.7	20182.1	14998	-679.4	455.198	-1134.6
1994	46690.7	26796	19260.6	634.1	810.1578	-176.1
1995	58510.5	33635	23877	998.5	1277.703	-279.2
1996	68330.4	40003.9	26867.2	1459.3	1829.124	-369.8
1997	74894.2	43579.4	28457.6	2857.2	2437.201	420.0
1998	79003.3	46405.9	29545.9	3051.5	2972.197	79.3
1999	82673.1	49722.7	30701.6	2248.8	3087.806	-839.0
2000	89340.91	54600.9	32499.81	2240.2	3725.28	-1485.1
2001	98592.9	58927.4	37460.8	2204.7	4428.195	-2223.5
2002	107897.6	62798.5	42304.9	2794.2	4775.829	-1981.6
2003	121511.4	67442.5	51382.7	2686.2	6531.381	-3845.2
2004	142394.2	75439.7	62875.3	4079.2	8794.313	-4715.1
2005	186700.9	96918.1	79559.8	10223.0	11751.556	-1528.556

资料来源：根据历年《中国统计年鉴》统计以及商务部历年《中国对外贸易形势报告》等资料中的数据整理得到。

从表3—1中容易计算得1981年到2005年国民生产总值、最终消费、资本形成、净出口、加工贸易净出口、其他贸易净出口的年增长率。如下表所示：

表3—2　支出法计算国民生产总值各指标年增长率（1981～2004年）

单位：%

年份	生产总值	最终消费	资本形成	净出口	加工贸易净出口	其他贸易净出口
1981	0.11992	0.09936	0.11335	7.061947	0.849951124	5.126256473
1982	0.10696	0.10517	0.13908	−0.44237	−0.16482959	−0.41625556
1983	0.17907	0.16764	0.23122	−0.97441	−0.7055474	−0.93821419
1984	0.22719	0.22974	0.37163	−283.231	7.833777396	−96.4904329
1985	0.15249	0.13321	0.13585	−0.30444	0.847656668	−0.37282203
1986	0.16303	0.13898	0.12376	−1.04506	0.371993218	−1.29283507
1987	0.24772	0.25619	0.2714	−14.1391	−0.5	−2.96583052
1988	0.11983	0.12782	0.10919	0.227664	−5.91325557	1.507198591
1989	0.11257	0.07661	0.05726	−3.75094	1.540809009	−1.59022166
1990	0.16163	0.15668	0.16651	0.210073	0.211114514	0.208240922
1991	0.21538	0.21347	0.28189	−0.55368	0.133930335	−1.76521072
1992	0.33394	0.26517	0.55645	−3.46517	0.019063648	5.631872557
1993	0.35333	0.32771	0.28421	−1.93332	0.77979209	−0.84482804
1994	0.25315	0.25522	0.23968	0.574673	0.577103868	0.585859871
1995	0.16783	0.18935	0.12523	0.461492	0.431572126	0.324570295
1996	0.09606	0.08938	0.05919	0.957925	0.33244165	−2.13567264
1997	0.05487	0.06486	0.03824	0.068004	0.219512465	−0.81118288
1998	0.04645	0.07147	0.03912	−0.26305	0.038896816	−11.5797511
1999	0.08065	0.09811	0.05857	−0.00382	0.206448851	0.770046936
2000	0.10356	0.07924	0.15265	−0.01585	0.18868783	0.497222372
2001	0.09437	0.06569	0.12931	0.267383	0.078504673	−0.1087774
2002	0.12617	0.07395	0.21458	−0.03865	0.367591051	0.940414174
2003	0.17186	0.11858	0.22367	0.518576	0.346470677	0.226239545
2004	0.311155	0.2847095	0.2653586	1.5061287	0.3362677	−0.675817

由表3—2可以计算国民生产总值、最终消费、资本形成、净出口、加工贸易净出口、其他贸易净出口的年增长率之间的相关系数。如下表所示：

表3－3　支出法计算国民生产总值各指标年增长率之间的相关系数表

	Y	C	I	NE	P	Q
Y	1					
C	0.958254	1				
I	0.841016	0.750732	1			
NE	－0.17018	－0.22252	－0.35237	1		
P	0.179057	0.170878	0.273267	－0.76103	1	
Q	－0.10666	－0.17649	－0.27194	0.98865	－0.76237	1

　　从表3－3可以看到,国民生产总值的增长与加工贸易净出口的增长呈正向相关的关系,而与其他贸易净出口的增长呈负向相关的关系。这从某种程度上表明加工贸易对我国经济增长起着正向作用,而其他贸易净出口对我国经济增长起着负向作用。

　　我们可以根据(3.2.6)式运用表3－1的实际数据运算得到国民生产总值增长率的分解结果。计算式子为:

$$\frac{\Delta Y_t}{Y_{t-1}}=\frac{\Delta C_t}{C_{t-1}}\frac{C_{t-1}}{Y_{t-1}}+\frac{\Delta I_t}{I_{t-1}}\frac{I_{t-1}}{Y_{t-1}}+\frac{\Delta P_t}{P_{t-1}}\frac{P_{t-1}}{Y_{t-1}}+\frac{\Delta Q_t}{Q_{t-1}}\frac{Q_{t-1}}{Y_{t-1}} \qquad (3.2.7)$$

其中$\Delta Y_t=Y_t-Y_{t-1}$,其余类推。结果如下表所示。

表3－4　我国 GDP 增长率的分解　　　　　　　　　单位:％

年份	GDP 增长率	GDP 增长率的分解				年份	GDP 增长率	GDP 增长率的分解			
		消费	投资	加工贸易	其他贸易			消费	投资	加工贸易	其他贸易
1981～1982	10.95	6.01	3.32	－0.09	1.7	1993～1994	9.06	4.09	1.52	0.57	2.88
1982～1983	9.66	6.29	4.12	0.03	－0.77	1994～1995	7.02	4.13	2.42	0.6	－0.13
1983～1984	16.8	10.37	7.25	0.09	－0.91	1995～1996	7.84	5.65	1.6	0.7	－0.11
1984～1985	12.28	8.2	8.78	－0.23	－4.47	1996～1997	6.61	3.49	1.19	0.79	1.14

年份	GDP 增长率	GDP 增长率的分解				年份	GDP 增长率	GDP 增长率的分解			
		消费	投资	加工贸易	其他贸易			消费	投资	加工贸易	其他贸易
1985~1986	2.44	0.48	0.37	−0.15	1.74	1997~1998	6.34	4.27	1.77	0.75	−0.45
1986~1987	3.38	0.8	−0.04	−0.08	2.7	1998~1999	6.14	5.1	2.02	0.2	−1.18
1987~1988	10.91	7.37	4.77	0.25	−1.48	1999~2000	7.64	5.64	2.02	0.75	−0.77
1988~1989	−0.46	0.16	−0.53	0.95	−1.04	2000~2001	9.59	4.39	5.26	0.75	−0.81
1989~1990	7.75	2.74	0.89	1.14	2.99	2001~2002	10.33	4.45	5.26	0.39	0.23
1990~1991	12.5	7.46	4.56	0.31	0.17	2002~2003	11.27	3.56	7.84	1.55	−1.68
1991~1992	14.25	8.69	7.24	0.12	−1.81	2003~2004	12.77	4.24	7.51	1.59	−0.57
1992~1993	16.3	6.36	13.3	−0.19	−3.16	2004~2005	27.49	13.2	10.17	1.849	2.267

资料来源:根据历年《中国统计年鉴》"全国支出法国内生产总值"中的数据计算得出。从名义GDP 到实际 GDP 的折算使用的价格指数为消费者物价指数,基年定为 1980 年,下同。

上述方法是衡量对外贸易对经济增长影响程度的最常用的方式,也是一种最简便的方式。在此我们也用该方法来衡量加工贸易和其他贸易对经济增长的贡献率。但是,按照这种方法衡量外贸对经济增长的贡献率却存在很大缺陷。其主要的缺陷在于,使用这种方法测算的"外贸贡献度"指标有低估或者高估外贸对经济增长贡献程度的嫌疑。按照表 3—2 的数据,1981~2005这 25 年中 GDP 增长率的简单平均约为 9.92%,而净出口、加工贸易净出口、其他贸易净出口对经济增长的拉动年平均分别为 0.38%、0.53% 和 −0.15%。按照这种"贡献度"水平,对外贸易(包括加工贸易和其他贸易)的变化似乎不应该对整个经济增长造成巨大影响。但是,我们对经济运行过程的直接观察却往往使我们得出相反的结论——出口滑坡往往是造成经济增长率下降的重要影响因素。这种矛盾使得我们有必要重新考察加工贸易、其他贸易对经济增长的贡献的计算方法。

仅仅是直接从国民收入恒等式出发计算加工贸易对经济增长的贡献率有一定缺陷。这种计算方法只能揭示某一年度经济增长与消费、投资和净出口（包括加工贸易净出口和其他贸易净出口）各个变量之间的直接数字关系，却没有反映消费、投资、加工贸易净出口和其他贸易净出口四个经济变量之间的内部联系。从理论角度讲，如表3－5的简单回归分析所示，出口变动不仅会在很大程度上影响进口，而且也会对消费和投资有显著的影响。因此，在计算对外贸易对经济增长的影响时，如果仅仅考虑到净出口、加工贸易出口、其他贸易出口的直接影响，却没有考虑到净出口（包括加工贸易净出口、其他贸易净出口）对投资和消费的影响，那么我们的计算就存在低估对外贸易对经济增长影响作用的可能性。

表3－5　净出口、加工贸易净出口和其他贸易净出口变化对进口、消费和投资的影响

被解释变量/解释变量	模型设定	回归结果
C/NE	$C = \alpha_0 + \beta_0 NE + \varepsilon_0$	$C = 11079.21 + 16.2572NE + \varepsilon_0$ $F = 145.7696, Adj-R^2 = 0.8629$
C/P	$C = \alpha_1 + \beta_1 P + \varepsilon_1$	$C = 11663.64 + 9.3574P + \varepsilon_1$ $F = 187.6056, Adj-R^2 = 0.8903$
C/Q	$C = \alpha_2 + \beta_2 Q + \varepsilon_3$	$C = 18103.33 - 14.109Q + \varepsilon_2$ $F = 32.3843, Adj-R^2 = 0.5771$
I/NE	$I = \alpha_3 + \beta_3 NE + \varepsilon_3$	$I = 6560.76 + 11.8057NE + \varepsilon_3$ $F = 117.0515, Adj-R^2 = 0.8346$
I/P	$I = \alpha_4 + \beta_4 P + \varepsilon_4$	$I = 6456.005 + 7.0957P + \varepsilon_4$ $F = 381.9825, Adj-R^2 = 0.9431$
I/Q	$I = \alpha_5 + \beta_5 Q + \varepsilon_5$	$I = 10931.06 - 11.2727Q + \varepsilon_5$ $F = 50.9344, Adj-R^2 = 0.6846$

注：数据的时间跨度为1981～2004，样本观测值 $n=24$。在后面的考察中数据范围也采用这一原则。简单的回归结果表明各个方程都存在扰动项自相关现象，因此我们假定自相关的性质为 $AR(1)$ 然后依次估计自相关系数 ρ 和解释变量系数直到迭代过程收敛。上述结果即为迭代过程的最终结果。

3.3 数据平稳性检验及对外贸易和
经济增长的因果性分析

从支出法计算国民生产总值的公式(3.2.5)推得加工贸易和其他贸易是推动经济增长的原因之一的结论并不符合逻辑,表3—2得出的加工贸易和其他贸易对经济增长的贡献率并不一定就是正确的,它们最多只能表明对外贸易和经济增长有着同向或者异向变动的趋势。因此,为了得出加工贸易和一般贸易对经济增长的贡献率,首先我们需要判定加工贸易和其他贸易和经济增长之间的因果关系,即加工贸易和其他贸易的增长是否是引起经济增长变化的原因。如果加工贸易和其他贸易并非是引起我国经济增长的原因,则考察它们对经济增长的贡献率就无意义。为了准确地确定经济变量之间的相关关系,避免虚假回归,Granger[①](1969)首先给出了因果关系的概念,并提出了检验经济变量之间的因果关系的计量经济学方法,后来 Sims[②](1972)也提出了新的因果关系检验方法。由于因果关系的检验有很强的操作性,因此这些方法目前已经在国际上被广泛用于分析经济变量之间的相关关系。到目前为止,因果关系检验的方法大体有五种:(1)Haugh 和 Pierce 提出的相关分析法;(2)Granger 和 Sargent 提出的单侧分布滞后的方法;(3)Sims 提出的双侧滞后的方法;(4)Hsiao 提出的最终预测误差检验因果关系法;(5)Hafida 提出的多元自回归移动平均模型方法。但这些方法都隐含了一个前提,即研究的对象都是由大样本经济变量组成的经济系统,且在应用较多的三种方法(Granger 和 Sargent 的单侧分布滞后的直接检验法、Sims 的双侧分布滞后检验法、Hsiao 的 Akaike 最终预测误差准则 FPE 检测法),均是采用滞后变量较多的自回归模型,这对于小样本来说是不恰当的。事实上,由表3—1可见,我们所研究的加工贸易和其他贸易对经济增长的贡献的问题,涉及的样本容

---

① Granger, C. W. J.:"Investigating Causal Relations by Econometric Models: Cross Spectral Methods",Econometrica 37, 1969, pp. 424-438.

② C. A. Sims:"Macroeconomics and Reality",Econometrica 48, 1980, pp. 1-48.

量仅仅为 24,如果采用前面提出的方法进行因果关系的检验,将会损失很多的自由度,如果采用较少的滞后变量,则不能准确地得到检验模型,检验的因果关系也是不可靠的。张明玉(1998)运用 AICC 准则建立了一个小样本因果关系检验模型用来检测我国经济增长和通货膨胀率之间的因果关系,结果表明该模型具有很强的适应性,能用来广泛分析经济系统中各种变量之间的关系。周建[①]总结了小样本检验经济变量之间因果关系的步骤,并用 Montecarlo 方法研究了其有效性。假设 Y_t, X_t 为两个随机变量,我们要检测 X_t 是否 Y_t 的原因。周建所总结的小样本因果关系检测步骤如下:

【小样本因果关系检测模型】

步骤 1:检验 X_t, Y_t 是否平稳随机序列,如果不是,应将其进行差分变为平稳序列;

步骤 2:选取最大滞后长度 p,一般情况下,可取 $p=T/5$(T 为样本容量);

步骤 3:以 $Y_{t-1}, Y_{t-2}, L, Y_{t-p}, V_{t-1}, V_{t-2}, L, V_{t-p}$($V$ 为白噪声序列)为备选自变量,利用最小 AICC 准则(其中:$\text{AICC}(k)=T[\ln(s_k^2)+(T+k)/(T-k-2)]$,$s_k^2$ 为滞后长度为 k 时的方差,$k=1,2,L,p$),设对应于最优模型的 AICC 为 $AICC_u$;

步骤 4:引入 X_t 使 $X_t, X_{t-1}, L, X_{t-p}, Y_{t-1}, L, Y_{t-p}, V_{t-1}, L, V_{t-p}$ 为解释变量,利用最小 AICC 准则,建立 X_t 作为 Y_t 输入时的最优预测模型,设此时的 AICC 为 $AICC_m$;

步骤 5:计算 $CE=\Lambda ICC_u/AICC_m$。若 $CE \leqslant 1$,说明 X_t 没有提高解释 Y_t 的能力,它不构成 Y_t 的原因;若 $CE>1$,说明 X_t 提高了 Y_t 的解释能力,它构成 Y_t 的原因;CE 越大,说明它们之间的因果关系越强。

本章将采用上述小样本因果关系检测模型检测我国加工贸易和其他贸易出口与经济增长之间的因果关系,这样可使我们考察加工贸易和其他贸易出口对经济增长的贡献建立在比较严实的计量基础上。同时,为了下一节建立

---

① 周建:《宏观经济统计数据诊断:理论、方法及其应用》,清华大学出版社 2005 年版,第 30～31 页。

计量经济模型的需要,本章同时考察加工贸易和一般贸易与居民消费、国内投资之间的因果关系、居民消费与国内投资与经济增长之间的因果关系,居民消费、国内投资与存款利率和贷款利率之间的关系,加工贸易和其他贸易进口和汇率、加工贸易和其他贸易出口、国民生产总值之间的关系,这样的考察基于两方面的原因:(1)可使我们建立计量经济模型考察加工贸易和其他贸易对经济增长的贡献率时把模型建立在严格的因果关系的基础上,从而避免设定模型的任意性而导致的计算结果的任意性;(2)可以同时考察支出法计算国民生产总值的各变量之间以及这些变量与国内存款利率、国内贷款利率、汇率之间的因果关系,增加我们经济增长的结构的理解。

我们看到,上面的小样本因果关系检测模型要求所检测的随机变量为平稳序列。事实上,传统的计量经济模型都要求时间序列是平稳的,否则将产生"伪回归"问题[①]。平稳过程的定义如下:

定义 2.1 随机过程 $Y_t(t=1,2,\cdots,L)$(其中 Y_t 为一随机变量),若 Y_t 满足下列条件,则称此随机过程为平稳过程:

(i)在每一时刻 $t(t=1,2,\cdots,L)$,Y_t 的期望为一常数,$E(Y_t)=c<+\infty$;

(ii)$Y_t(t=1,2,\cdots,L)$ 的协方差 $\mathrm{cov}(Y_i,Y_j)$ 只与随机变量 Y_i,Y_j 在过程中的间隔 $i-j$ 有关,而与其具体位置无关,即 $\mathrm{cov}(Y_i,Y_j)=E[(Y_i-c)(Y_j-c)]=u_{i-j}$。

检验随机变量的平稳性目前一般采用单位根检验的方法,即检验随机过程 $Y_t(t=1,2,\cdots\cdots,L)$ 是否为单位根过程。单位根过程的定义如下:

定义 2.2 $Y_t(t=1,2,\cdots\cdots,L)$ 为一单位根过程,如果 $Y_t=\rho Y_{t-1}+e_t,t=1,2,\cdots\cdots,L$,其中,$\rho=1,e_t,t=1,2,\cdots\cdots,L$ 为一平稳过程,且 $E(e_t)=0,\mathrm{cov}(e_i,e_{i-j})=u_i<+\infty$。

目前检验时间序列为单位根过程已经有很多方法,如 Dickey-Fuller(DF)检验法、扩展的 Dickey-Fuller(ADF)检验法、Phillips-Perron(PP)检验法等。本章采取 Holden 和 Perman 提出的 ADF 单位根检验步骤来检验时间序列的

---

① Granger 和 Newbold 于 1974 年首次提出"伪回归"概念,后来 Phillips(1986)对该问题进行了全面详尽的理论分析。

平稳性。其步骤为：

【ADF 单位根检验步骤①】

步骤 1：对选定的自回归阶数 p 作如下回归：

$$Y_t = \alpha + \beta t + \rho Y_{t-1} + \sum_{t=1}^{p} \gamma_i \Delta Y_{t-i} + e_t$$

其中，$\Delta Y_t = Y_t - Y_{t-1}$。

步骤 2：检验假设：

$$H_0 : (\alpha, \beta, \rho) = (\alpha, 0, 1); H^1 : (\alpha, \beta, \rho) \neq (\alpha, 0, 1)$$

若原假设被拒绝，则进入下一步；否则，转入步骤 5；

步骤 3：利用 $t(\hat{\rho}) = (\hat{\rho} - 1)/\hat{\varphi}$ 及标准正态分布临界值检验 $H_0 : p = 1$，若原假设被拒绝，则进入下一步；若不能拒绝原假设，则推断 $\beta \neq 0, \rho = 1$；

步骤 4：对 $\hat{\rho}$ 用传统的 t-检验检验 $H_0 : \beta = 0$，若原假设被拒绝，则可推断序列为趋势平稳的；若不能拒绝原假设，则可推断序列是无趋势平稳序列；接下来，可用传统的 t-检验检验 $H_0 : \alpha = 0$；

步骤 5：利用 $t(\hat{\rho})$ 及非标准临界值检验 $H_0 : \rho = 1$；

步骤 6：检验原假设 $H_0 : (\alpha, \beta, \rho) = (0, 0, 1)$，若原假设被拒绝，则可推断序列为不带漂移的随机游走序列；

步骤 7：回归 $Y_t = \alpha + \rho Y_{t-1} + \sum_{t=1}^{p} \gamma_i \Delta Y_{t-i} + e_t$，检验 $H_0 : (\alpha, \beta) = (0, 1)$，在确认 $\alpha = 0$ 时可继续回归 $Y_t = \rho Y_{t-1} + \sum_{t=1}^{p} \gamma_i \Delta Y_{t-i} + e_t$。

考虑到我们样本规模比较小，我们在单位根检验中选择自回归阶数时取 $p = int(T/5)$。该阶数比 *Schwert*(1989) 根据公式 $p = int\{4(T/100)^{1/4}\}$ 选取的长度要长。

采用 *DF* 单位根检验步骤，我们检验了 1981～2005 年的国民生产总值（Y）、居民消费（C）、国内投资（I）、加工贸易进口（PI）、加工贸易出口（PO）、其他贸易

---

① 参见赖明勇，许和连，包群：《出口贸易与经济增长》，上海三联出版社 2003 年版，第87～88 页。

进口(QI)、其他贸易出口(QO)的对数序列的平稳性。结果发现,它们都是单位根过程。因此可以对其作差分获得平稳过程。我们同时采用 ADF 单位根检验步骤检验了上述指标的平稳性,发现它们都是趋势平稳的。因此我们可以直接用这些指标的对数考察他们之间的因果关系。上述指标的对数如下表:

表 3—6　平稳化后的支出法国民生产总值相关因素数据

年份	ln(Y)	ln(C)	ln(I)	ln(PI)	ln(PO)	ln(QI)	ln(QO)
1981	8.497276	8.104432	7.3658	3.17262	2.93146	5.862412	5.876378
1982	8.610538	8.199162	7.4732	3.63363	3.345949	5.790612	5.976398
1983	8.712151	8.299162	7.6034	3.81642	3.625362	5.932672	5.995605
1984	8.87688	8.454147	7.8114	4.24578	4.211876	6.342158	6.29304
1985	9.081609	8.660947	8.1274	4.79082	4.603613	7.021363	6.555806
1986	9.223533	8.785998	8.2548	5.44388	5.264537	7.13083	6.774155
1987	9.374557	8.91613	8.3715	5.93926	5.791625	7.113987	7.039179
1988	9.595875	9.144211	8.6116	6.30472	6.25593	7.319902	7.129015
1989	9.709053	9.264497	8.7152	6.42564	6.614041	7.383495	7.116957
1990	9.815721	9.338311	8.7709	6.79622	7.106373	7.412993	7.46747
1991	9.965542	9.483865	8.9249	7.19355	7.452837	7.632841	7.651232
1992	10.1606	9.677346	9.1733	7.45997	7.688813	7.90364	7.824174
1993	10.44873	9.912551	9.6157	7.64844	7.844854	8.266886	7.913335
1994	10.7513	10.19601	9.8658	8.31935	8.499571	8.676321	8.615559
1995	10.97696	10.42332	10.081	8.49228	8.724969	8.724698	8.743521
1996	11.13211	10.59673	10.199	8.55251	8.854932	8.758233	8.621504
1997	11.22383	10.68234	10.256	8.66896	9.018773	8.696635	8.838738
1998	11.27724	10.74518	10.294	8.64461	9.065506	8.687973	8.788422
1999	11.32265	10.81422	10.332	8.71487	9.124852	8.939098	8.847397
2000	11.40021	10.90781	10.389	8.94452	9.340586	9.302742	9.131156
2001	11.49875	10.98406	10.531	8.95936	9.409894	9.423696	9.191822
2002	11.58894	11.04769	10.653	9.22172	9.608467	9.569357	9.397409
2003	11.70776	11.11903	10.847	9.50945	9.904383	9.937127	9.69683
2004	11.86635	11.23109	11.049	9.81755	10.20902	10.24346	9.997016
2005	12.137263	11.481622	11.284264	10.025987	10.444588	10.36882	10.2578

　　现在我们采取上面的小样本因果关系检测模型检验加工贸易和其他贸易出口是否为引起经济增长的原因。首先我们生成了一个正态分布的随机变量序列作为白噪声序列。然后我采用上述检验模型考察各个变量之间的因果关系。结果如下：

表 3—7　各因素之间的因果关系检测

CE	Y	C	I	PI	PO	QI	QO
Y		0.984692	1.210655	2.670228	2.023199	1.286636	2.267922
C	1.033747		1.208449	2.671052	2.254357	1.442487	3.855894
I	1.103464	0.945318		1.340499	1.553502	1.137135	0.804483
PI	1.026467	0.973515	0.925665		2.27434	1.870302	−8.46174
PO	1.009313	0.987486	1.20847	2.228088		1.544483	0.777925
QI	1.026745	1.068697	1.126241	1.362793	1.797501		0.411872
QO	1.054073	1.060831	0.791382	8.437531	1.83221	2.079072	

注：精确地利用小样本因果关系检测模型检验各变量之间的因果关系时，需要用到基于 AICC 准则的小样本最优预测模型[①]。考虑到计算量，本章的计算没有采用最优预测，而直接采取固定滞后长度的方法计算 CE，因此模型给出的因果关系可能存在偏差，也就是说，本章给出的各变量之间的因果关系只是一个大体的关系。更进一步的考察应采取小样本最优预测模型，参见本研究组的工作论文《关于加工贸易对经济增长的推动作用的详细考察》。

　　由表 3—7 可以看出，国内消费、投资加工贸易进出口是国民生产总值的原因；国内消费与对国民生产总值、投资、加工贸易进出口没有明显的因果关系，但和其他贸易进出口有因果关系；投资与国民生产总值、消费、加工贸易出口和其他贸易进口有因果关系；加工贸易进出口、其他贸易进口和国民生产总值、投资、消费等有因果关系；其他贸易出口与国民生产总值和消费有因果关系，而与投资、加工贸易进出口、其他贸易进口没有明显的因果关系。综合来看，加工贸易进出口、其他贸易进出口能提高经济增长的解释能力。因此我们可以进一步考察加工贸易进出口、一般贸易进出口对经济增长的贡献率。

----

　　① 周建：《宏观经济统计数据诊断：理论、方法及其应用》，清华大学出版社 2005 年版，第 31 页。

3.4 对加工贸易和其他贸易对经济增长的贡献率的估计

根据上文的讨论,我们发现,常用的估计对外贸易对经济增长的促进作用的方法没有考虑到消费、投资与对外贸易之间的关系。因此,如果我们用这种方法来考察加工贸易、其他贸易对经济增长的促进作用,就有可能低估或者高估加工贸易、其他贸易对经济增长的贡献率。为了正确地测算加工贸易和其他贸易对经济增长的促进作用,我们必须深入探讨加工贸易出口与进口、其他贸易出口与进口、消费和投资这些变量之间的相互关系。

很多学者对对外贸易与我国经济增长之间的关系作了研究,如姜鸿[①]、赖明勇等(1998)、沈程翔(1999)、许和连等(2002)、林毅夫等(2001)等等。综述性的文献参见许和连(2002)以及赖明勇等(2003)。林毅夫等(2001)则对我国对外贸易出口对经济增长的贡献率进行了分析,得出了对外贸易出口对我国经济增长的贡献率应该为1‰的结论。本章则试图用计量经济学的方法分析加工贸易和其他贸易出口对经济增长的贡献率。本章所用的方法不同于林毅夫等(2002)的处理方法。在他们的论文中,对外贸易出口被当做一个外生变量,对外贸易的进口被当作内生变量来处理,出口为进口的因。而根据本章上节的分析,支出法计算国民生长总值的各因素之间存在着互为因果的关系。因此,本章从上节的因果关系分析结果来建立各个因素之间相互影响的计量经济学模型,并联立这些方程来对加工贸易和其他贸易对经济增长的贡献率进行估计。

首先,我们注意到,加工贸易和其他贸易是两个性质迥然不同的变量。且出口和进口也是性质不同的变量,出口增长在很大程度上受到国际市场需求和其他国家经济政策变动的影响。而进口的变动则更多地受到经济体内部因素的影响。加工贸易和其他贸易都会影响国内消费和投资。但其他贸易与加工贸易相比,更加消耗资源和资本。加工贸易和其他贸易净出口的变化可能同时对国内消费、投资、进口三个变量造成影响。这是因为:(1)出口增长通过

---

① 姜鸿:《对外贸易对我国经济增长的影响与对策研究》,中国财政经济出版社2004年版。

增加出口部门就业人员的收入刺激消费增加;(2)出口增加提高出口企业盈利的前景,因而可能直接推动出口企业投资的增加,同时,出口的增加会增加国内消费需求从而间接刺激国内生产企业投资的增加以满足增加的消费需求;(3)出口的增加造成了中间产品需求的增加从而直接促进进口的增加。在我国现在的发展阶段上,许多出口企业属于来料加工企业并且许多企业需要进口国外先进的资本设备,因此这一影响的作用非常大。当然,出口增加也会通过增加国内的消费和投资需求从而间接地造成进口需求的增加。

但是加工贸易和其他贸易的出口对消费、投资的影响与加工贸易和其他贸易的进口对消费、投资的作用是不一样的。

一般而言,加工贸易和其他贸易出口的增加会提高加工贸易和其他贸易部门就业人员的收入,从而促进消费的增加,同时其盈利前景会刺激投资的增加。此外,加工贸易出口的增加一般情况下导致加工贸易进口的增加,同时因为扩大生产的需要,导致加工贸易进口的增加,因为资本的积累和人们收入的增加,导致其他贸易进口的增加。其他贸易出口的增加不但会刺激投资和消费的增加,还因为在我国现在的发展阶段,许多其他贸易企业属于资源消耗型企业,因此会导致其他贸易进口需求的大量增加。同时,加工贸易进口的增加,导致了本国扩大加工贸易方面的生产,从而导致加工贸易出口增加。

基于上述分析,通过国内生产总值恒等式来简单地计算净出口、加工贸易净出口和其他贸易净出口对国民收入影响的方法就不是分析对外贸易对经济增长影响的适当方法。为准确衡量对外贸易对经济增长的影响,我们必须考虑到如下两个原则:第一,必须考虑加工贸易和其他贸易之间性质的差异;第二,必须考虑加工贸易出口和进口以及其他贸易出口和进口对经济增长的不同作用;第三,必须考虑到变量之间的相互影响以便全面地衡量对外贸易对经济增长的影响作用。因此,为了考察对外贸易对经济增长的影响作用必须首先区分加工贸易和其他贸易以及弄清加工贸易和其他贸易出口与进口对经济增长的影响作用。这种影响作用又包括两个方面:第一,直接影响。按照国民收入恒等式,出口是国民收入的一个组成部分。加工贸易和其他贸易出口的增长必然直接导致国民收入的增长。第二,间接影响。由于加工贸易和其他贸易出口增加会刺激消费、投资以及两种贸易进口的增加,消费、投资的增加会导致国民收入增加,而加工贸易和其他贸易进口的增加则减少国民收入,我们在考虑出口变动对经济的全部影响时必须综合考虑它通过对消费、投资变量的影响而对国民收入造成的影响。

基于以上分析,为了测算加工贸易和其他贸易出口增长对经济增长的贡献率,我们必须首先考察加工贸易和其他贸易出口变动与 GDP 变动之间的关系。为此,我们设计了一个回归模型。该模型的特点如下:

(1)在模型中,加工贸易和其他贸易的进出口、国民生产总值、国内消费、国内投资、存款利率、贷款利率、汇率等因素相互影响。其中,前七个变量之间的因果关系服从本章3.3节表3—7给出的因果关系。另外,我们还假定国内存款利率为国内消费之因、国内贷款利率为国内投资之因、汇率为加工贸易和其他贸易进口之因①。

(2)该模型为一个联立方程组模型。模型包括七个方程,即国民生产总值关于消费、投资、加工贸易进出口、其他贸易进出口函数。

(3)对于国民生产总值关于消费、投资、加工贸易进出口、其他贸易进出口函数的设定,我们遵循本章3.3节表3—7给出的因果关系来设定函数。设 $Y, C, I, PI, PO, QI, QO, SR, LR, ER$ 分别表示国民生产总值、国内消费、投资、加工贸易进口、加工贸易出口、其他贸易进口、其他贸易出口、国内存款利率、国内贷款利率、有效汇率。本章第2节中已经表明,我们可以通过对这些变量取对数获得平稳的时间序列,从而可以采用计量经济学的方法来分析这些变量之间的关系。我们按照如下方法设定这些函数:

国民生产总值函数:国民生产总值可以用支出法来计算得到。但本章为了研究国民生产总值与加工贸易和其他贸易进出口之间的关系,其关于消费、投资、加工贸易进出口、其他贸易进出口之间的函数关系如下:

$$\ln Y_t = \alpha_0 + \alpha_1 \ln C_t + \alpha_2 \ln I_t + \alpha_3 \ln PI_t + \alpha_4 \ln PO_t + \alpha_5 \ln QI_t + \alpha_6 \ln QO_t + e_{Yt}$$

$$(3.4.1)$$

---

① 事实上,我们可以通过第2节给出的小样本因果关系检验模型检验国内存款、贷款利率以及汇率同国民生产总值、国内消费、投资、加工贸易和其他贸易进出口之间的因果关系。本文没有进行这样的考察,而直接指定了某些变量之间的关系。显然,这样的指定会给我们的估计带来误差。

消费函数:消费函数的一个线性模型可以表示为①

$$\ln C_t = \alpha_0 + \alpha_1 \ln Y_t + \alpha_2 \ln C_{t-1} + \mu_t \tag{3.4.2}$$

本章考虑到各因素之间的因果关系,把消费函数设定为:

$$\ln C_t = \beta_0 + \beta_1 \ln Y_t + \beta_2 \ln QI_t + \beta_3 \ln QO_t + \beta_4 SR_t + \varepsilon_{Ct} \tag{3.4.3}$$

投资函数:关于投资函数的理论是宏观经济学中最困难也最有争议的部分。从理论上说,投资决定与企业家对企业经营前景的预期密切相关。但是,迄今为止的经济理论仍然没有能够很好地将这种预期模型化。因此,这里我们采用一种简单的假设,即经济中投资的规模决定于去年国民生产总值、去年消费、当年贷款利率水平、去年加工贸易出口、去年其他贸易进口。我们同样采用一个线性模型来描述投资函数,即,

$$\ln I_t = \gamma_0 + \gamma_1 \ln Y_t + \gamma_2 \ln C_t + \gamma_3 \ln PO_t + \gamma_4 \ln QI_t + \gamma_5 LR_t + \varepsilon_{It}$$
$$\tag{3.4.4}$$

加工贸易进口函数:我们假定加工贸易进口取决于国内总需求(而国内总需求又从去年国民消费中预期)、汇率水平、当年投资、加工贸易出口、其他贸易进出口。进口函数的设定如下。这里,我们同样使用了一个线性模型:

$$\ln PI_t = d_0 + d_1 \ln Y_t + d_2 \ln C_t + d_3 \ln I_t + d_4 \ln PO_t + d_5 \ln QI_t + d_6 \ln QO +$$
$$d_7 ER_t + e_{PIt} \tag{3.4.5}$$

其他贸易进口函数:我们假定其他贸易进口取决于国内总需求、汇率水平、当年消费、投资、加工贸易进出口、其他贸易出口。进口函数的设定如下。这里,我们同样使用了一个线性模型:

$$\ln QI_t = \eta_0 + \eta_1 \ln Y_t + \eta_2 \ln C_t + \eta_3 \ln I_t + \eta_4 \ln PI_t + \eta_5 \ln PO_t + \eta_6 \ln QO_t +$$
$$\eta_7 ER_t + e_{QIt} \tag{3.4.6}$$

加工贸易出口函数:我们假定加工贸易出口取决于国民生产总值、国民消费、投资、加工贸易出口、其他贸易进出口。加工贸易出口函数我们设为:

---

① 参见 G. Menges, Ein Okonometriches Modell der Bundesrepublik Deutschland (vier strukturgleichungen): I. F. O. Studien, Vol. 5, 1959, pp. 1-22. (转引自 Damodar N. Gujarati:《计量经济学》,中国人民大学出版社 2000 年版,第 646 页)。本文的模型中去掉了生活费用指数(消费者价格指数)这个解释变量。为此,本文将对整个数据作剔除物价指数影响的处理。

$$\ln PO_t = \lambda_0 + \lambda_1 \ln Y_y + \lambda_2 \ln C_t + \lambda_3 \ln I_t + \lambda_4 \ln PI_t + \lambda_5 \ln QI_t + \lambda_6 \ln Q O_t$$
$$+ e_{POt} \tag{3.4.7}$$

其他贸易出口函数:我们假定其他贸易出口取决于国民生产总值、国内消费。该出口函数的形式为:

$$\ln QO_t = \xi_0 + \xi_1 \ln Y_t + \xi_2 \ln C_t + \varepsilon_{QOt} \tag{3.4.8}$$

式(3.4.1)、(3.4.2)、(3.4.3)、(3.4.4)、(3.4.5)、(3.4.6)、(3.4.7)和(3.4.8)合在一起构成了一个多元线性方程组。

$$
\begin{cases}
\ln Y_t = \alpha_0 + \alpha_1 \ln C_t + \alpha_2 \ln I_t + \alpha_3 \ln PI_t + \alpha_4 \ln PO_t + \alpha_5 \ln QI_t + \alpha_6 \ln QO_t \\
\qquad\quad + \varepsilon_{Yt} \qquad (A) \\[4pt]
\ln C_t = \beta_0 + \beta_1 \ln Y_t + \beta_2 \ln QI_t + \beta_3 \ln QO_t + \beta_4 SR_t + \varepsilon_{Ct} \qquad\quad (B) \\[4pt]
\ln I_t = \gamma_0 + \gamma_1 \ln Y_t + \gamma_2 \ln C_t + \gamma_3 \ln PO_t + \gamma_4 \ln QI_t + \gamma_5 LR_t + \varepsilon_{It} \qquad (C) \\[4pt]
\ln PI_t = \delta_0 + \delta_1 \ln Y_t + \delta_2 \ln C_t + \delta_3 \ln I_t + \delta_4 \ln PO_t + \delta_5 \ln QI_t + \delta_6 \ln QO \\
\qquad\quad + \delta_7 ER_t + \varepsilon_{PIt} \qquad (D) \\[4pt]
\ln QI_t = \eta_0 + \eta_1 \ln Y_t + \eta_2 \ln C_t + \eta_3 \ln I_t + \eta_4 \ln PI_t + \eta_5 \ln PO_t + \eta_6 \ln QO_t \\
\qquad\quad + \eta_7 ER_t + \varepsilon_{QIt} \qquad (E) \\[4pt]
\ln PO_t = \lambda_0 + \lambda_1 \ln Y_y + \lambda_2 \ln C_t + \lambda_3 \ln I_t + \lambda_4 \ln PI_t + \lambda_5 \ln QI_t + \lambda_6 \ln QO_t \\
\qquad\quad + \varepsilon_{POt} \qquad (F) \\[4pt]
\ln QO_t = \xi_0 + \xi_1 \ln Y_t + \xi_2 \ln C_t + \varepsilon_{QOt} \qquad (G)
\end{cases}
$$

$$\tag{3.4.9}$$

对方程组(3.4.9),我们假定 ε_{Yt},ε_{Ct},ε_{It},ε_{PIt},ε_{POt},ε_{QIt},ε_{QOt} 为均值为 0,相互独立的正态分布的随机变量。容易观察到方程组(3.4.9)中共有 $\ln C_t$,$\ln I_t$,$\ln PI_t$,$\ln PO_t$,$\ln QI_t$,$\ln Q O_t$,七个内生变量和 SR_t,LR_t,ER_t 三个外生变量以及 $\ln Y_t$ 一个被解释变量。再根据联立方程组结构式模型识别的充分必要条件[①],我们立刻可以判定,联立方程组(3.4.9)是不可识别的。另外,上述方程组可能引致共线性和自相关问题。为了使我们的方程组可识别,我们修改方程组如下:

---

① 罗伯特 S. 平狄克, 丹尼尔 L. 鲁宾费尔德:《计量经济模型与经济预测》,机械工业出版社 1999 年版,第 228～231 页。

$$
\begin{cases}
\ln Y_t = \alpha_0 + \alpha_1 \ln C_t + \alpha_2 \ln I_t + \alpha_3 \ln PI_t + \alpha_4 \ln PO_t + \alpha_5 \ln QI_t \\
\qquad + \alpha_6 \ln QO_t + \varepsilon_{Yt} \qquad \text{(A)} \\[4pt]
\ln C_t = \beta_0 + \beta_1 \ln Y_t + \beta_2 \ln QI_t + \beta_3 \ln QO_t + \beta_4 SR_t + \beta_5 \ln C_{t-1} + \varepsilon_{Ct} \qquad \text{(B)} \\[4pt]
\ln I_t = \gamma_0 + \gamma_1 \ln Y_t + \gamma_2 \ln C_t + \gamma_3 \ln PO_t + \gamma_4 \ln QI_t + \gamma_5 LR_t \\
\qquad + \gamma_6 \ln I_{t-1} + \varepsilon_{It} \qquad \text{(C)} \\[4pt]
\ln PI_t = \delta_0 + \delta_1 \ln Y_t + \delta_2 \ln C_t + \delta_3 \ln I_t + \delta_4 \ln PO_t + \delta_5 \ln QI_t + \delta_6 \ln QO \\
\qquad + \delta_7 ER_t + \delta_8 \ln PI_{t-1} + \varepsilon_{PIt} \qquad \text{(D)} \\[4pt]
\ln QI_t = \eta_0 + \eta_1 \ln Y_t + \eta_2 \ln C_t + \eta_3 \ln I_t + \eta_4 \ln PI_t + \eta_5 \ln PO_t + \eta_6 \ln QO_t \\
\qquad + \eta_7 ER_t + \eta_9 \ln PO_{t-1} + \varepsilon_{QIt} \qquad \text{(E)} \\[4pt]
\ln PO_t = \lambda_0 + \lambda_1 \ln Y_y + \lambda_2 \ln C_t + \lambda_3 \ln I_t + \lambda_4 \ln PI_t + \lambda_5 \ln QI_t + \lambda_6 \ln QO_t \\
\qquad + \lambda_7 \ln QI_{t-1} + \varepsilon_{POt} \qquad \text{(F)} \\[4pt]
\ln QO_t = \xi_0 + \xi_1 \ln Y_t + \xi_2 \ln C_t + \xi_3 \ln QO_{t-1} + \varepsilon_{QOt} \qquad \text{(G)}
\end{cases}
$$

$$(3.4.10)$$

容易判定方程组(3.4.10)是过度识别的。该方程组可以通过两阶段最小二乘法获得结构式的唯一解。但为了比较合理地估计加工贸易和其他贸易进出口对我国经济增长的贡献率,我们分别采用了普通最小二乘法、两阶段最小二乘法、三阶段最小二乘法和似不相关回归来估计方程组(3.4.10)。

注意到根据方程组(3.4.10),我们可简单推得加工贸易和其他贸易出口和进口对经济增长的贡献率分别为 $\alpha_4 \dfrac{\Delta PO_t}{PO_t}$,$\alpha_6 \dfrac{\Delta QO_t}{QO_t}$,$\alpha_3 \dfrac{\Delta PI_t}{PI_t}$,$\alpha_5 \dfrac{\Delta QI_t}{QI_t}$。

3.5 我国加工贸易和其他贸易对
经济增长的贡献率的估计

我们按照第二部分给出的模型采用 1981～2005 年间的相应数据来进行估计。数据来源大致如下:GDP、投资、消费、进口、出口数据、消费者物价指数来自历年《中国统计年鉴》,并使用消费者物价指数将名义值转化为实际值;贷款利率数据来自历年《中国金融年鉴》一年期的金融机构贷款基准利率,并被折算成一年期的平均利率,存款利率来自《中国金融年鉴》一年期的存款利率数据,并被折算成年平均利率。并使用消费者物价指数将其转化为真实利率水平。汇率来自商务部网站人民币兑美元的汇率。

考虑到人们在消费、投资、进口、出口时一般都不考虑通货膨胀因素,我们在这里没有对数据进行提出物价因素的处理。这样的处理基于如下理由。其一是根据行为经济学[①]的理论,人们在进行消费、投资时都会存在心理账户和忽略数字的心理,这些行为的特点使得人们在消费和投资时不大考虑通货膨胀或者物价的因素,而仅仅考虑历史上的消费、投资、收入、进出口等账面数字,而正是这种只考虑数字的行为使得人们的经济行为具有行为惯性,因此对数据进行剔除物价因素的处理反而可能会扭曲相关信息;其二是把物价因素考虑进模型会导致模型和计算复杂性的增加,因为国家统计数据中的物价指数是分部门、行业的,没有一个综合的物价指数。消费和投资的物价指数是不一样的,不同地区、部门的物价指数是不一样的,因此很难对物价因素进行处理。我们对所有的变量(包括国民生产总值、国内消费、投资、加工贸易和其他贸易进出口、汇率、国内贷款和存款利率等)取对数作趋势平稳处理以使估计更加有效。

现在我们对方程组(3.4.10)进行估计。我们采用的计量经济学软件是Eviews 3.1。由于我们的模型是过度识别,因此能获得唯一结构式估计的方法是两阶段最小二乘法[②]。但我们为了比较不同方法得出的结构式估计结果,我们还采用了普通最小二乘法、权重最小二乘法、权重两阶段最小二乘法、三阶段最小二乘法、似不相关最小二乘法来估计方程组(3.4.10)。这样做的目的,一是可以看到不同估计结果得出的加工贸易和其他贸易对经济增长的贡献率的不同,二是为了估计加工贸易和其他贸易对经济增长的贡献率的大致范围。

我们对 1981～2005 年的数据进行估计,结果如表 3—8 所示:

---

① 薛求知,黄佩燕,鲁直,张晓蓉:《行为经济学——理论与应用》,复旦大学出版社 2003 年版。

② 易丹辉:《数据分析与 Eviews 应用》,中国统计出版社 2002 年版,第 161～162 页。

表 3-8　方程组(3.4.10)1981~2005 年的估计结果

估计方法	估计结果					
	α_1	α_2	α_3	α_4	α_5	α_6
普通最小二乘法	0.614373	0.365319	−0.058077	0.041827	−0.083102	0.131922
权重最小二乘法	0.614373	0.365319	−0.05808	0.041827	−0.0831	0.131922
似不相关最小二乘法	0.604728	0.368237	−0.07931	0.061646	−0.08172	0.134768
两阶段最小二乘法	0.614373	0.365319	−0.05808	0.041827	−0.0831	0.131922
权重两阶段最小二乘法	0.614373	0.365319	−0.05808	0.041827	−0.0831	0.131922
三阶段最小二乘法	0.612116	0.361282	−0.06307	0.047001	−0.07727	0.130579
各方法平均	0.612389	0.365133	−0.06245	0.045993	−0.0819	0.132173

其中,在估计的过程中,方程组(3.4.10)的(A),(B),(C),(D),(E),(F),(G)方程(以两阶段最小二乘法为例。其他的估计方法得到的结果和该结果比较接近)的 R^2,$Adj-R^2$,Dw 分别如表 3-9 所示:

表 3-9　基于两阶段最小二乘法估计方程组(3.4.10)的 R^2,$Adj-R^2$,Dw

方程 ,$Adj-R^2$,Dw	估计结果		
	R^2	$Adj-R^2$	Dw
(A)	0.999976	0.999969	1.957268
(B)	0.999658	0.999563	1.854370
(C)	0.999538	0.999416	1.638993
(D)	0.998545	0.997769	2.675938
(E)	0.991741	0.987337	2.357534
(F)	0.999057	0.998644	2.288524
(G)	0.991075	0.989736	1.842381

由表 3-9 我们看到,两阶段最小二乘法估计的结果良好,且 Dw 统计量表明方程组(3.4.10)基本消除了自相关。从表 3-8 中我们看到,各估计方法

所得到的结果表明,国民生产总值的主要贡献来自于消费,其次来自投资。其他贸易出口对国民生产总值的贡献处于第三位,而加工贸易出口对经济增长的贡献处于第四位,无论是加工贸易出口还是加工贸易进口,它们对经济增长的贡献都为负。从这点来看,结果非常合乎支出法计算国民生产总值的原理。但最近一些研究表明,进口对经济的增长也能起着推动作用,如张亚斌等(2002)、彭建仿(2003)、林媛媛(2000)、赖明勇等(2003)。其中原因在于我们在考察进口对经济增长的影响时,未能从技术进步、产业结构等方面进行分析。详尽的分析需要进一步的工作。

基于两阶段最小二乘法估计方程组(3.4.10)得到的各系数的 t-统计量结果如下:

表 3—10　基于两阶段最小二乘法估计方程组(3.4.10)的系数的 t 检验

参数	Coefficient	Std. Error	t-Statistic	Prob.
α_0	0.602488	0.052905	11.38803	0.0000
α_1	0.614373	0.023498	26.14620	0.0000
α_2	0.365319	0.025374	14.39722	0.0000
α_3	−0.058077	0.020957	−2.771207	0.0065
α_4	0.041827	0.018084	2.312872	0.0224
α_5	−0.083102	0.009415	−8.826427	0.0000
α_6	0.131922	0.011809	11.17100	0.0000
β_0	−0.019764	0.149815	−0.131922	0.8953
β_1	0.583572	0.127511	4.576642	0.0000
β_2	0.054891	0.029657	1.850882	0.0666
β_3	−0.072731	0.045944	−1.583052	0.1160
β_4	0.372545	0.238398	1.562701	0.1207
β_5	0.406092	0.099848	4.067115	0.0001
γ_0	−1.397657	0.266797	−5.238657	0.0000
γ_1	1.456072	0.240605	6.051711	0.0000
γ_2	−0.580845	0.242875	−2.391543	0.0183
γ_3	−0.041524	0.021007	−1.976648	0.0504
γ_4	0.197966	0.033421	5.923425	0.0000
γ_5	1.669064	0.434815	3.838561	0.0002
γ_6	5.417980	1.981541	2.734226	0.0072

参数	Coefficient	Std. Error	t-Statistic	Prob.
δ_0	0.443925	4.254855	0.104334	0.9171
δ_1	-1.044009	2.818031	-0.370475	0.7117
δ_2	-0.791752	1.781185	-0.444509	0.6575
δ_3	-0.124066	0.381186	-0.325472	0.7454
δ_4	0.546173	0.537764	1.015637	0.3118
δ_5	0.399665	0.530258	0.753718	0.4525
δ_6	0.138096	0.069048	1.999989	0.0477
δ_7	1.071016	0.438105	2.444654	0.0159
δ_8	-4.650146	9.389908	-0.495228	0.6213
η_0	-5.469128	4.369964	-1.251527	0.2132
η_1	4.509488	2.040910	2.209548	0.0290
η_2	2.613077	1.224251	2.134430	0.0348
η_3	-0.067846	0.587688	-0.115446	0.9083
η_4	1.476098	1.401061	1.053557	0.2942
η_5	0.138992	1.207624	0.115095	0.9086
η_6	-0.159885	0.103783	-1.540566	0.1260
η_7	-1.439003	1.465287	-0.982062	0.3280
λ_0	-5.644946	1.544814	-3.654126	0.0004
λ_1	7.474376	2.667927	2.801567	0.0059
λ_2	-4.118306	1.726884	-2.384819	0.0186
λ_3	-3.051021	0.959164	-3.180916	0.0019
λ_4	1.262080	0.060945	20.70840	0.0000
λ_5	0.719532	0.275686	2.609972	0.0102
λ_6	-0.822965	0.363839	-2.261892	0.0255
λ_7	-0.445573	0.175388	-2.540506	0.0123
λ_8	-2.514009	1.286059	-1.954816	0.0529
ξ_0	3.594849	1.125580	3.193774	0.0018
ξ_1	-2.944595	0.995706	-2.957292	0.0037
ξ_2	0.294117	0.321845	0.913847	0.3626
ξ_3	0.602488	0.052905	11.38803	0.0000

从表 3—10 可以看出，基于两阶段最小二乘法估计方程组的系数的 t - 检验基本通过。估计是可以接受的。

我们取各方法得到的平均值作为我们估计方程组(3.4.10)的最终结果,如表3—8所示。这样,我们就可以得到加工贸易出口、进口、其他贸易出口、进口对经济增长的贡献率,见表3—11:

表3—11 1981~2005年加工贸易和其他贸易对经济增长的贡献率

单位:%

年份	加工贸易出口	其他贸易出口	加工贸易进口	其他贸易进口
1981~1982	2.36	1.39	−3.7	0.57
1982~1983	1.48	0.26	−1.3	−1.3
1983~1984	3.67	4.58	−3.3	−4.1
1984~1985	2.21	3.97	−4.5	−8
1985~1986	4.31	3.23	−5.8	−0.9
1986~1987	3.19	4.01	−4	0.14
1987~1988	2.72	1.24	−2.8	−1.9
1988~1989	1.98	−0.2	−0.8	−0.5
1989~1990	2.93	5.55	−2.8	−0.2
1990~1991	1.9	2.67	−3	−2
1991~1992	1.22	2.5	−1.9	−2.5
1992~1993	0.78	1.23	−1.3	−3.6
1993~1994	4.25	13.5	−6	−4.1
1994~1995	1.16	1.8	−1.2	−0.4
1995~1996	0.64	−1.5	−0.4	−0.3
1996~1997	0.82	3.21	−0.8	0.49
1997~1998	0.22	−0.6	0.15	0.07
1998~1999	0.28	0.8	−0.5	−2.3
1999~2000	1.11	4.34	−1.6	−3.6
2000~2001	0.33	0.83	−0.1	−1.1
2001~2002	1.01	3.02	−1.9	−1.3
2002~2003	1.58	4.61	−2.1	−3.6
2003~2004	1.64	4.63	−2.3	−2.9
2004~2005	1.22	3.94	−1.4	−1.1

由上表还可计算出 1981～2005 年加工贸易进口、加工贸易出口、其他贸易进口和其他贸易出口对经济增长的简单年平均贡献率分别为－2.21％，1.79％，－1.86％和2.87％。

根据加工贸易政策的阶段性，我们分别对我国从 1981～1992 年，1993～2005 年这两个阶段的加工贸易和其他贸易进行了估计，估计方法类似于上文所给出的方法。估计结果见表 3—12：

表 3—12　1981～1992 年加工贸易和其他贸易对经济增长的贡献率

单位：％

年份	加工贸易出口	其他贸易出口	加工贸易进口	其他贸易进口
1981～1982	1.18	1.03	－0.8	0.48
1982～1983	0.74	0.19	－0.3	－1.1
1983～1984	1.83	3.39	－0.7	－3.5
1984～1985	1.1	2.94	－0.9	－6.7
1985～1986	2.15	2.39	－1.2	－0.8
1986～1987	1.6	2.97	－0.8	0.12
1987～1988	1.36	0.92	－0.6	－1.6
1988～1989	0.99	－0.1	－0.2	－0.5
1989～1990	1.46	4.11	－0.6	－0.2
1990～1991	0.95	1.98	－0.6	－1.7
1991～1992	0.61	1.85	－0.4	－2.1

据上表容易得 1981～1992 年加工贸易进口、加工贸易出口、其他贸易进口、其他贸易出口对我国经济增长的贡献率年平均为－0.61％，1.20％，－1.71％和1.88％[①]。

我们同时也对 1992～2005 年加工贸易和其他贸易对经济增长的贡献用同上文类似的方法进行了估计。估计结果见表 3—13：

[①]　这里我们省去了方程组(3.4.10)估计的系数的 t-统计量检验以及方程的 R^2，$Adj-R^2$，Dw。读者可以仿照前文的方法得到这些数据。需要指出的是，估计 1981～1991 年加工贸易和其他贸易对经济增长的影响，由于样本规模较小，估计结果存在一定误差，而且序列存在一定的自相关。类似的处理和结论对估计 1992～2004 年加工贸易和其他贸易对经济增长的影响方法成立，后面将不赘述。

表 3—13   1992～2005 年加工贸易和其他贸易对经济增长的贡献率

单位：%

年份	加工贸易出口	其他贸易出口	加工贸易进口	其他贸易进口
1992～1993	1.48	0.79	−1.5	−3.1
1993～1994	8.1	8.66	−6.9	−3.6
1994～1995	2.21	1.16	−1.4	−0.3
1995～1996	1.22	−1	−0.4	−0.2
1996～1997	1.56	2.06	−0.9	0.42
1997～1998	0.42	−0.4	0.17	0.06
1998～1999	0.54	0.52	−0.5	−2
1999～2000	2.11	2.79	−1.9	−3.1
2000～2001	0.63	0.53	−0.1	−0.9
2001～2002	1.92	1.94	−2.2	−1.1
2002～2003	3.02	2.97	−2.4	−3.1
2003～2004	3.12	2.98	−2.6	−2.5
2004～2005	2.33	2.53	−1.7	−0.9

据上表容易得 1992～2005 年加工贸易进口、加工贸易出口、其他贸易进口、其他贸易出口对我国经济增长的贡献率年平均为 −1.70%，2.20%，−1.58% 和 1.96%。

3.6   本章结论

本章试图从新的角度来分析加工贸易和其他贸易进出口对经济增长的贡献率。本章的创新之处在于：(1) 避免了传统的衡量对外贸易对经济增长贡献程度的方法。由于没有考虑出口与进口在经济运行中的不同作用以及经济变量之间的相互影响关系，而倾向于低估外贸对经济增长的贡献度。本章首先采用因果分析、分析支出法计算国民生产总值各因素之间的因果关系，并进而利用得到的因果关系建立计量经济学模型。这样不但考虑了各个经济变量之间的关系，而且还避免了人为指定各经济变量之间的因果关系而导致的使估计结果偏离真实值过大的可能。(2) 传统的衡量对外贸易对经济贡献程度的研究仅仅考虑出口对经济增长的影响,把出口当做外生变量,把进口当做内生变量,但本章的因果分析表明,出口和进口互为因果关系,因此,在建立计量模型来估计对外贸易(包括加工贸易和其他贸易)对经济增长的贡献率时,必须把出口和进口放在平等的地位上进行考察。本章的研究在这方面做了一些工作。(3)传统的对外贸易对经济增长的贡献率的研究往往没有分时段讨论对外贸易对经济增长的影响,而事实上,在对外贸易发展的不同阶段,加工贸易和其他贸易进出口对经济增长的影响是不同的,本章的分析恰恰说明了这点。(4)本章第一次把加工贸易和其他贸易对经济增长的贡献率分离开来进行考察。

本章估计了 1981~2005 年加工贸易和其他贸易对经济增长的贡献率,分析表明,就加工贸易和其他贸易出口来说,它们对经济增长的贡献为正,而加工贸易和其他贸易进口对经济增长总体来说贡献为负;就分阶段来说,1981~1992 年和 1993~2005 年加工贸易和一般贸易对经济增长的贡献不同,1981~1992 年,加工贸易没有其他贸易对经济增长的贡献大,而 1993~2005 年加工贸易对经济增长的贡献要比其他贸易对经济增长的贡献大,这也恰合我国对外贸易政策的阶段性。

应当指出,尽管从总体来说加工贸易和其他贸易对经济增长的贡献率为正,但它们的数值都很小。

由于本章对加工贸易和其他贸易对经济增长的贡献率的衡量方法需要通过计量分析来确定其影响程度,因此模型的设定和估计方法的选择就可能对结果产生重大影响。在这方面,本章的模型设定和估计方法可能都不能算作最理想的,因此有待进一步改进。

参考文献

[1]高惠璇等:《SAS 系统 SAS/ETS 软件使用手册》,中国统计出版社 1998 年版。

[2]赖明勇,雷京:《中国出口贸易对经济增长作用的实证研究》,《预测》1998 年第 3 期。

[3]赖明勇,许和连,包群:《出口贸易与经济增长:理论、模型与实证》,上

海三联书店出版社 2003 年版。

[4]林毅夫,李永军:《对外贸易与经济增长关系的再考察》,北京大学经济研究中心讨论稿系列, No. C2001008, 2001。

[5]林媛媛:《进口与经济增长正相关回归分析》,《经贸理论》2000 年第 3 期,第 11～13 页。

[6]彭建仿:《进出口贸易在我国经济增长中的作用分析》,《经济师》2003 年第 4 期,第 48～49 页。

[7]沈程翔:《中国出口导向型经济增长的实证分析:1977—1998》,《世界经济》1999 年第 12 期。

[8]魏巍贤:《中国名义与实际有效汇率的构造与应用研究》,《统计研究》1999 年第 6 期。

[9]许和连,赖明勇:《出口带动经济增长假设在中国的进一步检验》,《湖南大学学报(自然科学版)》2002 年第 3 期。

[10]许和连,赖明勇:《出口导向经济增长(ELG)的经验研究:综述与评论》,《世界经济》2002 年第 2 期。

[11]张明玉:《小样本因果关系检测模型及其在宏观经济分析中的应用》,《系统工程理论与实践》1999 年第 11 期,第 110～114 页。

[12]张亚斌,易红星,林金开:《进口贸易与我国经济增长的实证分析》,《财经理论与实践》2002 年第 23(120)期,第 63～65 页。

[13]Gujarati, D. N.：Basic Economitrics, McGraw-Hill, Inc,1995.

[14]Hafida B. , etc：" Testing Causality between Two Vectors in Multivariate Autoregressive Moving Average Models ", Journal of American Statistics Association 87，1992，pp. 1082 - 1090.

[15]Haugh, L. D.：" Checking the Independence of Two Covariance Stationary Time Series：A Univariate Residual Correlation ", Approach, JASA 71，1976，pp. 378 - 385.

[16]Hsiao, C.：" Time Series Modelling and Causal Ordering of Canadian Money, Income and Interest Rates in O. D. Anderson, Time Series Analysis：Theory and Practice 1 ", North-Holland, Amsterdam, 1982,pp.

671 – 699.

　[17]Pierce，D. A. : " Relationships and the Lack Therof-between Economic，Times with Special Reference to Money and Interest Rates ", Journal of the American Statistics Association 72，1977, pp. 11 – 12.

　[18]Sargent，T. J. : " A Classical Econometric Model of the United States ", Journal of Political Economy 1，1976，pp. 245 – 302.

　[19]Schwert，G. W. : " Tests for Unit Roots: A Monte-carlo Investigation ", Journal of Business & Economic Statistics 7，1989，pp. 147 – 159.

　[20]Sims，C. A. : " Money，Income and Causality ", American Economical 62，1972，pp. 540 – 552.

附表：

1981~2005年 GDP、消费、投资、加工贸易和其他贸易进出口、金融机构存款利率、贷款利率、汇率表

年份	Y(亿元)	C(亿元)	I(亿元)	PI(亿元)	PO(亿元)	QI(亿元)	QO(亿元)	SR(%)	LR(%)	ER
1981	4901.4	3309.1	1581	23.87	18.755	351.571	356.5155	5.4	5.879345	1.705
1982	5489.2	3637.9	1760.2	37.85	28.3875	327.2133	394.0185	5.745	5.919501	1.8925
1983	6076.3	4020.5	2005	45.4411	37.5383	377.1611	401.6598	5.76	6.025536	1.9757
1984	7164.4	4694.5	2468.6	69.81	67.483	568.0207	540.7948	5.76	5.850927	2.327
1985	8792.1	5773	3386	120.4006	99.8444	1120.313	703.3157	6.36	6.947051	2.9366
1986	10132.8	6542	3846	231.3376	193.3568	1249.914	874.9395	7.2	7.560842	3.4528
1987	11784.7	7451.2	4322	379.6542	327.5448	1229.037	1140.451	7.2	7.509615	3.7221
1988	14704	9360.1	5495	547.1487	521.094	1510.056	1247.648	7.68	8.190195	3.7221
1989	16466	10556.5	6095	617.4764	745.4898	1609.204	1232.694	10.89	11.145	3.7651
1990	18319.5	11365.2	6444	894.4584	1219.716	1657.379	1750.173	10.1565	10.1	4.7832
1991	21280.4	13145.9	7517	1330.825	1724.749	2064.908	2103.236	7.98	8.86	5.3233
1992	25863.7	15952.1	9636	1737.099	2183.782	2707.117	2500.32	7.56	8.64	5.5146
1993	34500.7	20182.1	14998	2097.368	2552.566	3892.807	2733.493	9.1375	9.857	5.762
1994	46690.7	26796	19260.6	4102.501	4912.659	5862.44	5516.83	10.98	10.98	8.6187

年份	Y(亿元)	C(亿元)	I(亿元)	PI(亿元)	PO(亿元)	QI(亿元)	QO(亿元)	SR(%)	LR(%)	ER
1995	58510.5	33635	23877	4876.984	6154.687	6153.017	6269.931	10.98	11.52	8.351
1996	68330.4	40003.9	26867.2	5179.747	7008.871	6362.857	5549.729	9.172	11.02	8.3142
1997	74894.2	43579.4	28457.6	5819.44	8256.641	5982.749	6896.285	7.28	9.808	8.2898
1998	79003.3	46405.9	29545.9	5679.463	8651.66	5931.147	6557.875	5.03275	9.189	8.2791
1999	82673.1	49722.7	30701.6	6092.829	9180.635	7624.314	6956.255	2.92575	6.0885	8.2783
2000	89340.91	54600.9	32499.81	7665.798	11391.08	10968.05	9238.694	2.25	5.85	8.2784
2001	98592.9	58927.4	37460.8	7780.38	12208.58	12378.25	9816.522	2.25	5.85	8.277
2002	107897.6	62798.5	42304.9	10114.49	14890.32	14319.21	12057.11	2.04	5.385	8.277
2003	121511.4	67442.5	51382.7	13486.54	20017.92	20684.22	16265.96	1.98	5.31	8.277
2004	142394.2	75439.7	62875.3	18352.98	27147.08	28098.08	21960.83	2.004	5.3565	8.2768
2005	186701	96918	75560	22606.379	34357.934	31850.88	28504.02	2.52	5.67	8.2496

资料来源:根据历年《中国金融年鉴》《中国统计年鉴》、中国统计局网站统计数据、中国商务部网站统计数据和历年《中国对外贸易形势报告》、咨询银行所得数据整理而成。

4 国际加工贸易发展模式分析
——台湾、江苏和浙江贸易模式的比较分析

内容提要:本章分析了台湾、江苏和浙江的加工贸易模式和贸易利益。通过对这三个地区加工贸易的发展历程和特点进行分析,我们发现这三个地区的贸易模式有很大的不同。台湾的加工贸易模式已经由代工为主向拥有自有品牌转变,江苏的加工贸易模式为加工贸易为主、其他贸易为辅,浙江则是其他贸易为主,加工贸易为辅。我们还以江苏的苏州以及浙江的宁波为例,分析了两地加工贸易对当地经济增长的带动作用,以此来分析两地从加工贸易中所获得的贸易利益。我们发现,无论是苏州还是宁波,加工贸易都不及其他贸易对经济增长的作用大,而且其量值很小。这表明,这两个地区(从而可推及江苏和浙江两省)从加工贸易中所获得的贸易利益是微薄的。

关键词:加工贸易,贸易模式,贸易利益,代工,品牌

在全球化条件下,一国或地区选择什么样的贸易发展模式,同一国的资源禀赋、工业化发展阶段和国际贸易政策存在着紧密的联系,本章以江苏、浙江和我国的台湾省作为贸易发展模式的典型案例,分析和比较三种不同贸易模式下的贸易利益。

4.1　台湾的现代加工贸易模式

台湾发展加工贸易是世界上比较成功的地区,特别是在信息制造业领域,目前台湾已经成为全球信息制造业的代工基地,并开始向品牌制造商方向发展。

台湾地区资源有限、市场狭小,对世界市场依赖性大,因而在实现工业化的路径选择方面以世界产业转移为基础,通过加工贸易推动台湾产业升级和贸易结构的高度化进程。1964 年,台湾通过了《出口加工区设置管理条例》,1965 年,台湾设立了亚洲第一个出口加工区,即高雄出口加工区,很快吸引了大批海内外企业投资,不到三年已超过原计划目标。于是在 1968 年在高雄楠梓设立了第二个出口加工区,1971 年在台中县谭子乡设立出口加工区,鼓励扶持出口加工工业。以出口加工工业和加工装配工业为特征的轻纺工业依靠"进口—加工—出口"模式使台湾经济开始起飞;由加工贸易带动的以纺织、玩具、陶瓷为主的传统工业是台湾工业的主力,占台湾出口的80%以上。

20 世纪 70 年代初,由于中东战争与世界石油危机,使"大进大出"严重依赖能源的台湾经济受到重创。台湾当局提出了发展"策略性"工业,即发展技术程度高、附加值高、能源密集度低、污染程度低、产业关联效果大和市场潜力大的"两高、两低、两大"产业,但 70 年代台湾经济并没有出现多大的变化。

台湾真正在代工领域起步并走到世界前沿,是在 20 世纪 80 年代中期,在信息制造业中,集成电路(IC)和家用计算机(PC 和 NOTEBOOK)是台湾两个规模最大的产业,并以代工业务为主,到 90 年代,形成为跨国公司直接提供制造和服务的大型企业。

台湾加工贸易的三个基本特点是:

1. 国际加工贸易的产业链定位于整个产业链中的制造环节,以芯片代工和计算机制造代工为主,并向与 IT 制造有关的服务委托代工发展。

在台湾代工模式发展过程中,集成电路是主要发展的产业。集成电路领域主要包括设计、制造、封装和测试四个链节。在这四个环节,中国台湾都有相当实力的企业,使四大环节的代工业务都得到了发展。2004年,中国台湾IC设计为仅次于美国之全球第二大设计公司群聚中心,全球产值占有率达28.2%;晶圆代工全球产值占有率约达七成,居全球第一;动态随机存取内存(DRAM)产值居全球第三,占有率达22%;后段封、测产值全球占有率分别达四、五成,居全球第一。这说明,台湾在集成电路产业已经成为世界产业的重要组成部分,不仅在芯片制造代工方面具有很高的市场份额,而且在芯片设计、芯片测试、芯片封装等领域也得到了充分发展。

在PC制造业,1985年以前,台式家用计算机基本上被美国、日本大企业控制;1986~1990年,中国台湾开始形成OEM代工模式;1991~2000年,台湾企业整合PC制造的零部件体系;2001年起,向垂直整合方向发展,并向品牌制造方向迈进。在NOTEBOOK制造领域,1993年以

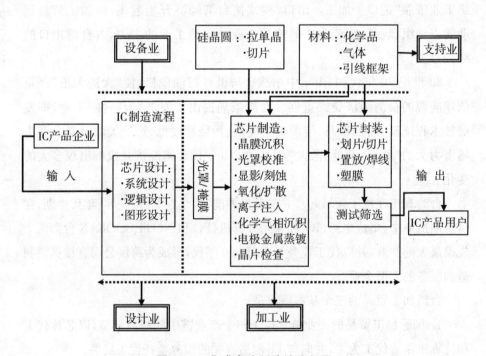

图4—1 集成电路制造链流程图

前,笔记本制造基本上被美国、日本公司控制;1994 年起,台湾企业开始从事 OEM 代工生产;到 2001 年以后,台湾代工企业开始整合零部件体系。

表 4—1 台湾 IC 产业产值(2002～2004 年)　　　　单位:亿新台币

产业＼时间	2002 年	2003 年	2004 年	2005(e)
总体 IC 产业产值	6529	8189	10990	11724
营运附加价值	1486	1963	3620.3	
IC 设计业	1479	1902	2608	2832
营运附加价值	560.2	703.7	902.4	
IC 制造业	3785	4701	6239	6645
营运附加价值	791	1043.6	2258.5	
IC 封装业	948	1176	1566	1613
营运附加价值	111.9	149.4	310	
IC 测试业	318	409	577	634
营运附加价值	22.9	66.3	149.4	

注:营运附加价值＝产值×毛利率,2005 年为预测数据。
资料来源:http//www.tsia.org.tw。

台湾在 PC 和 NOTEBOOK 领域的主要环节见图 4—2。从图中可以看出,台湾在 PC 和 NOTEBOOK 产业的代工领域是整个制造链节,其优势主要体现在两个方面:一是制造技术,同 IC 领域一样,由于台湾的代工完全替代了品牌制造商的整个制造环节,因而制造方面的技术牢牢被中国台湾和韩国控制,所以台湾在这两个领域的专利近几年明显增加。二是制造过程体现了规模经济,通过整合、对大陆的投资和产量来达到低成本的制造策略。

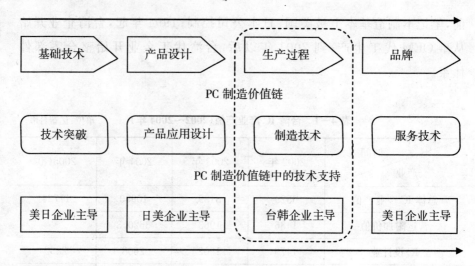

图4-2 PC制造价值链流程图

表4-2 台湾半导体企业在美国的专利

单位:件

	半导体元件合计	UPC257 主动固态元件	UPC326 电子数位逻辑电路	UPC438 半导体元件制造	UPC505 超导体技术
总计	43159	52407	2562	24090	384
美国	19123	6474	1717	10756	176
日本	11989	6130	439	5311	109
中国台湾	5281	1162	51	4068	0
韩国	3040	918	84	2035	3
德国	1072	485	60	503	24
新加坡	528	92	5	431	
法国	431	166	34	225	6
意大利	414	174	27	213	

资料来源:根据 USPTO 和台湾经济研究院整理。

因此,代工业务并非不能形成专利技术,在半导体元件类,台湾以 UPC438 半导体制程专利为最多,约占 80%,最近在 UPC257 领域的发展也相当快,相关专利数目占有率已经接近 20%。在所有专利领域,中国台湾在美国的专利稳居第四位,见表4-3。

表4—3　中国台湾在美国的专利变化(1990～2003年)　　单位:件,%

件数\国家(地区)	件数			占有率			成长率	
	1990	2002	2003	1990	2002	2003	2003	1990～2003
所有专利								
美国	52977	97127	98598	53.39	52.66	52.71	1.51	4.89
日本	20743	36340	37250	20.91	19.70	19.91	2.5	4.61
德国	7862	11957	12140	7.92	6.48	6.49	1.53	3.40
中国台湾	861	6730	6676	0.87	3.65	3.57	−0.80	17.06
韩国	290	4009	4132	0.29	2.17	2.21	3.07	22.67
发明型专利								
美国	47391	86972	87901	52.44	51.98	52.00	1.07	4.87
日本	19525	34859	35317	21.61	20.83	21.01	1.89	4.71
德国	7614	11280	11444	8.43	6.74	6.77	1.45	3.18
中国台湾	732	5431	5298	0.81	3.25	3.13	−2.45	16.45
韩国	225	3786	3944	0.25	2.26	2.33	4.17	24.64
设计型专利								
美国	5069	9235	10045	63.17	60.35	60.60	7.72	5.40
日本	1137	1364	1567	14.17	8.83	9.45	14.88	2.50
中国台湾	129	12941	1370	1.61	8.37	8.26	5.87	19.93
德国	182	509	509	2.27	3.29	3.07	0.00	8.23
加拿大	212	410	446	2.64	2.65	2.69	8.78	5.89

资料来源:USPTO。

2. 现代加工贸易的主体企业为本地区企业,它们已经成为许多跨国公司的OEM制造商,有些企业甚至向品牌制造商演进,其中鸿基、华硕等企业都已经进入世界笔记本电脑制造商的行列。在集成电路领域,从芯片设计、芯片测试到芯片封装等各个领域,都有比较著名的台湾企业,见表4—4。

表4—4　台湾集成电路价值链中的企业群

IC设计	晶片组	威盛 矽统 扬智 瑞昱 民生 联杰 大智	联咏 凌阳 晶磊 联阳	记忆体	矽成、台晶、钰创、吉联
	网络晶片			消费性IC	松翰、通泰、一华、太欣
	显示器IC			周边	伟诠、台邦、羲隆、智原、联发科
晶圆	矽晶圆	中德、汉磊、台湾小松、中美矽晶			
	磊晶圆	汉磊、统懋、强茂、台半、大同、中美矽晶			
光罩	台湾光罩、台积电、联电				
电晶体、二极体	丽正、华昕电、台湾半导体、中美矽晶、汉磊、统懋、强茂				
IC化学品	台硝、永光、长兴、南亚、联亚气体				
IC制造	晶圆代工	台积电、联电		矽磊代工	汉磊、统懋
	IDM及混合厂	华邦、旺宏、茂矽		类比IC	汉磊、立生、汉阳
	记忆体制造	南亚科技、茂德、华邦、力晶、世界先进			
导线架	顺德、佳茂、旭龙、中信、庆丰			金线	致茂
IC封装	日月光、矽晶、华泰、菱生、华特、矽丰、立卫、超丰、南茂、上宝、日月欣				
IC测试	矽晶、华泰、菱生、矽丰、立卫、力成科技、联测科技、泰林科技、南茂、福雷电				

资料来源:根据 USPTO 和台湾经济研究院整理。

同样,在 PC 和 NOTEBOOK 领域,也集聚了像广达等数十家贴牌制造商,仅广达一家企业,笔记本电脑就占据全球市场份额的三分之一,在其生产线上,每年生产出数百万台印着 IBM、康柏、苹果、惠普、夏普、索尼、西门子和戴尔等几乎所有著名品牌标签的笔记本电脑。

3. 现代加工贸易中的业务结构逐步从制造业务向服务业务转变,目前在台湾的出口加工区,服务业务收入(含贸易)占整个企业业务收入的60%以上,这些业务收入包括与业务有关的设计、物流等。从 IT 产业看,IC 产业本身就涵盖了大量为制造业服务的服务供应商。

4.2 江苏贸易发展模式及其贸易利益

我国江苏省是长三角地区重要的省份,20世纪80年代中期创造了以集体企业为主导的"苏南模式",但90年代以后,受到外资进入的影响以及"苏南模式"固有的弱点,"苏南模式"逐渐瓦解,在大力推动"招商引资"的政策支持下,外资企业的投资逐渐成为江苏经济的新增长点,在外资企业中,台资起到了重要的作用。

20世纪90年代后期,受台湾地价、劳动力成本上升等因素的影响,台湾IT组装企业开始全面投资大陆,其中苏州、昆山为台湾IT企业的主要集聚地。台湾地区企业利用出口加工区的优惠政策、廉价的要素成本和高的制度效率,将大量零件进口到大陆以后,在流水线上组装后出口,这是一种KD方式(即散件组装方式),包括CKD(全散件组装)方式和SKD(半散件组装)方式。所以从1993年起,江苏从原来一般贸易为主的发展模式转变为加工贸易为主的发展模式,见图4—3和4—4,1993年,江苏省加工贸易占全省进出口额的比重为36.37%,但到2004年达到61.18%。

江苏发展加工贸易实际上是以苏州地区为主,1995年苏州加工贸易出口在江苏出口贸易总额的比重为59.01%,而到2004年,该比重提高到了82%。在1995~2004年,该比重平均为73.99%。这充分说明苏州的国际贸易模式是以加工贸易为主的贸易模式。在过去的十几年中,苏州的加工贸易发展迅速。我们可以计算得到1995~2004年苏州加工贸易进出口总额的年增长速度为45.40%。这样快的增长速度极大地推动了苏州的经济增长,同时也使苏州经济发展的加工贸易出口依存度(加工贸易总额占GDP的比重)大大增加,1999年为32.13%,2002年提高到55.84%,2004年则达到了99.89%[①]。苏州的加工贸易对苏州的经济发展已经和正在起着举足轻重的作用。

---

① 根据苏州全市1995~2004年国民生产总值、苏州加工贸易出口总额以及美元兑换人民币的有效汇率计算得到。1995~2004年国民生产总值、苏州加工贸易出口总额的数据来源于《苏州统计年鉴》(2000,2004),美元兑换人民币的有效汇率的相关数据来源于历年《中国金融年鉴》。

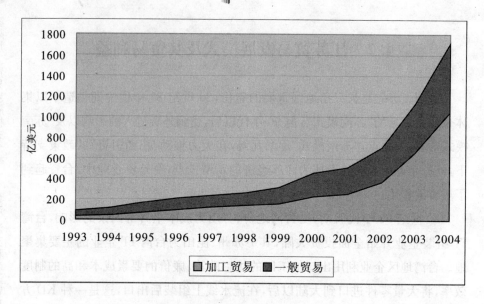

图 4—3　江苏省不同贸易方式下的贸易额（1993～2004 年）

资料来源：根据历年《江苏统计年鉴》相关数据作图而得。

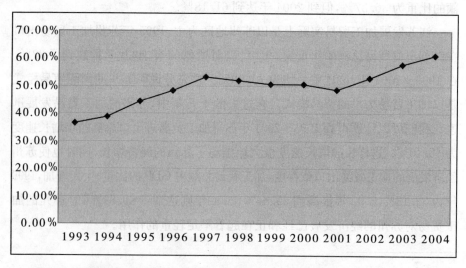

图 4—4　江苏省加工贸易占总贸易的比重（1993～2004 年）

资料来源：根据历年《江苏统计年鉴》相关数据计算并作图而得。

苏州的加工贸易在过去十几年的发展中呈现了如下特点：

1. 加工贸易主体由国有、集体企业转向外商尤其是国际跨国公司在华投资所设的工厂。上世纪90年代前，苏州对外加工贸易仅是简单的以收取工缴费为特征的加工装配，而今，外商尤其是国际跨国公司来苏投资办厂，建立生产加工基地，然后将加工产品直接销往国际市场，明显具有"前店后坊"和"供、产、销一体化"的特征（吴恩霖等，2004）。苏州1993年以来特别是最近5年的吸收外资，直接推动了苏州贸易总量的迅速扩张，外资企业对苏州进出口增长贡献率在90%以上。2004年，苏州外商投资企业出口451.92亿美元，占全市出口总额89%，外商投资企业进口484.61亿美元，占全市进口总额比重为92.4%。从外资的规模看，2004年苏州市出口十强企业都是外资企业，出口总值达到156.4亿美元，占全市出口总额的30%左右。苏州市外资企业出口占江苏省外资企业出口额的70.1%，在全省外资企业出口十强中，苏州占8家（沈玉良和孙楚仁，2006）。

2. 加工贸易的产品结构从传统的轻纺、五金类制品为主转变为以机电产品和高新技术产品为主。苏州加工贸易的主要出口产品为计算机与通信技术产品（如手提电脑、台式电脑、键盘、鼠标器、光盘驱动器、液晶显示器、自动数据处理设备零件）。2004年苏州机电产品出口达402.53亿美元，占全市出口额的79.3%，而传统出口大类纺织产品及其制品出口额为51.7亿美元，占全市出口额的10.1%。高新技术产品出口额291.47亿美元，占全市出口总额的57.4%，占全国高新技术产品出口的8.9%。高新技术产品出口以计算机与通信技术类和电子技术类产品为代表，其中计算机与通信技术类产品占89.3%，电子技术类产品占8.9%（沈玉良和孙楚仁，2006）。

3. 大进大出战略，贸易利益微薄。苏州地区主要以IT制造业为主，特别是台商笔记本电脑的组装地，出口的是成品，进口的是关键零部件。

加工链节是制造链节中的组装环节，自主创新和自主品牌很少。尽管苏州加工贸易净出口从1995～2006年增长很快，但其增值率却逐年下降。1995～2006年苏州加工贸易增值率情况如下表所示：

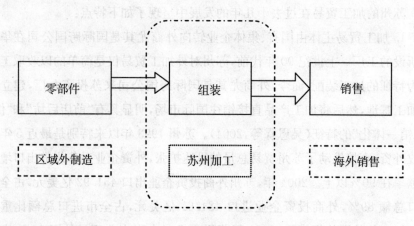

图4—5　苏州加工贸易模式

资料来源:作者整理而成。

表4—5　苏州加工贸易1995～2006年增值率

年份	苏州加工贸易出口总额(亿美元)	苏州加工贸易进口总额(亿美元)	苏州加工贸易净进口总额(亿美元)	苏州加工贸易国内增值率(%)
1995	13.78	12.88	0.9	6.99
1996	24.3	18.72	5.58	29.81
1997	34.3	23.75	10.55	44.42
1998	38.78	23.72	15.06	63.49
1999	52.73	32.64	20.09	61.55
2000	78.62	58.76	19.86	33.8
2001	90.81	65	25.81	39.71
2002	140.36	114.73	25.63	22.34
2003	261.47	219.5	41.97	19.12
2004	416.37	358.36	58.01	16.19
2005	820.6	639.7	180.9	28.28
2006	774.63	530.16	224.47	42.34

资料来源:根据1995～2006年《苏州统计年鉴》、《江苏统计年鉴》以及苏州国际经贸学会内部资料"2003年苏州对外加工贸易发展状况和趋势分析"等数据计算而得。由苏州国际经贸学会内部资料"2003年苏州对外加工贸易发展状况和趋势分析"和江苏统计信息网"苏州2004年对外贸易突破千亿美元再创新高"计算而得的结果同表4—5中的结果略有不同。

从表4—5中我们可以看出,苏州加工贸易国内增值率尽管在中间年份偶有上升,但总体来说是下降的。这表明苏州加工贸易所获得的贸易利益是总体下降的。

苏州加工贸易受外商投资和外资企业主导及其大进大出的特点使得苏州的经济发展面临着可持续发展的问题。对于这个问题,目前已经有研究者进行研究。刘志彪和张晔(2005)、张晔(2005)分析了苏州加工贸易模式,他们认为,外资主导的出口加工贸易模式尽管在经济发展初期能迅速推动当地产业结构高度化进程,但是也极容易导致当地产业结构的失衡,形成二元化发展格局,在某种情况下,还会引发产业空心化危机,因此,有必要重视本土企业的发展,提高本土企业的创新能力和发展能力,实现传统产业和高新技术产业的互动与平衡。这使得苏州已经不满足大进大出的贸易战略,而是千方百计地使外商延长产业加工链,在集成电路、软件开发等高端加工和服务加工领域吸收外资。吴恩霖等(2004)则认为要使对外加工贸易在苏州能可持续地发展,必须要处理好三个问题:一是要处理好土地资源的开发和利用问题;二是解决技工人才缺口增大问题;三是培育自主知识产权产业的问题。余琛(2004)则用SWOT分析法考察了苏州创业园企业的可持续发展问题,他认为苏州创业园的企业尽管面临着许多挑战,但总体来说优势大于劣势,因此是可持续发展的。

4.3 浙江的贸易发展模式

我国浙江省也是长三角重要的经济增长点,是我国私营经济最发达的地区之一。浙江省的贸易发展路径与江苏省存在着比较大的差异,浙江省以一般贸易为主,一般贸易额从1993年的62.7亿美元上升到2004年的674.4亿美元,十年间增加了10倍以上。加工贸易在浙江省国际贸易额的比重最高不超过30%,一般都在20%左右。

浙江省的贸易发展方式与浙江在20世纪80年代形成的私营经济模式有很大的关系,这种经济模式在产品结构和产业结构方面随市场的变化和自身经济力量的增强而升级、提高;在企业规模结构方面,以小企业为主体的发展

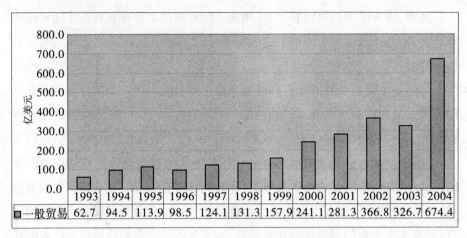

图 4—6　浙江一般贸易的变化（1993～2004 年）

资料来源：根据历年《浙江统计年鉴》中的相关数据计算并作图得到。

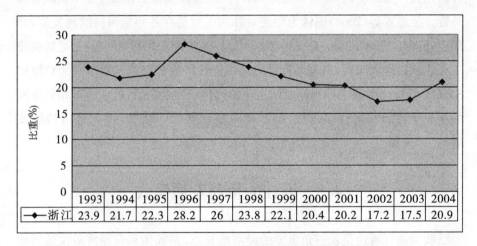

图 4—7　浙江加工贸易在贸易中的比重（1993～2004 年）

资料来源：根据历年《浙江统计年鉴》中的相关数据计算并作图得到。

模式向大企业多层次结构发展；在企业制度方面，以直线管理制模式向现代企业制度转型。

　　浙江的贸易模式的典型地区是宁波。宁波的对外贸易主要以一般贸易为主，加工贸易则处于次要的地位。宁波对外贸易发展速度快，体现出较强的整体发展能力。2001 年，宁波的外贸依存度为 56.15%，超过全市 GDP 一半；宁

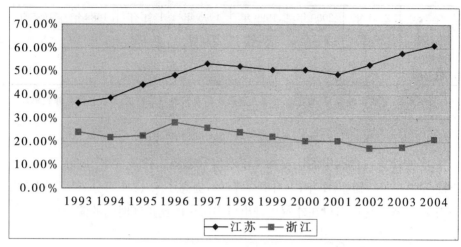

图4—8　江苏、浙江加工贸易占当地总
贸易额的比重（1993～2004 年）

资料来源：根据历年《浙江统计年鉴》和《江苏统计年鉴》中的相关数据计算并作图得到。

波外贸增幅也远高于全市 GDP 增幅，2002 年 1～9 月，对外贸易增幅超过
GDP 增幅（13.1％）17.39 个百分点。从宁波对外贸易与其他有关经济社会
指标占全国比重来看，2001 年，宁波外贸占全国总量比重为 1.74％，分别为
GDP、人口、土地面积占比的 1.27、3.72、17.84 倍。与浙江全省相比，2001 年
宁波外贸依存度超过全省（40.52％）15.63 个百分点，比 1993 年（29.99％）增
加了 26.16 个百分点，如下表所示：

表4—6　1985 年以来宁波市外贸进出口及依存度发展情况表

单位：亿美元

	2001 年	2000 年	1999 年	1995 年	1990 年	1988 年	1985 年
宁波外贸	88.92	75.41	50.09	34.8	2.99	1.48	0.1029
宁波 GDP（亿元）	1310.58	1191.5	1070	672.27	144.89	118	70.7
汇率（美元/人民币）	8.2766	8.2772	8.277	8.3174	5.2221	5.2	5.1
外贸依存度	56.15％	52.39％	38.75％	43.06％	10.77％	6.52％	0.74
宁波出口	62.45	51.68	34.77	23.69	2.8	1.15	0.0389

	2001 年	2000 年	1999 年	1995 年	1990 年	1988 年	1985 年
宁波进口	26.47	23.73	15.32	11.11	0.188	0.33	0.064
宁波出口 依存度	39.44％	35.90％	26.90％	29.31％	10.09％	5.07％	0.28％

资料来源:宁波市外经贸局:宁波市加工贸易现状及发展对策建议[R],宁波市外经贸局网站,2005。

宁波外贸在全国中的比重也呈不断攀升态势。1990 年,宁波外贸仅占全国总量 0.26％,到 2001 年,上升到 1.74％,提高了 1.48 个百分点。下图给出了宁波一般贸易进出口在外贸总进出口中所占的比重随时间的演化情况:

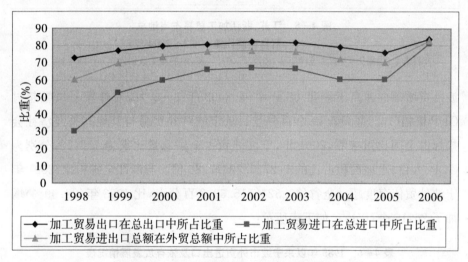

图 4—9　宁波一般贸易在外贸中所占的比重

资料来源:根据历年《宁波统计年鉴》中的数据计算并作图得到。

在宁波,一般贸易在贸易中占主体地位。2001 年,宁波一般贸易出口 50.51 亿美元,占全市出口比重 80％以上,占全国出口比重 4.51％。2001 年,宁波一般贸易进口 17.44 亿美元,占全市进口总量的 65.89％,占全国进口比重 1.53％。表 4—7 给出了 2001 年全国 5 个计划单列市的外贸情况。从表中可进一步看出宁波外贸主要以一般贸易为主,且这种贸易方式在全国来说也比较典型。

表 4—7　2001 年全国及 5 个计划单列市外贸贸易方式

单位:亿美元

	地区	全国	宁波	大连	青岛	厦门	深圳
一般贸易出口	金额	1119.2	50.51	30.6	35.02	27.69	40.85
	比重	42.05%	80.89%	41.27%	45.33%	42.57%	10.90%
加工贸易出口	金额	1475	12	43	42	32.53	311.9
	比重	55.40%	18.85%	58.40%	53.73%	50.02%	83.22%
其他贸易出口	金额	67.84	0.16	1.12	0.72	4.82	22.04
	比重	2.55%	0.26%	1.51%	0.94%	7.41%	5.88%
一般贸易进口	金额	1134.7	17.44	17.4	12.64	16.59	79.44
	比重	46.58%	65.89%	30.59%	26.69%	36.30%	25.52%
加工贸易进口	金额	939.83	5.51	31.72	25.26	18.07	196.6
	比重	38.58%	20.80%	55.79%	53.33%	39.53%	63.17%
其他贸易进口	金额	361.6	3.52	7.75	9.47	11.05	35.18
	比重	14.84%	13.31%	13.62%	19.98%	24.17%	11.31%

资料来源:宁波市外经贸局:宁波市加工贸易现状及发展对策建议[R],宁波市外经贸局网站,2005。

表 4—8　1998 到 2002 年 8 月宁波各类贸易方式外贸数值

单位:亿美元

		1998 年	1999 年	2000 年	2001 年	2002 年 1~8 月
一般贸易出口	金额	21.55	26.84	41.1	50.51	41.93
	比重	72.71%	77.18%	79.51%	80.89%	82.69%
加工贸易出口	金额	7.92	7.88	10.38	11.77	8.67
	比重	26.71%	22.65%	20.07%	18.85%	17.09%
其他贸易出口	金额	0.17	0.06	0.21	0.16	0.13
	比重	0.59%	0.17%	0.41%	0.26%	0.26%
一般贸易进口	金额	3.79	8.03	14.24	17.44	15.41
	比重	30.34%	52.61%	60.01%	65.89%	64.71%
加工贸易进口	金额	5.08	4.79	5.7	5.51	4.4
	比重	40.66%	31.35%	24.03%	20.80%	18.48%
其他贸易进口	金额	3.62	2.45	3.79	3.52	1.07
	比重	29.01%	16.03%	15.99%	13.31%	4.48%

资料来源:宁波市外经贸局:宁波市加工贸易现状及发展对策建议[R],宁波市外经贸局网站,2005。

宁波对外贸易的主体主要以民营外贸为主,其他多种贸易成分为辅。2001年,宁波国有企业出口29.17亿美元,进口10.22亿美元,分别比1998年增长53.8%和94.09%,在GDP中的比重分别为46.72%和32.61%,分别下降了17.27和3.56个百分点。外商投资企业出口18.19亿美元,进口12.29亿美元,比1998年分别增长149.95%和104.47%,在GDP中所占比重为29.13%和46.42%,分别增加了4.58个百分点和减少了1.71个百分点。其他企业出口15.08亿美元,进口3.97亿美元,比1998年分别增长344%和226.79%,在GDP中所占比重为24.15%和14.97%,分别增加了12.69%和5.26%。改革开放初期,宁波仅有几家国有外贸公司,到2001年年底,宁波共有进出口实绩企业2463家,这些外贸企业基本上都含有私有资本,系混合型性质的企业。

表4—9　2001年全国及5个计划单列市各类企业外贸　　单位:亿美元

		地区	全国	宁波	大连	青岛	厦门	深圳
出口	国有企业	金额	1132.34	29.17	30.72	33.77	18.61	145.41
		比重	42.54%	46.72%	41.43%	43.71%	28.62%	38.80%
	外商投资企业	金额	1332.35	18.19	43.13	34.82	39	220.18
		比重	50.06%	29.13%	58.16%	45.08%	59.97%	58.75%
	其他企业	金额	196.86	15.08	1.18	8.66	7.42	9.19
		比重	7.40%	24.15%	1.59%	11.21%	11.41%	2.45%
进口	国有企业	金额	1035.49	10.22	11.09	14.52	10.6	120.28
		比重	42.51%	38.61%	19.50%	30.64%	23.18%	38.65%
	外商投资企业	金额	1258.63	12.29	40.51	29.37	33.37	168.65
		比重	51.66%	46.42%	71.23%	62.01%	73.00%	54.19%
	其他企业	金额	142.02	3.96	5.27	3.48	1.75	22.29
		比重	5.83%	14.97%	9.27%	7.35%	3.82%	7.16%

　　资料来源:宁波市外经贸局:宁波市加工贸易现状及发展对策建议[R],宁波市外经贸局网站,2005。

　　从上面的分析我们也可以看到,宁波的贸易模式基本上以一般贸易为主,加工贸易为辅。当前宁波加工贸易的发展主要呈现如下几个特点:

1. 加工贸易稳步发展,但整体规模不大。宁波的加工贸易经营企业到2002年年底共有911家。2002年,全市加工贸易出口14.29亿美元,占外贸出口总额的17.51%;加工贸易进口7.54亿美元,占进口总额的18.35%。而同期全国加工贸易出口额达1799.37亿美元,占外贸出口总额的55.3%;加工贸易进口1222.16亿美元,占进口总额的41.4%。宁波加工贸易的发展明显落后于全国平均水平,与先进地区相比,差距更大。深圳加工贸易出口占出口总额的80.9%,大连占60.7%,青岛占53.2%,而宁波同为沿海经济发达地区,同样具有开展大进大出、发展加工贸易的有利条件,但发展速度明显滞后。长期以来,加工贸易在外贸中的比重整体呈现下降的趋势,如下图所示:

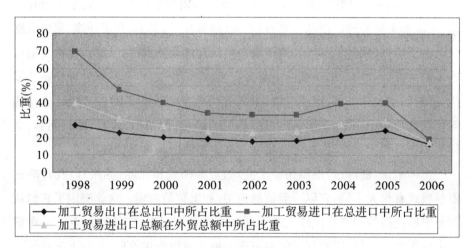

图4—10 宁波加工贸易在外贸中所占比重

资料来源:根据历年《宁波统计年鉴》中的数据计算并作图得到。

2. 加工贸易方式以进料加工为主,商品类别主要集中在传统产品。2002年,在宁波加工贸易中,进料加工出口125320万美元,进口58361万美元,分别占全市加工贸易出口和进口的87.69%和77.38%。而加工贸易中的来料加工出口和进口分别只占12.31%和22.62%。宁波加工贸易进出口中商品门类比较多,其商品主要是集中在机电、纺织等传统产品,这两大类商品占加工贸易进出口总额的49.0%,其中进口商品主要是机电类(2.99亿美元）、矿产品（2.66亿美元）和纺织原材料（1.83亿美元）等，出口商品主要是电机产品（8.17亿美元）、纺织产品（4.85亿美元）及有关运输设备（2.52亿美元）等。

3. 生产型企业是加工贸易的主力。外商投资企业在加工贸易中所占比重最大，出口额和进口额分别占全市加工贸易出口额、进口额的68.17%和70.33%。其中三星重工业技嘉科技、阿尔卑斯电子有限公司等外商投资企业，其贸易方式基本上为100%的加工贸易出口。镇海炼化、卓力电器、西摩电器等自营生产企业，近几年加工贸易业务也发展较快。据统计，全市加工贸易出口前10家内资企业和前10家"三资"企业中，只有1家是流通性外贸公司，这20家加工贸易企业出口占全市加工贸易出口的三分之一。

4. 加工商品门类增加，但技术密集型与高附加值产品比重较小。近几年来，宁波加工贸易进口商品主要有：原油、塑料粒子、羊毛、合成纤维、集成电路及微电子组件、钢材、压缩机、钢铁或铝制结构体及其部件、录放音像机及唱机的零附件、己内酰胺，出口商品主要有服装、纺织纱线、自动数据处理设备的零件、塑料制品、空调、笔、电线电缆、录放音像机及唱机的零附件、轴承、成品油等。与前几年相比，加工贸易出口商品门类增加，但纺织、服装、塑料制品、文体与工业原料比重较大，技术密集型与高附加值产品比重仍较小。

总体来说，浙江（包括温州和宁波）的贸易模式和江苏（苏州）以及台湾的贸易模式有很大不同，它以一般贸易为主，加工贸易为辅。这就决定了它们从贸易中所获得的利益有比较大的不同。由于长期以来，宁波的加工贸易在贸易中处于次要地位，因此其增值率呈现一种不规则变化的形态，如下表所示：

表4—10 宁波加工贸易的增值率

年份	宁波加工贸易进出口总额（万元）	宁波加工贸易出口总额（万元）	宁波加工贸易进口总额（万元）	宁波加工贸易增值率（%）
1998	1390301	670300.77	720000.2106	−6.90269761
1999	1260735.4	656949.33	603786.0888	8.804979708
2000	1661930.2	876260.36	785669.8304	11.53035635
2001	1735869	988480.73	747388.269	32.25799307
2002	2325307.3	1201630	1123677.243	6.937293292

年份	宁波加工贸易进出口总额(万元)	宁波加工贸易出口总额(万元)	宁波加工贸易进口总额(万元)	宁波加工贸易增值率(%)
2003	3665974.3	1811396.6	1854577.728	−2.32835261
2004	6002964.4	2920642.7	3082321.704	−5.24536459
2005	8155719.6	4452391.6	3703327.936	20.22677151
2006	12054062	6448350.4	5605711.946	15.03178288

资料来源:加工贸易进出口的数据来自历年《宁波统计年鉴》,增值率根据加工贸易的数据计算得到。

近年来,宁波市已经认识到加工贸易要和一般贸易协调发展,并加大了加工贸易的发展力度,加工贸易在贸易中所占的比重有增大的趋势(宁波市外经贸局,2005;张雨,2006)。

4.4 江苏省(苏州)和浙江省贸易模式的贸易利益的比较分析

本节考察江苏和浙江的加工贸易和其他贸易(主要是一般贸易)给各省所带来的贸易利益。如本章4.2和4.3节所述,这两个省的贸易模式分别以苏州和宁波为代表,因此我们通过考察这两个地区贸易模式和贸易利益的问题。考察贸易利益的方法有很多,如本书第2章考察我国加工贸易利益时所采用的贸易条件方法,或者是采用加工贸易增值率的方法(如本章第4.2和4.3节所述),或者是考察贸易对经济发展(包括经济增长、就业、创汇等)的贡献。本节利用本书第3章的方法来考察江苏省和浙江省的贸易模式的贸易利益问题。类似本书第3章的方法,我们利用第3章综合考虑国民生产总值、消费、投资、加工贸易和其他贸易的相互影响的计量模型来分析苏州和宁波的加工贸易对当地经济增长的贡献。设 $Y, C, I, PI, PO, QI, QO, SR, LR, ER$ 分别表示国民生产总值、国内消费、投资、加工贸易进口、加工贸易出口、其他贸易进口、其他贸易出口、国内存款利率、国内贷款利率、有效汇率。则我们用来估计江苏和宁波加工贸易对当地经济增长的贡献的计量模型为:

$$\begin{cases} \ln Y_t = \alpha_0 + \alpha_1 \ln C_t + \alpha_2 \ln I_t + \alpha_3 \ln PI_t + \alpha_4 \ln PO_t + \alpha_5 \ln QI_t \\ \qquad + \alpha_6 \ln QO_t + \varepsilon_{Yt} \quad (A) \\ \ln C_t = \beta_0 + \beta_1 \ln Y_t + \beta_2 \ln QI_t + \beta_3 \ln QO_t + \beta_4 SR_t + \beta_5 \ln C_{t-1} + \varepsilon_{Ct} \quad (B) \\ \ln I_t = \gamma_0 + \gamma_1 \ln Y_t + \gamma_2 \ln C_t + \gamma_3 \ln PO_t + \gamma_4 \ln QI_t + \gamma_5 LR_t \\ \qquad + \gamma_6 \ln I_{t-1} + \varepsilon_{It} \quad (C) \\ \ln PI_t = \delta_0 + \delta_1 \ln Y_t + \delta_2 \ln C_t + \delta_3 \ln I_t + \delta_4 \ln PO_t + \delta_5 \ln QI_t + \delta_6 \ln QO \\ \qquad + \delta_7 ER_t + \delta_8 \ln PI_{t-1} + \varepsilon_{PIt} \quad (D) \\ \ln QI_t = \eta_0 + \eta_1 \ln Y_t + \eta_2 \ln C_t + \eta_3 \ln I_t + \eta_4 \ln PI_t + \eta_5 \ln PO_t + \eta_6 \ln QO_t \\ \qquad + \eta_7 ER_t + \eta_9 \ln PO_{t-1} + \varepsilon_{QIt} \quad (E) \\ \ln PO_t = \lambda_0 + \lambda_1 \ln Y_y + \lambda_2 \ln C_t + \lambda_3 \ln I_t + \lambda_4 \ln PI_t + \lambda_5 \ln QI_t + \lambda_6 \ln QO_t \\ \qquad + \lambda_7 \ln QI_{t-1} + \varepsilon_{POt} \quad (F) \\ \ln QO_t = \xi_0 + \xi_1 \ln Y_t + \xi_2 \ln C_t + \xi_3 \ln QO_{t-1} + \varepsilon_{QOt} \quad (G) \end{cases}$$

$$(4.4.1)$$

且加工贸易和其他贸易出口和进口对经济增长的贡献率分别为

$$\alpha_4 \frac{\Delta PO_t}{PO_t}, \alpha_6 \frac{\Delta QO_t}{QO_t}, \alpha_3 \frac{\Delta PI_t}{PI_t}, \alpha_5 \frac{\Delta QI_t}{QI_t}。$$

我们的数据来源大致如下：GDP、投资、消费、进口、出口数据、消费者物价指数来自历年《苏州统计年鉴》、《宁波统计年鉴》、《中国统计年鉴》、《中国海关统计年鉴》、《苏州市国民经济和社会发展统计公报》和《宁波市国民经济和社会发展统计公报》，贷款利率数据来自历年《中国金融年鉴》的一年期的金融机构贷款基准利率，并被折算成一年期的平均利率，存款利率来自《中国金融年鉴》一年期的存款利率数据，并被折算成年平均利率。并使用消费者物价指数将其转化为真实利率水平。汇率来自商务部网站人民币兑美元的汇率。类似第3章的解释，我们在这里没有对数据进行提出物价因素的处理。我们对所有的变量（包括国民生产总值、国内消费、投资、加工贸易和其他贸易进出口、汇率、国内贷款和存款利率等）取对数作趋势平稳处理以使估计更加有效。

江苏和宁波国民生产总值的构成如表 4—11 和 4—12 所示：

表 4—11 苏州国民生产总值构成

单位:万元

年份	苏州市生产总值（万元）	居民消费（万元）	历年全社会固定资产投资完成额（万元）	苏州加工贸易出口总额（万元）	苏州加工贸易进口总额（万元）	一般贸易出口（万元）	一般贸易进口（万元）
1995	9031127	5624998	3340991	1150768	1075609	799190.7	809211.9
1996	10021368	6122376	3805873	2020351	1556418	891051.7	1263506
1997	11325941	6761871	4051760	2843401	1968828	999614.7	1364553
1998	12500133	7365721	4501061	3210635	1963803	1109848	1728657
1999	13584312	7755940	4751365	4365148	2702037	1382091	1973341
2000	15406798	9504019	5164346	6508478	4864388	2187127	3100726
2001	17602795	11165458	5648539	7516344	5380050	2694033	4053575
2002	20803673	12135868	8128145	11617597	9496202	3745424	5341300
2003	28015600	14253701	14089329	21641872	18168015	5417102	9252374
2004	34500000	20320028	15547986	34462112	29660740	7630175	13854869
2005	40265200	21214566.2	18700000	49778086.4	38773120	10254252.8	17175667.2
2006	48202600	24294110.4	19858412	61875120.5	42347590.3	13766836.1	21217727.5

资料来源:历年《苏州统计年鉴》、《中国统计年鉴》、《中国海关统计年鉴》、《苏州市国民经济和社会发展统计公报》。

表 4—12 宁波国民生产总值构成

单位:万元

年份	宁波市生产总值（万元）	最终消费（万元）	历年全社会固定资产投资完成额（万元）	宁波加工贸易出口总额（万元）	宁波加工贸易进口总额（万元）	一般贸易出口（万元）	一般贸易进口（万元）
1994	4635100	2113904.7	1963261.312	370604.1	534359.4	957726.01	369802.02
1995	6376300	2743650	2839593.74	476007	509411	1194193	697724.07
1996	7958600	3230140.1	3614973.028	532108.8	498852	1070628.5	898492.54
1997	8974300	3303855	4702007	621735	538837	1390352.4	708470.87
1998	9734400	3801106	4830055	670300.7733	720000.211	1783376.1	311650.16
1999	10417466	3923714	5016045	656949.3314	603786.089	2221589.4	665086.9
2000	11757538	4505281	5092977	876260.3616	785669.83	3401859.5	1178662
2001	13136870	5213235	5947075	988480.725	747388.269	4180505.8	1443550.2
2002	15016250	5778974	7550746	1201630.029	1123677.24	5554918.2	2278492.6
2003	18197003	6620983	9710203	1811396.619	1854577.73	8182004.9	3720511.5
2004	21665194	7534299	11768098	2920642.693	3082321.7	10893063	4716534.5
2005	24880780	8390153	14109374	4452391.616	3703327.94	13888581	5587132.3
2006	28645000	9063449.3	15430000	6448350.395	5605711.95	33177703	23851096

资料来源:历年《宁波统计年鉴》、《中国统计年鉴》、《中国海关统计年鉴》、《宁波市国民经济和社会发展统计公报》。

我们对苏州 1995~2006 年的数据进行估计,结果如下:

表 4—13   方程组(3.4.10)1995~2005 年的估计结果(苏州)

估计方法	估计结果					
	α_1	α_2	α_3	α_4	α_5	α_6
普通最小二乘法	0.4078	0.357	−0.294	0.2898	−0.128	0.275
权重最小二乘法	0.4078	0.357	−0.294	0.2898	−0.128	0.275
似不相关最小二乘法	0.4199	0.3608	−0.295	0.3008	−0.152	0.2798
两阶段最小二乘法	0.4078	0.357	−0.294	0.2898	−0.128	0.275
权重两阶段最小二乘法	0.4078	0.357	−0.294	0.2898	−0.128	0.275
三阶段最小二乘法	0.4199	0.3608	−0.295	0.3008	−0.152	0.2798
各方法平均	0.4118	0.3582	−0.294	0.2935	−0.136	0.2766

其中,在估计的过程中,方程组(3.4.10)的(A),(B),(C),(D),(E),(F),(G)方程(以两阶段最小二乘法为例。其他的估计方法得到的结果和该结果比较接近)的 R^2,$Adj-R^2$,Dw 分别如下所示:

表 4—14   基于两阶段最小二乘法估计方程组(3.4.10)的
R^2,$Adj-R^2$,Dw(苏州)

方程,$Adj-R^2$,Dw	估计结果		
	R^2	$Adj-R^2$	Dw
(A)	0.9999	0.9998	3.0263
(B)	0.9925	0.985	2.8085
(C)	0.9891	0.9799	1.4295
(D)	0.9999	0.9994	3.1864
(E)	0.9993	0.9963	2.6684
(F)	0.9999	0.9996	2.8965
(G)	0.9931	0.9902	1.6871

由表 3—9 我们看到,两阶段最小二乘法估计的结果良好,且 Dw 统计量表明方程组(3.4.10)有轻微的自相关。从表 3—8 中我们看到,各估计方法所得到的结果表明,国民生产总值的主要贡献来自于消费,其次来自投资。其他

贸易出口对国民生产总值的贡献处于第三位,而加工贸易出口对经济增长的贡献处于第四位,无论是加工贸易出口还是加工贸易进口,它们对经济增长的贡献都为负。从这点来看,结果非常合乎支出法计算国民生产总值的原理。

基于两阶段最小二乘法估计方程组(3.4.10)得到的各系数的 t-统计量结果如下(只列出方程(A)的):

表 4—15　基于两阶段最小二乘法估计方程组(3.4.10)的系数的 t 检验(苏州)

参数	Coefficient	Std. Error	t-Statistic	Prob.
α_0	0.602488	0.052905	11.38803	0.0000
α_1	0.614373	0.023498	26.14620	0.0000
α_2	0.365319	0.025374	14.39722	0.0000
α_3	−0.058077	0.020957	−2.771207	0.0065
α_4	0.041827	0.018084	2.312872	0.0224
α_5	−0.083102	0.009415	−8.826427	0.0000
α_6	0.131922	0.011809	11.17100	0.0000

从表 4—15 可以看出,基于两阶段最小二乘法估计方程组的系数的 t-检验基本通过。估计是可以接受的。

类似地,我们对宁波 1994～2005 年的数据进行了估计,结果如下:

表 4—16　方程组(3.4.10)1994～2005 年的估计结果(宁波)

估计方法	估计结果					
	α_1	α_2	α_3	α_4	α_5	α_6
普通最小二乘法	0.4987	0.4086	−0.121	0.1244	−0.003	0.049
权重最小二乘法	0.4987	0.4086	−0.121	0.1244	−0.003	0.049
似不相关最小二乘法	0.5542	0.3838	−0.119	0.127	−0.005	0.0384
两阶段最小二乘法	0.4987	0.4086	−0.121	0.1244	−0.003	0.049
权重两阶段最小二乘法	0.4987	0.4086	−0.121	0.1244	−0.003	0.049
三阶段最小二乘法	0.5542	0.3838	−0.119	0.127	−0.005	0.0384
各方法平均	0.5172	0.4003	−0.121	0.1253	−0.003	0.0455

其中,在估计的过程中,方程组(3.4.10)的(A),(B),(C),(D),(E),

(F),(G)方程(以两阶段最小二乘法为例。其他的估计方法得到的结果和该结果比较接近)的 R^2, $Adj-R^2$, Dw 分别如下所示:

表4—17　基于权重最小二乘法估计方程组(3.4.10)的
R^2, $Adj-R^2$, Dw(宁波)

方程, $Adj-R^2$, Dw	估计结果		
	R^2	$Adj-R^2$	Dw
(A)	0.9989	0.9979	2.1217
(B)	0.9933	0.9877	1.5741
(C)	0.9962	0.9936	1.8186
(D)	0.9898	0.9627	2.5062
(E)	0.9409	0.7831	2.4668
(F)	0.9943	0.9844	2.415
(G)	0.9778	0.9694	2.2326

由表4—17我们看到,两阶段最小二乘法估计的结果良好,且 Dw 统计量表明方程组(3.4.10)有轻微的自相关。从表4—17中我们看到,各估计方法所得到的结果表明,国民生产总值的主要贡献来自于消费,其次来自投资。其他贸易出口对国民生产总值的贡献处于第三位,而加工贸易出口对经济增长的贡献处于第四位,无论是加工贸易出口还是加工贸易进口,它们对经济增长的贡献都为负。从这点来看,结果非常合乎支出法计算国民生产总值的原理。

表4—18　基于两阶段最小二乘法估计方程组(3.4.10)的
系数的 t 检验(宁波)

参数	Coefficient	Std. Error	t-Statistic	Prob.
α_0	1.538063	0.664290	2.315348	0.0262
α_1	0.498672	0.104470	4.773350	0.0000
α_2	0.408617	0.066864	6.111202	0.0000
α_3	−0.121254	0.043527	−2.785689	0.0084
α_4	0.124427	0.062916	1.977674	0.0555
α_5	−0.002776	0.014578	−0.190403	0.8500
α_6	0.048982	0.033642	1.455971	0.1538

基于两阶段最小二乘法估计方程组(3.4.10)得到的各系数的 t -统计量结果如下(只列出方程(A)的):

我们取各方法得到的平均值作为我们估计方程组(3.4.10)的最终结果,如表4—18所示。这样,我们就可以得到加工贸易出口、进口、其他贸易出口、进口对经济增长的贡献率,如下表:

表4—19　1995～2006年苏州加工贸易和其他

贸易对经济增长的贡献率　　　　　　单位:%

年份	苏州				宁波			
	加工贸易出口	加工贸易进口	其他出口	其他贸易进口	加工贸易出口	加工贸易进口	其他出口	其他贸易进口
1995～1996	0.2218	−0.131	0.0318	−0.076	0.0148	0.0025	−0.005	−0.001
1996～1997	0.1196	−0.078	0.0337	−0.011	0.0211	−0.01	0.0136	0.00071
1997～1998	0.0379	0.0008	0.0305	−0.036	0.0098	−0.041	0.0128	0.00188
1998～1999	0.1055	−0.111	0.0678	−0.019	−0.002	0.0195	0.0112	−0.0038
1999～2000	0.1441	−0.235	0.1611	−0.078	0.0418	−0.036	0.0241	−0.0026
2000～2001	0.0454	−0.031	0.0641	−0.042	0.016	0.0059	0.0104	−0.0008
2001～2002	0.1601	−0.225	0.1079	−0.043	0.027	−0.061	0.0149	−0.0019
2002～2003	0.2532	−0.268	0.1235	−0.1	0.0636	−0.079	0.0215	−0.0021
2003～2004	0.1739	−0.186	0.113	−0.068	0.0767	−0.08	0.0151	−0.0009
2004～2005	0.1304	−0.09	0.0951	−0.033	0.0657	−0.024	0.0125	−0.0006
2005～2006	0.0713	−0.027	0.0947	−0.032	0.0562	−0.062	0.0631	−0.011

由表4—19还可计算出1995～2006年苏州和宁波加工贸易出口、加工贸易进口、其他贸易出口和其他贸易进口对各地区经济增长的简单年平均贡献率分别为13.30%,−12.57%,8.39%和−4.88%以及3.55%,−3.32%,1.77%和−0.20%。因此,从总体上来说,苏州和宁波加工贸易和其他贸易对当地经济增长的贡献分别为0.74%和3.51%以及0.23%和1.57%。这表明,从总体上来说,其他贸易对经济增长的贡献要比加工贸易对经济增长的贡献大,即苏州和宁波从加工贸易中所获得的收益要比从其他贸易中所获得的收益小。另外令人惊奇的是苏州的加工贸易和其他贸易对经济增长的贡献

都比宁波的要大。这可能是因为对外贸易在苏州经济中所占比重比其在宁波经济中所占比重更大的缘故。

4.5　本章结论

本章从台湾、江苏和浙江的贸易发展历程分析了台湾、江苏和浙江的贸易模式和贸易利益问题。我们发现这三个地区的贸易模式存在很大的差异。台湾的加工贸易模式已经由代工为主向拥有自有品牌转变，江苏的加工贸易模式为加工贸易为主，其他贸易为辅，浙江则是其他贸易为主，加工贸易为辅。我们还以江苏的苏州以及浙江的宁波为例，用联立方程组计量分析方法分析了1994～2006年两地加工贸易和其他贸易对当地经济增长的带动作用，以此来分析两地从加工贸易中所获得的贸易利益。我们发现，无论是苏州还是宁波，加工贸易都不及其他贸易对经济增长的作用大，而且其量值很小。这说明，这两个地区（从而可推及江苏和浙江两省）从加工贸易中所获得的贸易利益是微薄的。这就给我们提出一系列严峻的问题，如何协调加工贸易和其他贸易的发展，如何从加工贸易中获得更多的贸易利益，我国加工贸易的转型和升级路径是什么，它们是否可行。所有的这些问题，我们将在本书后面各章中进行深入的分析和解答。

参考文献

[1]刘志彪，张晔：《中国沿海地区外资加工贸易模式与本土产业升级：苏州地区的案例研究》[J]，《经济管理与研究》2005年第8期。

[2]宁波市外经贸局：《宁波市加工贸易现状及发展对策建议》[R]，宁波市政府网站，2005，http://gtog.ningbo.gov.cn/art/2006/8/14/art_716_36618.html。

[3]孙楚仁，沈玉良，赵红军：《江苏和浙江国际贸易发展模式及其对当地经济增长贡献的估计》[J]，《世界经济研究》2006年第5期。

[4]童春良，李淑贞：《宁波市加工贸易状况及对策》[J]，《北方经贸》2006年第2期，第22～23页。

［5］吴恩霖,吴士清,陆允昌:《苏州对外加工贸易发展状况和趋势分析》［J］,《江苏对外经贸论坛》2004 年第 1 期,67～73。

［6］薛锣中,潘纯:《苏州外资企业:加工贸易的一片沃土》［J］,《地方经贸》2002 年第 5 期。

［7］余琛:《苏州创业园企业可持续发展判定》［J］,《今日科技》2004 年第 4 期。

［8］余钟夫:《宁波发展历程及其价值》［M］,浙江人民出版社 2002 年版。

［9］张晔:《外资出口加工模式下的本土产业升级与失衡——以苏州地区为例》［J］,《南京师范大学学报》2005 年第 5 期。

［10］张雨:《进一步加快发展宁波加工贸易的对策建议》［N］,http://gtog. ningbo. gov. cn/art/2006/8/14/art_723_36682. html。

5 我国国际加工贸易的转型路径

内容提要：本章简略地介绍了全球价值链的概念、类型，分析了其创新模式和跨国公式与全球产业价值链形成之间的关系。在对目前全球价值链的相关内容进行详细考察的基础上，本章基于全球家具价值链对全球价值链分析方法提出了质疑。我们认为，单纯从生产者或者购买者驱动角度来分析所有产业的价值链是远远不够的，在不同国家、不同容量的市场、不同商业资本为主体以及不同贸易模式下的不同产业，其价值链的运动规律和治理结构有很大不同。因此，我国加工贸易的转型升级应该根据产业的特点对其全球价值链进行分析，在此基础上来确定不同的转型升级路径。我们对高技术、低技术和不同成熟度的产业进行了具体分析，提出了不同的转型升级策略。

关键词：全球价值链，治理结构，生产者驱动，购买者驱动，成熟价值链，不成熟价值链

经济全球化使产业的生产经营活动和产业功能在空间上的配置出现了很大的变化，这既是我国加工贸易迅速扩大的重要原因之一，也为我国国际加工贸易模式的转变提供了条件，本章运用全球价值链（GVC）的研究方法和其他贸易理论，分析不同产业条件下国际加工贸易的转型方式和实现路径。

5.1　全球产业价值链（GVC）

全球价值链是指产品从设计到销售的各个环节在全球范围内完成。图5—1是一个简单的全球价值链模型。

图5—1中，要完成产品的设计到销售，一般要经过四个环节，即设计环节、生产环节、营销环节和销售环节，这四个环节已经在全球范围内分工。一般情况下，产品越复杂，环节的标准化程度越高，全球的价值链配置方式和配置机制就越明显。

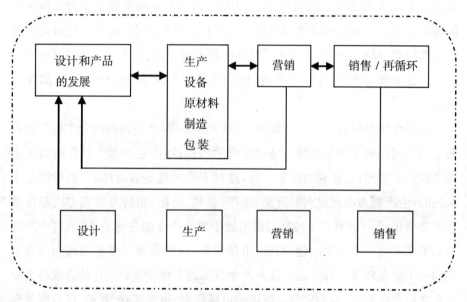

图5—1　一个简单的价值链（Raphael Kaplinsky and Mike Morris，2005）①

5.1.1　全球价值链的类型

从我们对全球价值链的理解看，从大的方面看，可以分为成型的全球价值

---

①　Raphael Kaplinsky and Mike Morris，2005，A handbook for value chain research，p4，http://www.ids.ac.uk/ids/global/pdfs/VchNov01.pdf.

链和不成型的全球价值链。①

成型的全球价值链是指产业边界和价值链链节比较清晰,产业内市场容量大,不同产业链节在全球范围内形成了有机的联系,并根据资源禀赋形成了全球产业分工体系。

成型的全球价值链根据产业市场容量的变化以及产业的不同成熟度而不同,在新兴产业条件下,由于产业处于成长性阶段,因而随着市场容量的逐渐扩大,产品的生产也日趋标准化,市场的前景也越来越被看好,许多原先由一家企业承担的工作逐渐移交给具有专业化生产的企业去完成。这时,对于其他企业来说,提供设备和原料,从事产品营销、利用副产品、甚至培训技术工人都变得有利可图了。② 因此,这一产业中主导企业对其他企业的需求量随产业成长的速度而增长。处于成长性的产业,由于市场对此产业的迅速拉动,规模的扩张成为这一时期的基本特征,因而主导企业对其他企业的需求链主要分布在前向价值链,即为主导企业提供原材料、制造部件等链节。

随着市场容量的进一步增加,产业进入成熟期,产业内部的分工也存在着明显的不同。成熟产业的特点是:"缓慢的增长;在产业中起主导作用的大企业之间竞争激烈;行业利润经常下降,这种下降可能是暂时性的,也可能是永久性的;生产能力出现过剩的迹象;生产、营销、分配、销售及研究方法等常常在经受变化。"③(迈克尔·波特,1980)处于成熟产业的主导企业,其对生产能力的扩张不是一个主要问题,相反,市场研究、营销和售后服务等成为争夺市场的一个主要环节,因此,处于这一产业时期的主导企业对企业的需求链主要分布在后向价值链,即为主导企业提供市场研究、市场调查、营销、售后服务和维修等链节。

当市场容量出现持续下降趋势时,衰退产业开始出现,衰退产业的明显特

---

① 在美国学者 Gereffi 和英国学者 Raphael Kaplinsky 的分析中,价值链被看做是成熟的价值链,价值链也可以简单分析为生产者驱动和购买者驱动的价值链。但实际上产业本身的经济性质和物理性质决定了全球产业价值链治理结构的高度差异性。

② 乔治·J.施蒂格勒:《产业组织与政府管制》,上海三联书店 1989 年版,第 30 页。

③ 迈克尔·波特:《竞争战略》,生活·读书·新知三联书店 1988 年版,第 266~268 页。

征是因需求的递减使市场容量开始缩小，这时，那些起补助、补充作用的分支产业也会衰落，该产业的残存企业不得不重操旧业，承担起那些不足以维持企业的功能。①

因此，可以这样说，由于产业生命周期不同，产业全球化程度不同，因而全球产业价值链的配置方式和配置机制存在着明显的差异。

成型的全球价值链由于价值链体系中主导企业的作用不同，因而治理结构也存在着差异。美国学者 Gereffi(1994、1999)用商品链理论解释这一问题，商品链(commodity chain)是产品设计、生产和营销一种产品的一整套活动。② 在商品链中，不同产业的驱动主体是不同的，资金、技术密集型制造业，是"生产者驱动"(producer-driven)，在劳动密集型制造业，则是"购买者驱动"(buyer-driven)。在生产者驱动型商品链中，跨国公司是在该产业中占支配地位的大生产商，它们在协调生产、销售网络中居于中心地位，生产的进入壁垒日趋提高，它们向前控制原材料和零部件供应商，向后控制了分销零售商。这种商品链在汽车、飞机、计算机、半导体及重型机械等产业中表现最为明显。对于劳动密集型产业，产业国际化是在"购买者驱动"(buyer-driven)下实现的，其实现主体是跨国零售商、营销商和品牌制造商。在购买者驱动型的商品链中，跨国零售商、营销商和品牌制造商在建立散布于各个国家的生产网络中起核心作用，发展中国家梯形网络中的承包商为外国购买者生产制成品。在购买者驱动的商品链中，生产的低进入壁垒造成高度竞争和全球分散(decentralized)的工厂体系，开发和销售品牌产品的公司对生产如何，何时、何地进行以及链节上每一阶段的利润拥有绝对控制权，它们一般设计(或)销售但不制造，是将生产工序中实际的制造与设计和营销阶段分开的"没有工厂的制造商"。

---

① 乔治·J. 施蒂格勒：《产业组织与政府管制》，上海三联书店 1989 年版，第 31 页。

② Gereffi, Gary and Miguel Korzeninewicz(eds)(1994), Commodity Chains and Global Capitalism, Westport, CT, Praeger.

表5—1　生产者驱动和购买者驱动下全球商品链比较

商品链类型	生产者驱动商品链	购买者驱动商品链
全球商品链的驱动要素	工业资本	商业资本
核心竞争力	研发、生产	设计、营销
进入壁垒	规模经济	范围经济
产业门类	耐用消费品、中间产品、设备	非耐用消费品
典型产品	汽车、电脑、飞机	服装、鞋子、玩具
公司性质	跨国公司	发展中国家的本土公司
主要的网络结构	纵向	横向

资料来源：Gereffi，Gary："Beyond the Producer-driven/Buyer-driven Dichotomy：The Evolution of Global Value Chains in the Internet Era"，*IDS Bulletin*，Vol. 32(3)，2001，pp. 30 - 40.

　　不成型的全球价值链是指产业处于幼小产业时期，价值链的环节体系以及在这些环节中的企业或者不成熟，或者没有出现，因而可能只有一个企业承担。由于这一产业的市场容量还相当小，企业投资不仅风险大，而且无利润可言，产业内起主导作用的大企业技术还没有成熟，许多大企业所需的零部件还没有形成标准，因此，这一产业"对现存经济系统来说是'陌生人'。它们需要新种类或新品质的原材料，所以只能自己制造；它们必须解决其产品使用中的技术问题而不能等待潜在使用者来解决之；它们必须劝诱客户放弃其他商品，而不可能找到专业化的商业机构来承担这一任务；他们必须自行设计、制造专业化设备；自己培训技术工人（从历史上看，通常是从国外输入）。"（施蒂格勒，1951）[1]因此，当某一产品处于幼小时期，无论是从大企业的前向产业价值链看，还是从大企业的后向产业价值链看，大企业具有较明显的自制倾向，该产业对企业的需求不大，市场容量太小也不可能吸引更多的企业。

　　在链的分工体系中，这种产业分工体系对中国的贸易利益体现在哪里？在全球产业分工体系下，工业化实现方式如何体现出我国的核心利益，相对利益如何保证？应采取什么政策？这些都是我们需要认真研究的重大课题。

----

　　[1]　乔治·J.施蒂格勒：《产业组织与政府管制》，上海三联书店1989年版，第30页。

5.1.2 全球价值链的创新模式

对于全球价值链体系而言,由于各国的发展阶段不同,因而各国在全球产业价值链中的位置不同,同时,即使在同一发展阶段国家的企业,其在全球产业价值链中的位置也不一定相同,但不管是处于哪个链节的企业,它们都具有提升产业价值链的要求,即使是处于价值链顶端的企业,也具有保住价值链顶端的冲动。

对于成型全球产业价值链而言,其创新方式可以包括过程创新、产品创新、功能创新和内部链节创新。过程创新是指提高内部价值链的效率,与内部价值链结构有关的过程创新包括产品标准化和通用化,制造设备和产品工艺的改善等。产品创新是指在个别价值链环节中新产品发展过程的变化以及不同价值链之间关系的变化。功能创新是指通过变化价值链环节提高产品附加值。这种创新一般情况下是通过商业模式的创新形成新的产业价值链变动。内部链节创新是指形成更有利润的价值链。例如台湾企业的集成电路产业的代工模式就是在集成电路价值链中的创新模式。

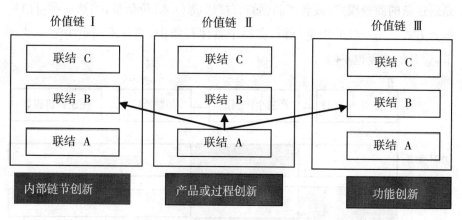

图 5—2　创新轨迹(UNIDO,2004)①

---

① Olga Memedovic(2004) Inserting Local Industries into Global Value Chains and Global Production Networks: Opportunities and Challenges for Upgrading With a focus on Asia, China's rising competitiveness and the phasing out of the Multi-Fibre Arrangements, p10. http://www. unido. org/file -storage/download/? file_id=33079.

产品或过程创新都是在同一价值链轨迹下促进价值链更具有效率,或者推动产品更加符合市场需求,过程创新可以通过产品标准化和模块化使产品的生产过程更具有效率,同时也可以通过产业分工和产业集聚降低成本,提高劳动效率。产品创新则通过新产品开发提升产品层次,在产品创新中,原创产品所占比重较低,大部分是成本降低为主的产品创新和产品更新为主的产品创新。

功能创新和内部链节创新则是通过创新形成价值链的裂变,从而产生新的价值链,这种价值链或者产生与原来价值链完全不同的新价值链,或者产生原来价值链中的子价值链系统。

在全球产业价值链体系中,一般情况下的价值链体系包括产品设计链节,我们称为 ODM 业务;制造业务,我们称为 OEM 业务;品牌推广和品牌维护业务,我们称为 OBM 业务;在全球价值链体系中,自主品牌商(OBM)是全球价值链中最有利润的链节,其实现路径可以包括三个方面:一是 OEM 制造商直接向品牌制造商发展,对于技术含量比较低的产品而言,从 OEM 直接向OBM 发展是可行的。二是 OEM 制造商向 ODM 发展,到 OBM 的发展。三是通过新的商业模式,或者产品创新直接形成 OBM 价值链,当然这种价值链提升方式只是一般的理论分析,在每个具体行业中,都有不同更为复杂的环节,提升的难度也不同。

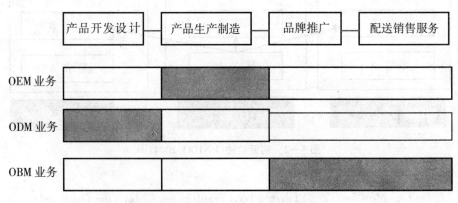

图 5-3　企业业务形态和价值链分布

从全球价值链条件下的提升路径看,企业的提升战略主要需要技术和市场两个方面的支撑,见图5—4,从技术条件看,要形成品牌制造商,对 OEM 和 ODM 制造商具有一定的控制能力,必须要求它们对制造技术和设计技术具有足够的控制能力,特别是核心技术,否则在全球价值链治理结构中无法主导后向价值链链节。从市场条件看,只有发展到一定的市场容量,体现规模经济和范围经济,才能体现价值链的市场基础。

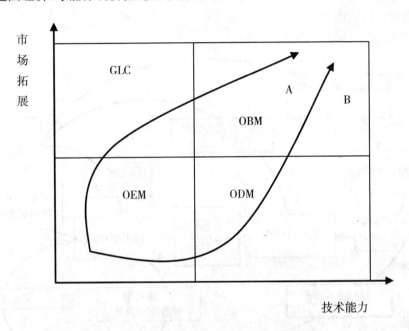

图5—4 企业在全球产业价值链提升战略①

图5—4是产业内部企业成长方式,首先, 一般 OEM 到自主品牌制造商的形成路径需要通过漫长的发展过程,要经过许多的产业价值链阶段,一般情况下,越是成熟的产业,产业分工越细,全球产业价值链中的链节就越多,因而每向一个价值链链节变化,企业需要付出巨大的代价,如果仅靠模仿来超越处于价值链前端的企业是不现实的。其次,在全球价值链链节中,制造业从一般 OEM 业务到高级 OEM 业务,需要制造能力的提升、制造技术的提升,制造效

---

① Mathews,J. A. and Cho,D. S. (2000) Tiger Technology:The Creation of a Semiconductor Industry in. East Asia. Cambridge:Cambridge University Press.

率提高以降低制造成本是制造业价值链提升的重要方式。再次,从 OEM 业务到 ODM 业务,需要在产品技术、设计和研发等方面的提升。它不仅需要有比较成熟的制造技术,掌握核心制造技术,而且要形成在产品设计和研发方面的差异竞争,形成独特的竞争优势。最后,要成为全球产业价值链中的主导者,形成品牌制造商,除了具备在产品标准和基础研究方面的能力外,还具有整合价值链的能力。

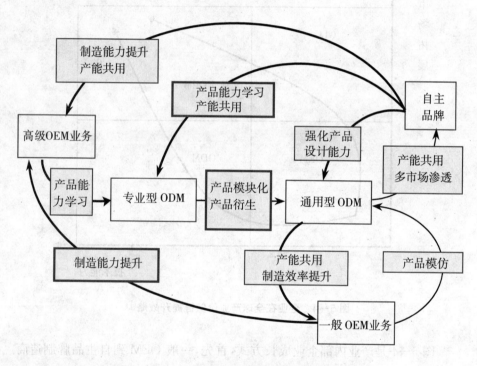

图 5—5 产业内部企业成长方式①

5.1.3 跨国公司与全球产业价值链形成

从许多产业的发展轨迹看,跨国公司通过近一百年的发展和整合,已经成

---

① 资料来源:李吉仁,陈振祥:"成功的 OEM/ODM 策略",http://www.ib.ntu.edu.tw/li-chung/myweb/。

为全球产业资源配置的主体。[①]

跨国公司作为全球的一种企业制度安排通过贸易、技术和投资基本上控制了全球产业价值链。目前全球跨国公司约 6.3 万家,却控制了国际贸易的55%,国际生产的 33%,国际投资的 90%,技术贸易的 65%,技术开发的90%,跨国公司对全球经济的控制还有进一步强化的趋势,这种强化的趋势通过内部贸易和对外投资中的捆绑式交易来实现的。因而跨国公司的产业安排直接、间接地影响世界的产业价值链配置,跨国公司以全球作为资源配置的基础,其生产和销售以成本最小化、收益最大化为目标。[②]

跨国公司在全球的产业安排并不仅仅取决于该国的成本条件,更取决于技术创新、制造柔性、可靠性、服务和质量。越是高技术的产品,就越需要形成该产业的新型组织关系,例如新的合作机制、更具有信用和开放性、更有效率的供应链管理和高效的网络系统,这种新型的产业组织关系在发展中国家难以形成。[③]

跨国公司是否投资和技术溢出取决于该产业的原有技术、市场、东道国政府的政策等三个方面的因素。当东道国政府对跨国公司采取严格的投资政策,在国内对这些企业采取保护政策,原有技术相当落后,市场消费水平又比较低下的情况下,跨国公司的策略是利用较陈旧的技术在当地市场销售附加值较低甚至在国际市场上淘汰的产品,很少采取措施使成本和质量达到世界标准(见图 5—6)。

图 5—6 中,子公司 1 设在另一个发达国家,其大部分业务服务于地区市场,它履行技术、管理和营销的全部职能,与母公司之间形成了"深层一体化"的分享某些职能;子公司 2 设在一些新兴工业化国家,这些公司拥有最新的制造设施以服务当地市场,它拥有从事某些设计和开发职能的 R&D 设施并与

① 技术含量高的产业,例如化学、电气、汽车等行业,其全球性产业整合约 100 年,但对于技术含量较低的产业,例如鞋业、服装,品牌制造商大约花了 50 年左右时间,而零售商大约花了30 年左右的时间。

② 沈玉良:《我国能否成为世界工厂问题研究》,上海市重大决策咨询课题,内部报告,2002年。

③ 联合国工业发展组织:《工业发展报告 2002—2003》,http//www.unido.org/。

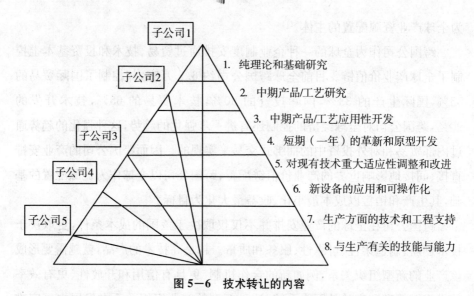

图 5—6　技术转让的内容

一些当地企业、技术研究机构和大学保持紧密的联系。子公司 3 主要设在一个工业化程度较低的出口导向国家的出口加工区,当地含量低,主要是包装和印刷。子公司 4 设在工业基础庞大、但技术落后的一个有保护的国家。它被迫采用很高的当地含量,它利用母公司相对较陈旧的技术,生产不太复杂的产品,并很少采取措施使成本和质量达到世界标准。子公司 5 设在最不发达国家,其业务是瞄准当地的小型装配市场。当然这种推理只是理论分析而已,实际情况视跨国公司的具体情况而定。①

　　全球产业价值链的形成是跨国公司对产业一体化环境例如技术变革、政策放宽和竞争加剧的反映。全球产业转移方式的转变使跨国公司的业务出现了重大的变化,同以前相比,其不同之处在于跨国公司区域和全球规模一体化的强度提高以及整个体制效率的提升,全球市场越来越涉及由跨国公司统一指挥的整个生产体制之间的竞争而不是个别工厂或商号之间的竞争。②

　　跨国公司以全球价值链的方式来组织和分配生产活动和其他职能,它覆

──────────

　　①　资料来源:联合国贸易和发展会议:《1999 世界投资报告,外国直接投资和发展的挑战》,中国财政经济出版社 2000 年版,第 232 页。

　　②　联合国贸易和发展会议:《2002 年世界投资报告,跨国公司和出口竞争力》。

盖从技术开发到生产再到分销和营销。随着业务功能细分成为各种更加专门化的活动，产业价值链正在变成段段块块，承担不同职能、不同环节的外包企业纷纷出现。① 一般制造业已成为全球供给普遍过剩、边际收益严重递减（制造技术标准化和模块化）的成熟技术行业，国际相对价格的剪刀差已从工农业产品之间转化为知识产品与工业产品之间，发达经济的优势已转型升级到虚拟经济、服务经济和知识经济阶段。同时，由于国际范围内竞争越来越激烈，跨国公司对外投资的目的由要素驱动、市场驱动向提高国际竞争力转变，跨国公司越来越专注于核心业务，非核心业务通过在全球范围内寻求合作伙伴，以分包的形式让合约制造商完成。例如在汽车行业，已经发展到三级 OEM 供应商，组装厂只承担发动机等最核心零部件的制造业务，其他制造业务都通过分级下包的方式，2002 年美国投入产出表显示，一辆汽车中 70% 的成本来自于外部供应商的零部件和服务。②

由于不同的跨国公司的核心业务不同，导致对外寻求合作的业务不同，为加工贸易向高端化发展、多领域发展提供了空间，在许多产业中，跨国公司倾向于更加集中价值链的知识密集、不那么有形的功能，如产品定义研究和开发、管理服务以及营销和品牌管理等。

5.2　全球价值链分析方法的质疑：以全球家具价值链为例

我们认为，用生产者驱动和购买者驱动来分析全球产业价值链以及治理结构似乎不是很完善，这主要是因为这种分析没有比较完整的经济学假设和严密的数理推理。全球家具价值链是 GVC 学派重点分析的产业，③接下来我

---

① 联合国贸易和发展会议：《2002 年世界投资报告，跨国公司和出口竞争力》。

② Source：US Department of Commerce，Bureau of Economic Analysis（BEA）（2004），http//www. bea. doc. gov/bea/dn2/i－o－annual htm.

③ Kaplinsky R. and Memedovic Olga Memedovic，Mike Morris．Jeff Readman：The Global Wood Furniture Value Chain：What Prospects for Upgrading by Developing Countries? http://www. unido. org/file－storage/download/? file_id=11904.

们以这一产业为例对全球价值链的研究方法进行分析。

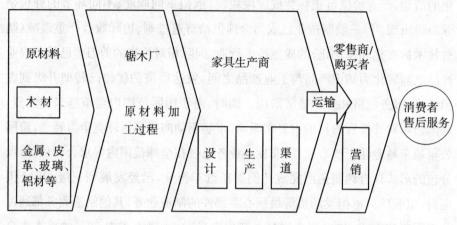

图 5—7　家具全球价值链

从世界家具价值链的布局看,家具制造在发达国家主要集中在美国、意大利、德国、日本、英国、加拿大和法国,这七个发达国家占世界家具产量的59%,其余发达国家只占17%,发展中国家的家具产量只占总量的24%,相对比较分散,但中国占9%。整个七个发达国家和中国家具制造占世界制造的68%。进一步分析世界家具制造的分布情况后发现,世界家具制造主要集中在美国、意大利、中国和日本,而其中美国和中国1995年以后所占份额比较高,美国从1995年的27.90%上升到2003年的34.8%,中国上升幅度更加快,从5.12%上升到了14.61%。2003年,美国、意大利和中国家具制造占全世界的比重为43.89%,因而从国别分布看,家具制造业相对比较集中。

表 5—2　世界家具主要制造国家生产额　　　　　　单位:百万美元

国家	1995	1996	1997	1998	1999	2000	2001	2002	2003
意大利	16704	19218	17833	18427	18486	17630	17572	18414	21201
德国	24285	22519	19061	19543	18383	16124	15447	14226	16621
美国	37420	39433	43621	47331	50150	52594	47693	47833	48729
法国	8466	8328	7442	8041	7903	7212	7152	7019	8116
英国	8537	8876	9251	8858	8994	8450	8298	8502	9025
日本	26088	23010	20038	16034	16735	16989	14064	12059	12871

国家	1995	1996	1997	1998	1999	2000	2001	2002	2003
巴西	5761	6205	5713	6351	4022	4815	4129	3526	3012
中国	6870	7500	7922	9632	11076	12738	14776	17406	20463

资料来源：CSIL 数据库。根据中国家具协会：《中国家具行业现状及发展趋势研究》整理。

表5－3　　美、意、中和日本家具制造在八国中的比重　　单位：%

国家	1995	1996	1997	1998	1999	2000	2001	2002	2003
美国	27.90	29.19	33.33	35.26	36.94	38.52	36.93	37.08	34.80
意大利	12.45	14.23	13.63	13.73	13.62	12.91	13.61	14.28	15.14
中国	5.12	5.55	6.05	7.18	8.16	9.33	11.44	13.49	14.61
日本	19.45	17.03	15.31	11.95	12.33	12.44	10.89	9.35	9.19
四国总计	64.92	66.00	68.32	68.12	71.05	73.20	72.88	74.20	73.74

资料来源：根据表5－2计算。八国是指美国、意大利、中国、日本、德国、英国、法国和巴西。

在全球价值链治理结构中，英国、法国和意大利形成了不同的全球价值链和治理结构。在制造业中，德国和英国制造业企业以大型企业为主，英国软垫家具主要的制造商是 Chritie Tyler 和 Wade 两大集团，这两家制造商控制了英国43%的市场；厨房家具同样也相当集中，排名前三名的公司控制了英国50%左右的市场。但在意大利，家具制造业规模结构以小企业为主，根据意大利家具协会的资料，意大利有家具企业3万家，从业人员41万人，平均每家家具生产企业员工只有14人。[①]

从贸易流动看，贸易流动是世界家具价值链实现的重要方式，由于各国的消费情况、国家规模、国与国之间的距离等不同，因而贸易流量与贸易结构不同，从各个国家的具体情况看，出现了三种贸易模式，这三种不同模式影响着家具全球价值链。

第一种是大进大出模式：这种模式的基本特点是既是出口大国，同时又是进口大国，主要以欧盟国家之间的主要家具制造国为主，以德国和法国为最明

① 中国家具协会：《中国家具行业现状及发展趋势研究》(内部资料)，第20页。

显。表5—4是德国与法国1995~2003年进口和出口额,从中可以看出,这两个国家的进口量和出口量都比较大。

表5—4 德国与法国家具的进出口额(1995~2003年) 单位:百万美元

国家		1995	1996	1997	1998	1999	2000	2001	2002	2003
德国	出口	3831	3855	3622	3917	4051	4235	4217	4522	5321
	进口	5918	6134	5679	6198	6080	5862	5813	6048	7565
法国	出口	1674	1823	1753	2026	2030	2055	1865	1882	2126
	进口	2734	2751	2696	3018	3196	3254	3297	3566	4367

资料来源:CSIL数据库,转引自中国家具协会:《中国家具行业现状及发展趋势研究》,第18~19页整理。

之所以产生大进大出的贸易方式,一方面是因为这些国家离出口国和进口国的距离很近,进出口的运输成本相对较低,另一方面,这两个国家产品进出口的产品和国别结构不同,这些国家的家具制造业以大企业为主导,大规模的生产方式说明这些国家的企业在某一大类产品中具有竞争优势,但家具消费的特点是多元化和多样性,这样,要满足国内的需求,只能通过进口的方式,因而这些国家之间的家具产品形成了互补性。

法国家具出口的四个国家是西班牙、德国、英国和比利时,2003年出口所占比重为41.9%,家具进口的四个国家是意大利、德国、比利时和西班牙,2003年从这四个国家进口的比重为54.4%。德国也有类似情况。

在这种贸易模式中,大制造商在全球价值链中起到重要作用,但这也并不排斥零售商的作用。

第二种为出口小,进口大的贸易模式。这种模式的基本特点是出口规模较小,但进口量则很大,以美国和日本最为典型。之所以产生这样的模式是因为:(1)国内市场巨大,在家具市场容量中,美国和日本是最主要的两大市场,这同人均收入有关。2003年,美国家具的市场零售额达到651亿美元,占世界的30.10%,因而尽管美国是家具的制造大国,但这些生产还无法满足美国居民的消费。(2)在家具制造业,特别是中低档家具制造业,美国没有竞争优势,在家具的制造成本中,劳动力成本是其中最主要的方面,发达国家与发展中国家的差距很大,就是由于成本的差距,在中低档产品领域产生了贸易,其中以中国对美国的家具贸易为最大,美国劳动力成本为 14.24 每小时美元,而中国 0.69 每小时美元。(3)美国在家具行业的贸易自由化程度相对较高,这样使贸易的制度成本相对较低。

由于是出口小,进口量大,因而美国家具制造商在全球家具价值链治理结构中的主导作用有限。同时,由于出口到美国和日本的是中低附加值产品,因而在制造端,中小家具制造商是产品出口的主流,零售商和品牌制造商整合了家具价值链。

第三种为出口量大,进口量小的贸易模式。以中国和意大利为典型,这种模式的基本特点是家具的出口量大,但进口量相对较少。这是因为(1)国内的消费相对有限,但生产能力巨大,以意大利为例,2003 年,国内消费为 131 亿美元,但国内生产则达到 212 亿美元。(2)这些国家家具的生产门类基本齐全,几乎涉及所有产品种类。(3)意大利和中国尽管都是同一种贸易模式,但存在着较大的差异,由于中国人均收入比较低,因而对高档家具的消费相对比较低,意大利家具人均消费为每年 226 美元,名列世界第二位,但中国只有 11 美元。

在这种贸易模式中,国家地位在全球价值链治理结构中起到重要作用,意大利中小企业在全球价值链治理结构中的作用明显强于中国。

从我们对全球价值链的分析中,可以知道:第一,即使是成熟的产业价值链,家具全球价值链的脉络还不是特别明显,即对是否存在全球产业价值链还存在着疑问,这主要基于两个方面的原因,一是全球家具产业价值链的连接方式并不是特别明显,意大利的家具形成了产业链,德国和英国的家具也形成了相对独立的价值链和产业群体系,没有在全球范围内形成明显的产业分工体系。二是在全球家具产业价值链治理结构中,主导企业对全球价值链治理结构的主导作用并不是特别明显。这种疑问在汽车全球价值链等方面也存在着疑问。联合国工业发展组织的研究认为,尽管 20 世纪 90 年代开始出现了全球化趋势,但从某种程度讲,汽车工业更加区域化而非全球化,这包括汽车销售和生产的全球拓展、组装部分的所有权和零部件的区域性转变,三大区域(北美、欧盟和日本)的汽车产业和贸易体制已经非常成熟,但这三大区域开始出现产能过剩、成本压力和低利润现象。① 我们认为,造成这种现象的主要原因是产业细分不够,同一大类中产业运行方式存在着很大的差异。

第二,全球产业价值链的驱动要素在不同国家的轨迹不同,全球家具产业价值链中,德国和英国制造商在全球产业价值链中起到重要作用,至少在欧盟内部是区域家具产业价值链的主导企业。在意大利,中小家具制造商不仅在欧盟内部起到重要作用,而且在全球家具产业价值链中也产生一定的影响。但在瑞典,宜家等品牌制造商在全球价值链中的作用也日益体现。针对这些问题,有些学者提出了生产者推动和购买者推动之外的中间推动方式,即有些产业存在着购买者推动和生产者推动的双元推动方式,例如在 IT 领域,芯片制造和操作系统是生产者推动的主体,但随着以戴尔公司为代表的新商业模式的出现,使该行业出现了购买者推动的特征。这样,IT 行业形成了生产者推动和购买者推动共同特征的中间类型。②

第三,尽管家具价值链中商业资本所起的作用在增强,但各国商业资本中驱动方式存在着较大的差异,很难概括出共性的规律。由于家具产业集中度比较低,因而全球产业治理结构的变异方式不同。对于集中度低的产业,例如服装,购买者推动是指零售商、品牌制造商起到主导作用,但美国品牌制造商只占美国服装销售额的 2%。

因此,我们认为,用简单的社会学分析方法来解释全球产业结构和产业组织的变化,并概括出全球产业发展的一般规律是相当困难的,这是因为:第一,就某个产业的变动而言,其影响因素相当复杂,既有供给因素,例如生产成本条件,技术变化等,又有需求因素,还包括政策因素,这些因素有些是确定的,但更多地是难以预料的因素,特别是将产业置于全球的分析框架下。第二,全球产业价值链变动并不仅仅涉及产业内部治理结构中不同主体之间的力量对比,还涉及国际贸易、产业集聚和空间资源配置问题,这些问题共同对全球产业价值链形成起到不同的影响作用,不研究这些问题,或者将这些因素作为不

---

① United Nations Industrial Development Organization(UNIDO) The Global Automotive industry value chain：What Prospects for Upgrading by Developing Countries.

② 张辉:《全球价值链动力机制与产业发展策略》,《中国工业经济》2006 年第 1 期。

重要的因素,研究的理论模型与实践之间将出现严重的偏差。第三,产业本身的特性和产业之间存在者互相依赖关系直接或间接影响着全球产业价值链的变动。同时,一个产业全球价值链的变迁会推动另一个产业价值链的变动,因而对产业价值链本身会形成影响。

我们认为,研究内容和方法的复杂性并不等于我们不要研究全球价值链,也不是说我们将所有复杂的因素都考虑在我们的研究框架下,这显然也不是科学的研究方法,我们对全球产业价值链研究的基本思路是从研究主体出发,分析形成全球产业价值链的基本因素,找出全球价值链治理结构的变动路径和基本规律。

表5—5 全球家居零售业企业主要经营指标

企业/国家/成立年/排名	门店数	营业额(美元)	经营特色
家得宝/美国/1978年世界家居第一,全球零售100强第4位	1500	2004年730亿美元,利润50亿美元,利润率6.85%	知识性服务,差异化营销;目标就是扩张和持续地增长
劳氏/美国/1946年全球零售100强第27位	975	2004年340亿美元,利润18亿美元,利润率5.3%	重视女性目标客户;重视统计调研;雇佣全职员工
圣戈班/法国/1665年(1996年开始零售)欧洲最大的建材分销商/世界500强第120位	3500(美颂巴黎)	2004年136亿欧元(折合170亿美元)	只作硬装潢,不销软装潢,在欧洲只批发不零售,在中国批零兼营
宜家/瑞典/1943年全球零售100强第55位	211	2004年128亿欧元,利润14.28亿欧元,利润率11.1%	自主品牌,独特设计,制造OEM,平板包装低成本,生动销售不打折
百安居/英国/1969年所属翠丰为全球零售100强第37位	324/52	2004年40.8亿英镑	全球采购成本低;开发自有品牌;实行团购达15%;人才本土化;低成本物流
乐华梅兰/法国/1960年所属穆里叶欧尚集团为世界500强企业排名第175名	700	2003年60亿欧元	三种业态、五个品牌;法式的商品陈列购买提示

资料来源:作者根据相关资料整理。

第一，全球产业价值链的研究主体。传统微观经济学的分析方法以消费者或企业作为对象，分析个体经济行为，传统宏观经济学的分析方法以总量作为对象，分析宏观经济运行，全球价值链以某个细分产业价值链链节为主体，分析每个价值链链节市场地位的静态变化和动态变化，从而比较不同价值链链节中企业群体在价值链治理结构中的地位。这种主体分析方法是全球产业价值链的基础。之所以采用这种分析方法，是因为，在全球产业价值链的前端，全球性的品牌制造商、零售商和经销商通过技术和网络来控制整个产业价值链。在全球产业价值链的后端，不同制造业链节通过专业化分工形成不同的模块是产业集成的一种重要趋势，基于电子技术为基础的不同层级的模块化供应商正在形成独立的经济利益主体对全球产业价值链产生不同的影响。

第二，全球价值链结构变动的主要因素是市场容量、产品（最终产品和中间产品）的标准化程度、产品的贸易成本、产品的规模经济和企业的范围经济。产品的全球市场容量是全球价值链形成的市场基础，不属于全球化的产品，就不可能形成全球价值链。产品标准化程度决定了全球价值链条件下产品分工的程度，在一个产品内部，根据产品细分形成的中间产品模块化程度越高，产业价值链在全球的配置就越明确。产品的贸易成本决定了全球产业价值链的国别配置决策，这种决策的基本决定因素是一国的贸易成本和另一国产品制造成本的机会成本比较。产品的规模经济和企业的范围经济决定了产品通过全球性工厂的集聚和全球性销售网络形成低成本的制造和销售。

第三，研究方法。前面我们已经涉及，全球产业价值链的研究方法尚不成熟，但全球产业价值链的问题研究相当复杂，我们试图以产业组织理论为基础，并结合国际贸易研究方法、区域经济学研究方法，分析中国加工贸易在全球产业价值链中的地位和作用。从产业组织的角度看，每个价值链内部市场力量主要依赖于这一链节企业群体的市场势力，其市场势力表现为这些企业群体是否掌握核心竞争力，例如核心技术，新商业模式的创新等，这种市场势力可以通过内部市场集中度为重要指标，一般情况下，市场集中度相对比较高时，这一产业价值链链节的力量相对比较强大，在全球产业价值链治理结构中的作用就比较大。迈克尔·波特的五力模型分析比较好地分析了企业在市场竞争中所受到的五种力量,从而来制定企业的发展战略。[1]同样,我们将产业价值链链节作为一个整体,这些企业群体同样也受到来自替代品、前向和后向产业价值链链节之间的砍价能力,以及价值链裂变产生的新价值链等因素都是重要的力量。在这些力量比较中,各价值链链节的价格决定权是重要的经济指标,它从某种意义上决定了产业价值链链节的利润分配。在全球产业价值链各链节技术变化和商业模式变化中,企业进入价值链链节的难易程度以及该链节相对利润的大小都决定了价值链链节技术变迁和新商业模式产生的新创新路径和实现方式。一旦某个价值链链节创新出现了根本性的变化,整个产业价值链也将产生革命性的变革。

同时,藤田昌久、保罗·克鲁格曼和安东尼·J. 维纳布尔斯等形成的空间经济学开创了区域经济学、产业经济学和国际贸易学的新研究领域,空间经济研究的是"关于资源在空间的配置和经济活动的空间区位问题"。[2] 这一理论对于全球产业价值链理论研究具有重要参考价值,因为全球价值链的配置实际上涉及产业集聚的空间配置问题,也涉及价值链之间在空间上的联结问题。

根据上述分析,我们可以将全球产业价值链概括在下面的表格中,见表5—6。

表5—6 不同产业价值链的治理结构和形式路径

产业价值链类型	低技术产品		中、高技术产品	
批 量	大批量	小批量	大批量	小批量
核心竞争力	营销	品牌	制造	研发
进入壁垒	范围经济	品牌认知度	规模经济、范围经济	基础研究
产业门类	中低档日用消费品	高档日用消费品	耐用消费品、中间产品、设备	新兴高档耐用品
经营产品品种	多而杂	少	多	少

---

[1] 迈克尔·波特:《竞争战略》,华夏出版社1997年版,第14页。

[2] 藤田昌久,保罗·克鲁格曼和安东尼·J. 维纳布尔斯:《空间经济学——城市、区域与国际贸易》,中国人民大学出版社2005年版,第5页。

产业价值链类型	低技术产品		中、高技术产品	
供应链管理	OEM 管理	ODM 管理	全球采购	战略联盟
典型产品	一般服装	时装	汽车	宇航产品
公司性质	跨国渠道商、经销商	品牌制造商	制造性跨国公司	研发性跨国公司
主要的网络结构	全球网络系统和信息系统	网络控制系统	全球性制造子公司	全球性研发中心

资料来源:作者整理而成。

从表 5-6 中我们可以看出:首先,产品的技术含量对全球产业价值链产生重要的影响,这主要同资产专用性有关,资产专用性高的产业,采用股权形成全球产业价值链,而技术含量低的产品,资产专用性低,采用合同方式来整合全球产业价值链,因而产品技术是形成不同全球价值链的重要基础。其次,产品销售规模不同,对全球产业价值链的形成方式也产生影响,主要体现在制造成本和销售渠道方面,因为是小批量,因而全球价值链的配置空间比较集中,高端客户是品牌制造商的重要客户。最后,对网络的控制系统存在着明显的差异性,这种不同的差异性对全球产业价值链产生重大影响。

5.3　全球产业价值链与中国加工贸易

中国从上世纪 80 年代开始进行加工贸易,但真正发展加工贸易是在 90 年代以后,中国发展加工贸易同 90 年代以后逐步形成的全球产业价值链有很大的关系。

无论是低技术产品,还是高技术产品,中国已经成为全球产业价值链在制造链节的重要组成部分。这种制造链节主要通过加工贸易的方式进行。

5.3.1　低技术产业条件下我国加工贸易提升方式

低技术全球产业价值链的主导权被跨国零售商、品牌制造商和经销商所控制,在大批量的低技术产业价值链治理结构中以跨国零售商、经销商和品牌制造商为主导,见图 5-8。这些企业目前的主要运行方式是通过网络方式控制全球产业价值链,与制造商的关系是合同关系,但是合同制造商在不同区域和不同产业存在着差异,例如全球运动鞋产业链的运作模式,在北美、欧盟和中国内地等的运作模式就有比较大的差异。但这种差异并不影响全球产业价值链上的主导企业对全球产业价值链的控制。

表5—7 世界主要区域在运动鞋产业链上的运作模式

东亚地区	
中国香港、韩国、中国台湾	来料加工、OEM、三角制造、OBM
中国内地	来料加工、OEM
东南亚及南亚	来料加工
北美地区	
墨西哥	来料加工至统包作业
中美洲及加勒比国家	来料加工
欧洲地区	
中东欧	为西欧国家之境外加工地区
土耳其	类似墨西哥的统包作业
欧洲地区	
英国、德国等	OBM, 设计、营销
北美地区	
美国	OBM、设计、营销

　　大规模生产方式下的低技术全球价值链治理结构是渠道性跨国公司通过高价值的市场研究,完善的全球网络体系以及对合同制造商的标准化管理形成对全球产业价值链的控制。

　　合同制造商完成最终产品的制造,甚至包括产品的设计,合同制造商以产品的基本模块为依据实行专业化分工,由于各个专业化环节都是通过流水线制造方式和劳动密集型(例如绣花为主的手工方式)形成,其基本的竞争力形成方式一致,这样,在每个环节形成了以专业化分工为主的产业集群。

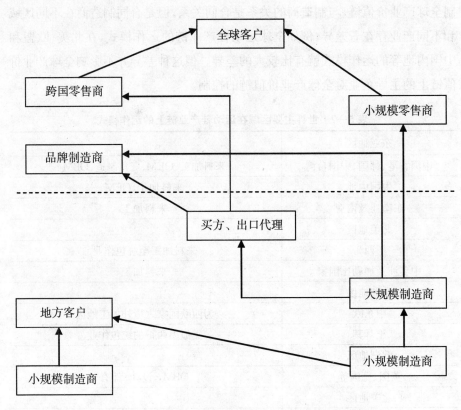

图5—8 购买者推动下的全球产业价值链整合方式①

　　中国已经成为全球产业价值链主导企业下的主要合同制造商。第一,中国在低技术产品出口中所占比重占较高的比重,并以加工贸易的形式出现。以全球鞋业产业价值链为例,这个产业以劳动力成本作为主要变量向劳动力成本低的产业转移,20 世纪 50 年代,从北美和西欧转移到日本,20 世纪 70 年代和 80 年代,中国香港、中国台湾和韩国成为生产中心;20 世纪 80 年代后期和 90 年代前期,以中国内地为主要转移中心,中国已经成为生产运动鞋的"世界工厂",仅我国晋江地区就有运动鞋生产经营企业三千多家,年产量 7 亿

　　① Kaplinsky R. and J. readman,2001,INTEGRATING SMEs IN GLOBAL VALUE CHAINS Towards Partnership for Development,http://www. unido. org/userfiles/PuffK/part-nerships02. pdf.

多双,占世界的 1/8。中国已经成为运动鞋行业的主要合同制造商,2002 年,耐克公司的外包企业一共 736 家,从业人数为 556712 人,这些外包企业主要集中在亚洲,例如马来西亚、韩国和我国台湾地区,外包企业占耐克外包企业数的 54.48%,人数占 83.91%。但到 2004 年,NIKE 鞋业的全部生产活动分布在中国的要占 36%,鞋类主要集中在我国的福建、广东、山东省。其他运动品牌制造商同样也在中国寻求外包企业,国内的外包商不仅与耐克有合约关系,同时也与阿迪达斯等有契约关系。

第二,大规模生产方式下的低技术全球价值链中的利益分配格局,尽管这种产业价值链中的合同制造商拥有独立的所有权,但由于产品的标准权、产品的定价权被跨国公司所控制,因而跨国公司实际上掌握了全球产业价值链的利益分配权。Feenstra、Hanson(2002)将中国加工企业的生产控制模式划分为四种类型:(1)外方同时拥有采购权和所有权;(2)外方拥有采购权,中方拥有所有权;(3)外方拥有所有权,中方拥有采购权;(4)中方同时拥有采购权和所有权。他们根据 Grossman-Hart-Moore 提出的财产所有权模型(model of the property rights),在加工合约为不完全合约,双方当事人之间存在的不再是信息不对称问题而是"敲竹杠"问题,外方与中方之间需要通过对等的"纳什谈判"来分配事后收益等假定之下,得出双方当事人收益最大化选择的结果将是权力的分治而不是独占,即双方当事人将分别占有采购权和所有权。[①] 我们认为,这种观点值得商榷:(1)中国加工企业在不同行业的生产控制模式差异太大,在计算机领域,以外商投资企业为主,中方基本上没有任何权利,但在低技术产业领域,中方除了销售权以外几乎拥有所有权利。(2)从统计资料看,中国低技术产业中的许多加工企业是外资企业,实际上在这个产业的外资都是假外资,主要是为了获得成为"外资"的优惠政策。(3)在大规模制造方式下的低技术产品加工贸易的利益分配不是所有权和采购权问题,而是产品销售中的产品定价权。

---

① Feenstra, Robert C. and Gordon H. Hanson. 2002. "Ownership and Control in Outsourcing to China", http://www. columbia. edu/cu/economics/Ownership%20and%20Control3. pdf.

第三,中国企业在全球价值链体系中形成了独特的生产和销售方式。其独特性主要表现为既是品牌制造商,又是合同制造商,见图5-9。一方面,在国内市场,这些企业以品牌制造商的方式出现,拥有研发、制造和销售资源,是典型的实体性古典经营方式,另一方面,以加工的方式成为世界品牌制造商、经销商和渠道商的"合同制造商"。

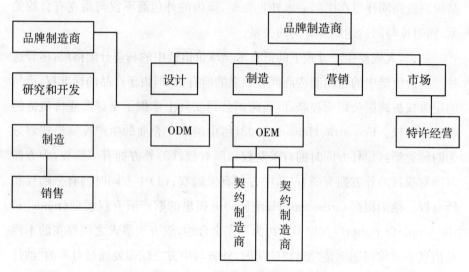

图5-9 品牌制造商的形成机制

从我国低技术产品加工贸易的提升方式看,首先,应该在国内市场建立品牌和整合渠道市场。通过二十多年的发展,我国中低技术产品的发展已经相当成熟,无论在质量标准,还是在环境保护等方面都有了长足的发展,这些行业的问题并非是质量问题,主要是品牌和渠道控制问题。任何企业的成长历史都是通过国内市场,然后逐步进入到国际市场,中国企业的成长也应该这样,中国巨大的市场以及企业对中国国内商业政策和文化的理解都要求国内企业首先应该在国内建立品牌。其次,在大规模条件下低技术全球价值链的主导环节应该向渠道和品牌制造商转变。因而收购国外品牌能快速进入全球价值链的前端,各种中低档品牌和中等性渠道公司是收购的重点,收购国外品牌以后的价值链整合成为重要的商业方式。再次,与小规模条件下的品牌制造商建立全球产业价值链关系,这样可以进一步提升我国合同制造商的设计能力,快速反应能力。最后,将国内大型制造商,例如服装、鞋业等企业组织起来,例如在江浙已经形成了新的产业群,这些产业群的分工已经比较细,形成自主出口品牌,形成与国外品牌制造商和渠道商相抗衡的新的价值链模式,这是比较重要的品牌形成方式。

5.3.2 高技术产业条件下我国加工贸易提升方式

高技术产业下的全球价值链体系无论是制造链节,还是销售链节都相当复杂,其主要表现在两个方面,第一个方面是制造链复杂,涉及的相关产业多,目前许多行业采用的形式是模块化 OEM 供货方式,同时 OEM 供货方式本身也逐步形成了 OEM 供应体系,在制造商分工体系中形成了一级 OEM 供应商,这些供应商大多也是世界级的跨国公司,它们兼有研发功能,是高级 OEM 供货商,一级 OEM 供应商再将非核心业务下包给二级 OEM 制造商。第二个方面是高技术产业下企业的服务供应链体系对产品的设计、销售和维修等方面起到了核心作用,越来越多的跨国制造商向服务供应链一体化方向发展,服务是它们利润的主要来源。在汽车、计算机等行业是相当典型的行业,它们看上去是在买产品,实际上是在买服务和标准。

由于高技术产品形成了模块化的制造方式,因而在这种产品内部本身形成了高技术中间产品,中等技术中间产品和低技术中间产品,最后通过组装形成最终产品,这样形成了不同的产品成本函数。由于不同中间产品生产成本的偏好不同,这样根据资源禀赋和成本最小化原则,形成了国与国之间的新贸易模式,由于产品分段化所带来的种种优势,离岸外包贸易模式出现了。[①]

中国在高技术产品价值链中的基本格局是:(1)以计算机行业为主,计算机占整个高技术产品出口的 90% 左右,在这些出口份额中,90% 以上是通过加工贸易出口的。(2)出口的加工贸易企业以外资企业为主,其中主要以台湾计算机制造商的组装出口为主。(3)国内有一些品牌制造商,其中以联想为主,特别是收购 IBM 以后,成为世界性的计算机品牌制造商,同时,国内有一

---

① Gene M. Grossman,Esteban Rossi-Hansberg(2006),Trading Tasks:A Simple Theory of Offshoring,http://www.aeaweb.org/annual_mtg_papers/2007/0105_0800_1103.pdf.

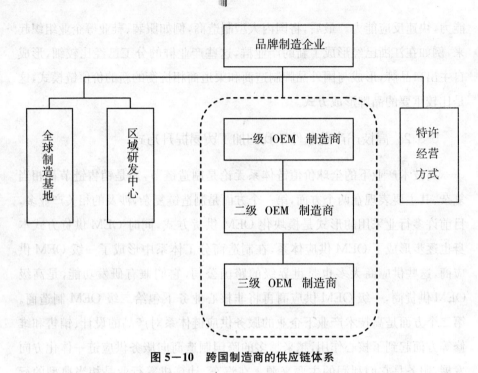

图 5—10　跨国制造商的供应链体系

些为计算机提供低技术含量的配件制造商。

从高技术产业中加工贸易的提升方式看,要形成品牌制造商,主要是在设计环节和服务环节,对于我国刚刚成长起来的企业而言,形成自主出口品牌的难度很大,主要表现在:

(1)各种标准的完善使商业运作成本特别高。这些产品要形成出口,特别是发达国家市场,首先碰到的问题是产品符合各种标准的代价相当高。例如汽车产品要出口到欧美市场,在安全标准、环保标准和舒适标准方面的指标相当多,就目前我国企业的实力来说难以达到。即使达到,在国内市场销售的机会成本就相当高。

(2)即使达到上述标准,但成熟市场下的服务成本相当高,例如24小时内维修,消费信贷服务等,没有一定的规模经济和范围经济,国内企业很难形成市场,与国外竞争。

(3)国内企业对价值链的控制能力以及战略联盟企业的形成能力都相当弱。由于国内企业产品的销售额有限,自己有没有核心技术,因而很难对

OEM 制造商进行控制,特别是一级 OEM 供应商,这样产品的研发不能同步,产品的更新能力变得很弱。另一方面,国内企业还没有形成技术、服务等战略联盟,在各个环节都存在着风险,对外价值链的控制能力就很差。

从上面的论证出发,我们认为,对于高技术产品,其品牌形成路径是:

第一,注重国内品牌市场的建设。国内的经营环境要比国外熟悉,市场也不是很成熟,形成品牌的社会公共成本明显要低于国外市场,对于目前还不是特别成熟的企业而言,需要的并不是十分完善的技术标准环境,而是不断完善和调整的环境,这样对品牌的建设从企业近期的角度看,至少不会一下子支出高昂的技术标准费用。第二,从品牌的形成机制看,收购兼并无疑是重要的方面,对于最终产品而言,要在消费者心目中存在,不是一年、二年的事情,收购兼并可以缩短品牌形成的时间。第三,从品牌拓展的市场范围看,重点应该是一些不成熟的市场。从价值链的角度看,寻找价值链中的合作伙伴特别重要,如果进入价值链的各个阶段,就会造成叠加风险。

参考文献

[1]迈克尔·波特:《竞争战略》,华夏出版社 1997 年版,第 14 页。

[2]藤田昌久,保罗·克鲁格曼和安东尼·J.维纳布尔斯:《空间经济学——城市、区域与国际贸易》,中国人民大学出版社 2005 年版。

[3]张辉:《全球价值链动力机制与产业发展策略》,《中国工业经济》2006年第 1 期。

[4]Feenstra, Robert C. and Gordon H. Hanson, 2002, "Ownership and Control in Outsourcing to China", http://www.columbia.edu/cu/economics/Ownership%20and%20Control3.pdf.

[5]Gene M. Grossman, Esteban Rossi-Hansberg, 2006, Trading Tasks: A Simple Theory of Offshoring, http://www.aeaweb.org/annual_mtg_papers/2007/0105_0800_1103.pdf.

[6]Kaplinsky R. and J. readman, 2001, INTEGRATING SMEs IN GLOBAL VALUE CHAINS.

[7]Towards Partnership for Development, http://www.unido.org/

userfiles/PuffK/partnerships02. pdf.

[8]Kaplinsky R. and Memedovic Olga Memedovic. Mike Morris. Jeff Readman: The Global Wood Furniture Value Chain: What Prospects for Upgrading by Developing Countries? http://www. unido. org/file-storage/ download/? file_id=11904.

[9]United Nations Industrial Development Organization(UNIDO): The Global Automotive industry value chain: What Prospects for Upgrading by Developing Countries.

[10]Raphael Kaplinsky and Mike Morris, 2005, A handbook for value chain research, p4.

[11]http://www. ids. ac. uk/ids/global/pdfs/VchNov01. pdf.

6　低技术产品加工贸易模式
——以服装产业为例

内容提要：由于纺织品服装和电子产品在全球价值链和生产网络中具有典型意义，[①]本章从价值链及其治理结构出发分析低技术产品中具有代表性的服装产业加工贸易模式。总的来说，中国在低技术产业加工贸易方面具有一定的竞争优势，但没有通过加工贸易获得较理想的贸易利益，需要加速转型。

关键词：纺织品服装业，全球价值链，加工贸易，贸易模式，贸易利益

6.1　服装产业全球价值链及其治理结构

6.1.1　纺织品服装产业全球价值链基市结构

纺织品服装产业全球价值链主要包括原料供应、纺织和面料生产、成衣设计和生产、出口渠道、零售环节的营销网络等链节构成，如图 6—1 所示。

可以简单地将上述纺织品服装价值链的关键链节分成两大模块：一是纺织品和面料的生产和处理，二是服装的设计、生产和销售。由于前者是后者的主要投入，两大模块在技术和贸易政策上联系密切，且价值链是在全球配置

---

① 卡洛斯·马格利尼奥斯：《本地工业嵌入全球价值链和生产网络》，《深圳商报》2004 年 5 月 31 日。

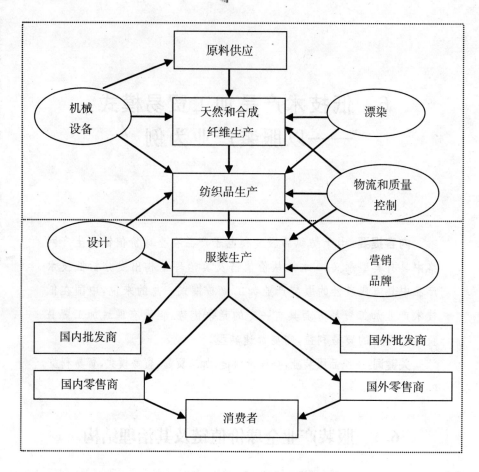

图 6—1　纺织服装产业全球价值链构成

资料来源：Appellbaum and Gereffi（1994）。

的，形成了全球性的垂直相连结构。①本章重点讨论后一模块。

纺织品服装产业链最基本特征是：纺织和面料生产链节需要较高的资本，而服装生产链节劳动密集，对劳动力素质要求不高，企业可用较低的投资获得较先进的技术，使得制造链节易于调整从而快速改变市场条件。但其中也不乏附加值较高的链节，如面料技术、设计、研发和营销等都是这类

---

① Hildegunn Kyvik Nordas：The Global Textile and Clothing Industry post the Agreement on Textile and Clothing，WTO，2004.

重要的竞争链节。对高端产品而言,设计和营销链节还需要大量的高素质人力资源。[1]

作为"胡萝卜",全球化趋势使企业更加积极地思考如何才能从全球化中获益,世界贸易壁垒的降低所带来的全球化使更多的国家和公司可以进行专业化生产并取得利润的增长和成长。而来自多边组织及双边组织贸易协定的压力则充当着"大棒"的角色,促使那些不愿加入全球化经济的国家及企业深入地融入全球经济中。[2]作为典型的劳动密集型产业,劳动力成本在纺织服装业的生产总成本中比重约占 60%。[3]按照经典的国际贸易比较优势理论,发达国家由于劳动力和资源成本已成为其获取高额利润的瓶颈,专注面料研发、制造技术创新、渠道建设和服装品牌营销等链节,以期持续获取较高附加值的垄断利润,而将获利最少的且劳动力最集中的制造和组装链节向发展中国家进行转移就是企业的一种当然的选择。[4]而政府为了促进产业结构调整,制定鼓励进行海外加工贸易的政策,在国家间力促自由贸易区域的形成[5](如北美自由贸易区等),更是对上述制造链节的转移起到了推波助澜的作用。对发展中国家而言,给予优惠政策吸引外资并提供一定基础设施,以便发挥廉价劳动力优势,通过鼓励出口加工贸易承接这种制造链节的转移,融入全球价值链从而发展本国经济也是自然的选择。这两方面因素的结合,是构成服装产业全球价值链形成的根本动因,谁是其中的主导者其实是一目了然的。

6.1.2 全球纺织品服装产业供应链的变迁及其动因

全球纺织品服装产业供应链如图 6-2 所示。其中,纺织链节包含纺纱、

① Hildegunn Kyvik Nordas: The Global Textile and Clothing Industry Post the Agreement on Textile and Clothing, WTO, 2004.

② Raphael Kaplinsky and Mike Morris, A Handbook for Value Chain Research, Report Prepared for the IDRC, Bellagio Workshop in September 2000.

③ 黄永明等:《全球价值链视角下中国纺织服装企业的升级路径选择》,《中国工业经济》2006 年 5 月,第 56 页。

④ 刘德学等:《全球生产网络与加工贸易升级》,经济科学出版社 2006 年版,第 160 页。

⑤ 寇亚明:《全球供应链:国际经济合作新格局》,中国经济出版社 2006 年版,第 29 页。

织布、印染等活动,服装制造链节则包括裁剪和缝纫等;实箭头表示物流方向,
而虚线箭头表示信息流方向。可见,对市场的把握、信息技术的使用和物流技
术的先进性都可能影响到供应链的构成和竞争力,供应链中的领导企业也必
然会关注这些因素。

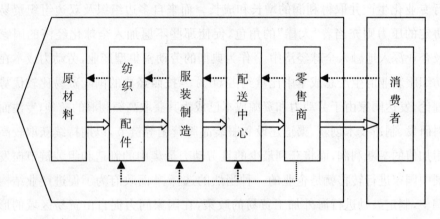

图 6—2　全球纺织和服装产业供应链

资料来源:Hildegunn(2004)。

　　研究认为:推动服装生产全球化的最主要两个因素是:劳动力成本和
1974 年设立的《多种纤维协定》(MFA)。[①]第二次世界大战以来,由于国家和
地区间经济发展的不平衡性,特别是劳动力比较成本的动态变化,发达国家不
断将服装制造链节向低成本国家或地区进行转移,加上与纺织品服装有关的
贸易协定的变迁,使得全球纺织品服装产业的供应链始终处于调整中,形成了
纺织品服装产业往往是一个国家或地区工业化初期主导产业的现象(参见表
6—2)。这种部分制造链节迁移的过程可参见表 6—1 所示。

　　从供应链的迁移过程可以看出,纺织品服装产业供应链变化的主要动力
来自跨国企业对低成本生产链节的不断追求、转移和有关贸易协定的约束。
其实,还与一个国家的就业、制造企业与市场相对地理位置等因素密切相关。
例如,由于纺织品服装业对发达国家而言也是消化就业人数较高的行业,在欧

---

　　① Carlos Fortin:"TNCs and the Removal of Textiles and Clothing Quotas", United Nations Conference on Trade and Development, Geneva, 2005.

盟部分地区至今仍有许多中小企业依赖该行业生存。保加利亚、立陶宛和马其顿等较发达国家由于与欧盟和美国间有优惠协议,纺织服装业近年的发展也很快。①

表 6—1　第二次世界大战后纺织品服装产业供应链迁移过程

时期	代表性事件或现象	主要动因
1950s	制造链节从北美和西欧向日本转移	成本因素
1970s	中国香港和台湾及韩国成为世界成衣生产中心	成本因素
1970s 后期	新兴工业化国家或地区向外转移生产	以配额制为主的 MFA 约束
1980s～1990s	制造链节大量向中国内地、印尼、泰国、马来西亚、菲律宾等地转移	成本因素和 MFA 约束共同作用
1990s 后期	中国香港、中国台湾和韩国制造份额持续下降孟加拉国、斯里兰卡、巴基斯坦和印度开始进入服装制造链节	成本因素和 MFA 共同作用乌拉圭回合结果之一;2005 年始废除 MFA
2000s 初期	墨西哥替代巴西等国服装加工贸易快速发展	北美自由贸易区
	欧洲加工贸易延伸到东欧和非洲一些国家	成本因素和地理因素
目前	来自美、欧、日大型零售商全球寻求大制造商来自亚洲大型跨国制造商重新确定 FDI 策略	2005 年 1 月 MFA 被废除优惠关税或双边贸易协定

资料来源:根据杨丹辉(2004)和 Carlos Fortin (2005) 整理。

6.1.3　服装产业全球价值链治理结构

价值链治理的五类基本参数是:生产什么、如何生产、何时生产、生产多少和交易价格。与其他垂直差异化产品相比,服装产业内贸易也主要由质量和价格所决定,例如意大利出口高档服装的同时也进口低档服装。②但与其他产业链相比全球服装产业链治理结构尚有其自身特点,主要表现在以下七个方面。

---

① Commission of the European Communities,2003.

② Intra-industry and Intra-firm Trade and the Internationalisation of Production,OECD Economic Outlook 71,OECD 2002.

第一,纺织服装产业链被认为是典型的消费者驱动型全球价值链之一。[1]由于世界服装消费中心仍然保留在发达国家(可参见表6—6),[2]特别是以配额制为中心的 MFA 的废除,使得以面向发达国家消费市场的国际零售商和国际品牌商为代表的跨国购买者可以通过全球性的采购或 OEM、ODM 等加工贸易模式治理全球服装价值链,其自身核心链节集中在设计和市场营销。发展中国家的比较优势则集中在制造链节,并主要通过承接加工贸易的方式嵌入该价值链。

第二,既然是消费者驱动的价值链,生产什么、何时生产和生产多少当然由消费市场决定。由于服装生产链节的进入门槛最低,所以,(1)零售商可以直接收集到市场需求和变化信息,加上能掌控备货量和订货时间,可以用对自身最有利的采购方式选择制造厂商并决定订货方式,其中大型服装零售商的市场力最强,故而是全球服装产业价值链的"领导者";[3](2)品牌和店面既能给企业带来可观的经济效益,又属于较稀缺的竞争性资产。时装设计、品牌拥有者或自有品牌的零售商当然会充分运用全球分工体系,在全球范围内寻求具有低成本优势的供应商,或与分布在世界各地的生产商建立供货关系,或直接向制造商购买产品然后贴上自己的品牌进行销售。例如,The Gap 和 The Limited 公司没有自己的生产设施,致力于成为"没有工厂的制造商",是买方推动型价值链的典型代表;[4](3)与服装消费有关的营销和品牌能力往往与经济发展、消费水平、消费习惯、时间累积、国籍和文化积淀有关,[5]致使低收入国家或地区的制造厂商进入的壁垒较高。例如,在 2005 年《商业周刊》全球百强品牌排行中,服装品牌都来自诸如意大利、西班牙、美国等西方发达国家;(4)对价值链的研究表明:价值链上的主导者通常从事高附加值链节和增值活

---

① Carlos Fortin："TNCs and the Removal of Textiles and Clothing Quotas", United Nations Conference on Trade and Development, Geneva, 2005.

② 刘德学等:《全球生产网络与加工贸易升级》,经济科学出版社 2006 年版,第 161 页。

③ Hildegunn Kyvik Nordas：The Global Textile and Clothing Industry post the Agreement on Textile and Clothing, WTO, 2004.

④ Raphael Kaplinsky and Mike Morris, A Handbook for Value Chain Research, Report Prepared for the IDRC, Bellagio Workshop in September 2000.

⑤ 杨清山:《最强品牌》,机械工业出版社 2005 年版,第 28～33 页。

动,其竞争优势多来自对关键资源的控制。①在全球服装价值链上,服装品牌商利润率一般是 30%～40%,分销商利润率则高达 50%～60%,而生产企业的利润非常低,制造商利润一般仅仅维持在 5%～10%。中国纺织业的利润率为 3%～5%,服装业为 5%～8%。②所以说,是零售商、品牌商和品牌制造商决定了生产商和生产地,并主导了利润分配,他们是服装产业全球价值链的治理者。

表 6—2　各类国家服装出口份额变化情况表　　　　单位:%

来源地	1994 年	1997 年	2001 年	2003 年
发达国家或地区	36.7	37.2	30.1	30.5
发展中国家或地区	59.5	55.7	61.1	62.9
最不发达国家	1.1	1.9	2.9	2.6
未统计的国家	3.7	4.2	5.9	4.0

资料来源:《2004/2005 中国纺织工业发展报告》。

第三,由于工业化过程在不同国家或地区有早有晚,有快有慢,服装产业制造链节在不同国家或地区的集聚化程度不同,企业具有相对竞争优势的链节数量也不等,致使供应链管理的难度不一,这也会影响到价值链中主导企业对供应商的选择和对供应链的控制。现实是:虽然最不发达国家劳动力成本最低,但服装出口市场份额并不大(参见表 6—2),唯一能解释的缘由是因为其制造链节太短,只能从事简单的缝制链节。其他如墨西哥、中美洲、加勒比地区国家从美国,中东欧、北非地区国家从欧盟,大多也只从事来自美国或欧盟的简单的服装来料、来样加工贸易。而亚洲发展中国家的制造链节则较长。③

---

① 刘德学等:《全球生产网络与加工贸易升级》,经济科学出版社 2006 年版,第 4 页。

② 黄永明等:《全球价值链视角下中国纺织服装企业的升级路径选择》,《中国工业经济》2006 年 5 月,第 56 页。

③ Carlos Fortin: "TNCs and the Removal of Textiles and Clothing Quotas", United Nations Conference on Trade and Development, Geneva, 2005.

表 6-3　世界三大消费市场服装主要来源地市场份额

单位：%

来源地 进口国	亚洲	西欧	北美	拉美	非洲	中东欧	中东
欧盟							
2001 年	30.2	48.7	0.6	0.4	7.7	11.7	0.7
2003 年	29.8	50.8	0.4	0.4	7.0	11.2	0.5
2005 年	33.6	59.0	0.5	0.3	5.6	0.7	0.3
美国							
2001 年	56.5	6.0	2.7	28.6	2.3	1.5	2.4
2003 年	58.6	5.8	2.5	26.0	3.0	1.7	2.5
2005 年	65.2	5.0	9.8	14.5	2.7	0.4	2.4
日本							
2001 年	89.4	8.0	2.0	0.3	0.1	0.2	0
2003 年	89.4	8.5	1.3	0.3	0.2	0.3	0
2005 年	90.4	7.7	1.5	0.2	0.2	0.0	0

资料来源：WTO 国际贸易统计年鉴（注：由于欧盟的变化，2005 年西欧项下国家增加到包含欧盟25 国，中东欧项下国家减少到仅仅包含独联体）。

第四，服装产业全球化程度高，意味着价值链在国家间的分散化程度较高，这使得服装成品在制造过程中有可能多次跨越国境，无形中会增加中间品的关税成本，也构成影响价值链中主导企业对供应商的选择因素，并直接影响到产品链上的贸易额和利润分配。

第五，由于服装市场的供给不单纯决定于成本，还对市场灵活性和补货时间有较高要求，使得价值链主导企业在选择供应商时当然要考量其"空间"位置的合适性。例如靠近欧洲和日本等主要市场的国家或地区的服装制造商就有这方面的优势。[1]贸易统计数据表 6-3 也说明：虽然美国、欧盟

---

[1]　Hildegunn Kyvik Nordas：The Global Textile and Clothing Industry post the Agreement on Textile and Clothing，WTO，2004.

都从制造链节较长的亚洲大量进口服装,但具有地理优势的国家或地区也具有明显优势。

第六,服装产业除了是劳动密集型产业,还是资金和技术密集型产业。其中服装机械、高档面料研发和早期生产、服装设计、品牌建设和推广等链节都需要大量资金和技术。近 10 年来发达国家利用高科技改造传统纺织业,提高了纺织面料和服装机械的科技含量,成为新型面料和加工机械的主要出口国。例如,Levi-Strauss 就控制着垂直整合后的服装行业价值链,成为卖方推动型价值链的典型代表。[①]

第七,垂直差异化生产方式通常反映的是不同要素禀赋,特别是劳动力技能或是研发投入成本间的差异,而跨国的垂直差异化生产方式则多由比较优势所驱动。[②]处于被动地位的制造商由于价值链主导企业将核心竞争优势集中在控制销售渠道和产品设计方面,且大多不拥有工厂而进行外包生产,一般只能将精力集中在降低制造成本上,大多依仗规模化优势与多家不同的零售商或品牌商有供货合约关系,[③]其中专业化生产低档和标准化产品如汗衫、制服及白色内衣的制造商一般都集中在低劳动力成本的发展中国家或地区。在这种由市场、技术和资金主导产业布局的前提下,企业间谈判和议价能力的天平如何倾斜是显而易见的。

结论:全球服装产业价值链是消费者驱动型、劳动力密集、主导企业动态地不断跨境追求低成本制造商并减少贸易约束、采用垂直差异化生产方式的价值链,产业内现行的是买方和卖方共同推动的混合治理机制,跨国零售商和品牌商的统治力和盈利力相对最强,制造链节则相对被动。上述结论可形象地表示为图 6—3。

---

① Raphael Kaplinsky and Mike Morris,A Handbook for Value Chain Research,Report Prepared for the IDRC,Bellagio Workshop in September 2000.

② Intra-industry and Intra-firm Trade and the Internationalisation of Production,OECD Economic Outlook 71,OECD 2002.

③ Hildegunn Kyvik Nordas:The Global Textile and Clothing Industry post the Agreement on Textile and Clothing,WTO,2004.

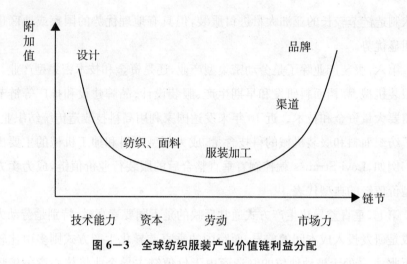

图6—3　全球纺织服装产业价值链利益分配

6.2　世界服装产业贸易方式和贸易格局

权利的不对称是价值链治理的中心问题。这就是说,在价值链中存在关键链节负责产业内部的链节分工、负责选定参与者并提升经营能力。[1]全球服装产业价值链的治理结构从根本上决定了服装产业的全球贸易方式和贸易格局。

6.2.1　贸易方式

成本、质量、发货的灵活性,与纺织业的连接、运输和运作成本等都是决定服装产业贸易方式的重要因素。[2]特别是其中的高端产品,消费者口味随机变化特征较明显,使得具有现代商业技术且能对市场灵活应对的企业往往扮演着贸易活动中的"关键角色"。

1. 服装零售商

面对日益挑剔和多变的消费者,除了低档或标准化产品,零售商一般无法

① Raphael Kaplinsky and Mike Morris, A Handbook for Value Chain Research, Report Prepared for the IDRC, Bellagio Workshop in September 2000.

② Hildegunn Kyvik Nordas: The Global Textile and Clothing Industry post the Agreement on Textile and Clothing, WTO, 2004.

依赖预测技术（根据现代物流理论，当出现牛鞭效应时预测往往无效）与供应商进行贸易，而只能依靠引入各种现代技术如条形码和 EDI 技术等应对市场变化。其经营目标往往定位于：与市场变化尽可能保持同步且留有利润空间。为此，零售商越来越多地绕过中间商以节省成本，普遍采用能对市场变化进行实时监控的信息技术对库存和补货业务进行管理，同时与供应商实时交换数据。美国甚至出现了零售商按周进行补货的贸易活动，在引导供应商对市场做出迅速反应的同时将自身的库存压力转移给供应商。

利用专业性、掌握销售主渠道、采购量大和资本雄厚等优势，大型零售商因其购买力强，与供应商的议价能力强，在选择能对市场有较快反应能力且成本低的贸易伙伴时有较大的话语权，全球性采购是其最大的贸易方式。有些零售商如 Wal-Mart 和 Sears 等还利用自身的市场力直接介入生产链节，如产品设计、面料选择或指定上游供应商等，使以前作为服装制造商主要客户的角色转变成服装生产商在贸易上的竞争对手。与此同时，从 20 世纪 80 年代开始，许多零售商还在海外采购产品然后贴上自己的品牌后进行销售，在贸易形式上直接和品牌拥有者和品牌制造商进行竞争。

表 6—4　2004 年部分服装零售市场份额　　　　单位：%

公司	占全球市场份额
Wal-Mart	3.40
The Gap	1.20
TJX Companies	0.90
The Limited 品牌	0.60
其他	93.90

资料来源：Datamonitor(2005)。

以美国为例，2004 年全球服装零售额 13451 亿美元，四大服装零售商分别是 Wal-Mart、The Gap、TJX Company 和 Limited Brands，如表 6—4 所示，其中 Wal-Mart 服装零售已占到全球服装零售 3.40% 的市场份额。另外，1975 年美国零售商所销售的服装只有 12% 从国外进口，到了 20 世纪 90 年代中期，零售商的服装进口量已达到 1/2 强，自有品牌到 20 世纪 90 年代已占 15%～25% 市场份额（参见表 6—5），对服装品牌商和制造商带来严重打击。

可以说,零售商利用对价格和生产地的决定权从根本上改变了世界服装产业传统的贸易方式。①

表 6—5　美国主要零售商服装采购情况　　单位:10 亿美元

零售商	2003 年销售额	2003 年服装销售额	服装销售%	低成本采购%	自有品牌%（估计）
Wal-Mart	258.7	36.22	14	100	80
JC Penny	17.8	12.46	70	100	40
Target	48.2	8.68	18	100	80
Federated	15.3	7.65	50	90	17
Kohl's	10.3	7.21	70	100	25
May	13.5	6.75	50	100	20
Dillard	7.9	5.14	65	100	17
Sears,Roebuck	41.1	4.93	12	100	40
Saks	6.5	4.55	70	60	16
Nordstrom	6.1	3.66	60	70	20
Neiman Marcus	3.1	2.48	80	10	8

资料来源:Gary Gereffi (2005)。

2. 服装品牌商

新经济时代之所以标榜为新信息时代,是因为成本和租金由有形商品向无形商品不断地转移,后者逐渐构筑起特殊的进入壁垒,使得在各种生产活动中,价值链无形要素的活动越来越重要,有时比有形要素更重要。②

传统上,品牌拥有者通过贸易进行生产组织并通过大量广告宣传、树立品牌形象引导消费者需求。但在服装产业供应链全球分散化的今天,随着零售商海外直接采购量的扩大,品牌商面对着来自零售商的直接竞争,相互间已超越了传统的角色分工,也影响到价值链的利益分配,品牌商的盈利空间受到了不小的挤压,特别是其中不具备生产能力的品牌拥有者。因此在发达国家,大

---

① Carlos Fortin:"TNCs and the Removal of Textiles and Clothing Quotas", United Nations Conference on Trade and Development,Geneva, 2005.

② Castells M. The information Age:Economy, Society and Culture, 2000, Vol. 1 & 3, Oxford, Blackwell.

型品牌商所面临的问题不是要不要到海外生产,而是要思考如何在能组织和管理全球服装生产供应链的新格局下开展贸易。例如,阿迪达斯和时尚服装公司为维护品牌,专注于设计和营销,把生产链节全球外包,创建了所谓"轻资产运营"模式。供应商则通过和他们的贸易合作,获得知识和经验,为日后提升自己在服装价值链中的地位积累实力。

3. 服装品牌制造商

从需求因素看,服装品牌制造商面临的竞争压力主要来自零售商,从生产角度看,压力则主要来自海外质量上乘且价格便宜的服装制造商。或通过来料、进料等形式开展加工贸易,或通过 FDI 直接控制加工贸易,从而建立海外服装生产网络,特别是选择在有贸易协定的邻国进行加工贸易就是明智的选择。一来可以降低制造和关税(因品牌制造商通常会提供中间产品)成本,二来可以对市场变化做出较快的反应。前者使得制造成本的意义凸显,后者则使得制造商的"空间"位置意义凸显。结果是,品牌制造商与一般制造商直接展开了贸易竞争,品牌制造商与加工贸易关系密切。

4. 制造商

采购方或受限于 MFA,或为了提升议价能力和出于贸易安全的考虑,有时将订单分散到多个低工资的国家或地区,[①]这使服装制造商的下游客户增多,单一客户的供应量上不去,总成本下不来。后 MFA 时代,采购商可以在全球范围内选择制造商,贸易转移的可能性增加。

面对越来越强势的贸易伙伴,表面上看制造商的市场话语权越来越小,低成本和尽可能快的订单响应速度往往成为开展贸易的先决条件,其设计能力、地理位置和产业集聚能力也成了买方进行贸易的重要考量指标。但实际上,具有创新精神的制造商也可以通过贸易获得更多的学习机会。例如可以借机了解海外不同购买者的需求、国际市场的价格行情及其波动、质量标准和交货要求等,为产业创新奠定基础。同时还可以通过贸易了解上游链节(如设计链节)和下游链节(如渠道建设),促进国内制造链节的前、后向一体化和向全球

---

① Hildegunn Kyvik Nordas: The Global Textile and Clothing Industry post the Agreement on Textile and Clothing, WTO, 2004.

价值链下游渗透的机会。例如,20世纪60年代起,伴随着制造链节的迁移,Sears、Kmart、JC Penny等国际大品牌陆续在中国香港等地设立采购中心,向新兴工业化国家或地区的制造商订货。这些新兴工业化国家或地区的厂商则变身为跨国制造商,将订单拿来与设在更低工资水平国家或地区的离岸工厂进行加工贸易,自身只起协调整个供应链的作用。所以说,制造商是可以通过贸易进行知识积累的,但对坚持简单加工贸易的制造商来说,被价值链主导链节抛弃的可能性极大。

5. 贸易方式比较

对低成本的追求是决定贸易方式最基本的因素,但不同类型的领导厂商的选择亦有不同。零售商和品牌商建立的服装生产和贸易网络大多是全球性的,并以"全包"的方式进行加工贸易。例如当中国香港、中国台湾及韩国等亚洲的供应地劳动力成本上升后,亚洲其他国家和地区、非洲、拉丁美洲等地就成了这些领导厂商迁移原有制造链节的选择。服装品牌制造商建立的服装生产和贸易网络则大多是区域性且以"半包"方式进行加工贸易的。[①]例如,美国的品牌制造商往往将制造链节迁往墨西哥和加勒比地区,欧盟的大多前去北非和东欧,而日本的品牌制造商一般通过FDI将制造链节转移到亚洲其他具有劳动力成本比较优势的地区。

有借鉴意义的贸易方式还有:成立于1978年,总部位于中国香港的Esquel Group靠向中国内地出售缝纫机同时交换回服装的贸易方式起家。2004年,公司在中国内地、马来西亚、毛里求斯、斯里兰卡和越南等地拥有纺织生产和服装制造企业,全球雇员超过47000人。同时为Marks & Spencer、Nordstrom和Jusco等大型零售商提供诸如Tommy Hilfiger、Hugo Boss、Brooks Brothers、Abercrombie & Fitch、Nike、Lands' End和Muji等品牌服装,是世界最大的跨国棉汗衫制造商,年产值5亿美元以上,[②]完成了贸易转口商向能为零售商和品牌商提供加工贸易的转型。

---

① 刘德学等:《全球生产网络与加工贸易升级》,经济科学出版社2006年版,第28页。

② Carlos Fortin:"TNCs and the Removal of Textiles and Clothing Quotas", United Nations Conference on Trade and Development, Geneva, 2005.

综上所述可知,市场力较强的领导厂商除了主导价值链和管理供应链外,还是世界服装产业贸易的起点和终点,也是产品内贸易方式的主导者。

6.2.2　贸易格局

先从需求看,2004 年全球最大的 5 个服装进口市场分别是:欧盟、美国、日本、中国香港和俄罗斯,进口需求集中度将近 90%,如表 6-6 所示。

表 6-6　2002~2004 年世界前 10 位国家(地区)服装进口统计

单位:亿美元

国家(地区)	进口金额			份额(%)			同比(%)		
	2002	2003	2004	2002	2003	2004	2002	2003	2004
欧盟(25 国)	895.2	1068.7	1216.6	41.8	45.3	45.0	7	19	14
美国	667.3	712.8	757.3	31.7	30.2	28.0	1	7	6
日本	176.0	194.9	216.9	8.4	8.3	8.0	-8	11	11
中国香港	156.4	159.5	171.3	7.5	6.8	6.3	-3	2	7
俄罗斯	38.6	37.1	54.6	1.8	1.6	2.0	27	-4	13
加拿大	40.1	45.0	52.2	1.9	1.9	1.9	2	12	16
瑞士	34.5	39.3	43.4	1.6	1.7	1.6	7	14	9
韩国	22.4	25.0	27.5	1.0	1.1	1.0	38	11	8
澳大利亚	18.2	21.9	26.7	0.9	0.9	1.0	11	20	22
墨西哥	33.4	30.3	25.8	1.9	1.3	1.0	-5	-9	-15
累计	—	—	—	98.5	99.1	95.8	—	—	—

资料来源:《2005/2006 中国纺织品服装对外贸易年鉴》。

从同样的数据来源可知,中国香港进口额中的 99% 是转口贸易。再从出口来源地看,2004 年全球最大的 5 个服装出口地分别是:欧盟、中国内地、中国香港、土耳其和墨西哥,出口集中度只有 69.8%,如表 6-7 所示。

比较表 6-6 和表 6-7 可见:(1)欧盟进、出口额均最大,但进口远大于出口,一则说明欧盟内部仍有大量的服装加工能力,二则说明对进口的依赖程度较高;(2)虽然中国香港的出口远远大于进口,但有数据表明出口额中的

67.57%来自转口贸易,说明中国香港服装转口贸易十分发达;(3)美国和日本是服装进口大国,中国和土耳其则是出口大国。其他服装出口大国有印度、罗马尼亚、印度尼西亚、孟加拉国、泰国、越南、韩国、突尼斯和巴基斯坦;(4)若比较纺织品进出口统计数据[①]可以发现,罗马尼亚、孟加拉国、越南和突尼斯还是纺织品进口大国且非出口大国,说明这些国家的纺织品服装价值链并不完整。中国、土耳其、印度、印度尼西亚、泰国、韩国和巴基斯坦则既是服装出口大国,又是纺织品出口大国,价值链比较完整。

表6—7 2002～2004年世界前10位国家(地区)服装出口统计

单位:亿美元

国家(地区)	出口金额			份额(%)			同比(%)		
	2002	2003	2004	2002	2003	2004	2002	2003	2004
全球	2023.1	2259.4	2581.0	100.0	100.0	100.0	4	12	11
欧盟(25国)	579.6	684.6	749.2	28.6	30.3	29.0	6	18	9
中国内地	413.0	520.6	618.6	20.4	23.0	24.0	13	26	19
中国香港	223.4	231.5	251.0	11.0	10.2	9.7	—5	4	8
土耳其	80.6	99.4	111.9	4.0	4.4	4.3	21	23	12
墨西哥	77.5	73.4	72.0	3.8	3.2	2.8	—5	—5	—2
印度	60.4	64.6	66.2	3.0	2.9	2.8	10	7	3
美国	60.3	55.4	50.6	3.0	2.5	2.0	—14	—8	—9
罗马尼亚	32.5	40.7	47.2	1.6	1.8	1.8	17	25	16
印度尼西亚	39.5	41.1	44.5	2.0	1.8	1.7	—13	8	8
孟加拉国	40.1	43.3	44.4	2.0	1.9	1.7	—6	8	0
累计	—	—	—	79.4	82	79.8	—	—	—

资料来源:《2005/2006中国纺织品服装对外贸易年鉴》。

汇总有关数据可以得到全球纺织品服装产业的贸易格局如表6—8所示。谁主导贸易方式当然就会以有利于自身利益的手段调控供应链,从而形

---

① 《2005/2006中国纺织品服装对外贸易年鉴》,中国农业科学技术出版社2006年版,第143～144页。

成有利于自身的贸易格局。从表 6—8 可见,就纺织品而言,出口方高度集中,说明对原料、技术、资金要求较高的上、中游纺织品产业相对集中在一些传统的纺织大国或地区,如中国、美国、韩国、中国台湾和日本。而对服装业来说,进口市场高度集中在发达国家,出口地则较为分散,其中许多是低收入国家。说明新兴的服装生产和出口国不断涌现且相互间竞争激烈,这当然有利于产业内贸易活动的购买者,结果形成跨国采购的零售商占服装进口量 50%,品牌拥有者和品牌制造商进口量分别占到 20%,仅约 10% 的份额由其他各种机构进口[①]的全球服装贸易格局也充分证明了服装价值链确是买方驱动型且为消费市场的跨国公司所主导。

表 6—8　2004 年部分国家或地区纺织品服装进、出口份额集中度

	出口	进口
纺织品世界前 10 位国家或地区	92.3%	69.9%
服装世界前 10 位国家或地区	79.8%	95.8%

资料来源:《2005/2006 中国纺织品服装对外贸易年鉴》。

归纳以上讨论并结合表 6—5 的数据可以进一步得到:零售商和品牌商主要是以低成本方式进行全球采购并以自我品牌的方式进行本土销售,其直接后果当然就是将非发达国家或地区当做低成本提供加工贸易的地方。

6.3　世界服装产业加工贸易模式比较

产业内和产品内加工贸易模式的变化当然会受到产成品贸易方式和贸易格局变化的影响,但最根本因素还是决定于全球服装价值链和供应链自身的结构——全球垂直差异化生产方式及其中供需双方利益的博弈。

6.3.1　加工贸易模式分类

全球服装产业价值链生产制造链节目前主要存在四种难度逐渐递增的治

①　United Nations Industrial Development Organization. Competing Through Innovation and Learning [R], Industrial Development Report 2002/2003.

理模式:来料来样加工、OEM 生产、ODM 生产和 OBM 生产并销售。在这四种形式中,第一种最简单,进入门槛最低,对劳动力素质要求也最低,第四种难度最大。本节将主要讨论与加工贸易有关的加工深度逐渐递增的前三种模式。

1. 来料来样加工模式

以较纯粹的服装缝制加工为特征,其选择基础如表 6—9 所示。

表 6—9　服装来料来样加工贸易模式特点

选择基础	特　　点
从采购方角度	采购成本最低 对制造商管理要求和依赖程度低,对制造商选择范围大 需深度介入制造和物流等供应链链节,如质量控制、服装设计、面料生产和运输管理
从制造方角度	劳动力和资本投入要求低,生产管理要求低 对相关产业基础如纺织链节的要求低,利润最低

该模式适用于拥有大量廉价劳动力且纺织服装产业刚刚起步,例如最不发达国家或地区。

2. OEM 加工模式

该模式的特征是:制造商除提供服装缝制加工外还能为采购商提供面料、辅料及款式翻新等服务,其选择基础如表 6—10 所示。

表 6—10　服装 OEM 加工贸易模式特点

选择基础	特　　点
从采购方角度	采购成本提高但自身可以专注于市场核心竞争优势 对供应链管理要求降低 对供应商的选择难度加大,合作关系趋于复杂
从制造方角度	保证生产成本和产品质量有保障,利润率提高 本国或本地区需要相关产业基础,如纺织生产链节 生产管理要求提高,如需要检验手段和设备 厂商间通过供应链管理频繁交换知识,可以外包部分链节

相比来料来样加工模式,具备采用这种加工模式能力的企业可以改善其不可替代性,对贸易伙伴转移加工订单的担忧也可减少。该模式最适合于有一定纺织品产业基础的发展中国家和地区,特别是纺织品大国如中国、印度等。

3. ODM 加工模式

该模式的特征是:制造商除提供 OEM 加工贸易模式所包含的内容外,还为采购商提供与市场因素密切相关的服装设计及其他如储运、物流配送等纵深服务,其选择基础如表 6—11 所示。

表 6—11 服装 ODM 加工贸易模式特点

选择基础	特　点
从采购方角度	采购成本最高 对供应商的依赖程度加大但控制力降低
从制造方角度	除生产成本和质量有保障外还需要有产品检验手段,利润最高 要拥有对市场、时尚有所了解并能进行设计的人才及发达的物流环境和物流管理人才 需要较完整的相关产业基础,如服装配件等 生产管理要求最高,但有整合设计和销售链节的可能

相比 OEM 模式,选择这种加工贸易模式的制造商利润最高,且有向品牌制造商提升的可能。以中国香港地区为例:20 世纪 50 年代以后,制造商从承接来自日本的简单服装加工链节起步,后来因更多地参与到了欧美服装品牌商所主导的价值链各链节中,到 20 世纪 60 年代就成功建立起了 Episode、Giordano 等本土服装品牌。[①]不过,这种加工贸易模式下,制造商不可替代性未必能得到提高,除非有出色的设计人才,否则贸易伙伴转移加工订单的可能性反而会增加。该模式适用于有较强纺织品服装产业和高素质劳动力基础的国家或地区。

---

① 刘德学等:《全球生产网络与加工贸易升级》,经济科学出版社 2006 年版,第 170 页。

6.3.2　决定加工贸易模式的因素

服装产业究竟采用哪一种加工贸易模式妥当？下面一些来自不同国家的案例也许对我们进行模式的选择有所启发。

1. 案例分析

案例一

产业概况	(1)印度纺织品服装出口从 1960s 仅占其工业品出口极小比例发展到 2003 年占比 21％；(2)出口服装制造商大多是小规模的家庭式工厂并缺乏现代化装备；(3)依赖本国的棉花和纺织生产基础，印度出口服装的绝大部分属于编织物，其中有近 3/4 是棉制品，量大、低档，对产品回报的控制力非常低；(4)USITC 2003 年调查表明，若依赖自身纺织工业基础，有后向整合产业链的可能，故印度是唯一有可能在全球纺织品服装产业中与中国竞争的国家。
存在问题	(1)国际运输成本高且延误多；(2)基础设施不良如缺乏高速公路，通讯设施也不发达，常影响交货时间；(3)能源基础差，工业电力成本比竞争对手都高；(4)高利率成本带来企业财务压力；(5)政府办事效率低下，地方保护主义；(6)几乎没有获得外资的渠道；(7)政府强力保护棉农的政策迟滞了合成和人工纤维的发展，纤维质量差。
FDI	纺织品服装 FDI 历来很少

资料来源：Spinanger and Verma (2003)。

案例二

产业概况	(1)孟加拉国服装出口 1978 年只有 100 万美元，2002 年增长到 41 亿美元。2003 年纺织品服装出口占总出口 83％；(2)主要采用低成本的来料来样服装加工贸易模式，雇用的 150 万～200 万员工中 90％是妇女。工资水平低，生产力水平也低。
存在问题	(1)缺乏本土棉花公司，国内纺织业不发达，服装中间品大量进口；(2)基础设施不足，港口、通讯效率低下且能源供应不足；(3)相比较印度的 12 天，订单交货期长达 120～150 天。
FDI	(1)约 95％的服装工厂由当地人所拥有。纺织品服装 FDI 近年持续下滑，2002 年只有 1200 万美元，少于全球数的 5％；(2)最大的 22 家外资中，只有 1 家纺织品公司：Daeyu Bangladesh Ltd.，仅排在第 21 位；(3)2002～2004 年，仅有一家来自印度生产粗斜纹棉布的 FDI 项目属于纺织品服装制造业。

资料来源：Khundker (2002)；UNCTAD (2001)；Bhattacharya and Rahman (2000)。

案例三

产业概况	(1)斯里兰卡服装加工贸易自1970s后高速增长,目前约占全球服装出口市场1%份额且长期口碑良好,是对国家GDP、出口、赚取外汇和就业率(全国大约5%劳动力集中在服装产业,87%是男性)贡献最大的制造业;(2)政府长期实行支持产业发展的政策,有补贴、退税、机器设备和原材料进口免税、公司税收低等优惠措施;(3)有关贸易协定的作用不容小觑。因为与美国、欧盟、加拿大和挪威均有双边贸易协议,2003年美国消化了2/3的服装出口,余下的几乎全部出口至欧盟。最近与印度和非洲南撒哈拉地区签订的贸易协定也促进了出口;(4)出口美国市场的产品主要集中在折扣店和百货店零售商,如Wal-Mart、Target、Macy's、J. C. Penney;(5)加工贸易长期集中在低附加值简单链节,产业近年竞争优势降低,衰退明显。
存在问题	(1)因FDI较多,与主要的采购商间缺乏直接的市场联系;(2)国内市场规模小,产业后向链节投资成本高,使得缺乏服装链节与纺织链节的连接,纺织品高度依赖进口;(3)劳动力成本上升。
FDI	(1)制造业FDI的一半进入纺织品服装产业;(2)FDI大多来自韩国和中国香港,对服装出口多样性方面贡献较大。

资料来源:Kelegama and Epaarachchi(2002);UNCTAD(2004)。

案例四

产业概况	(1)柬埔寨服装出口占总出口的82%,从业人数235000;(2)因为参加了ILO(国际劳工组织),改善了柬美双边贸易关系增加了配额,使得美国市场消化其服装出口量的2/3。其中美国最大的服装零售商Gap Inc.,占全部出口的40%,用于生产Banana Republic和Old Navy品牌;(3)对Gap高度依赖得益于配额制,随着MFA的取消,在中国有近1/6服装进口量的Gap计划将加工贸易转移到中国。
存在问题	(1)采用低水平加工贸易模式;(2)参加ILO的后果之一是服装产业劳动力成本超过中国25%,纺织品服装配额制取消后成本劣势将凸显;(3)工厂集聚地距主要港口100英里以上,交货延迟常常发生。
FDI	(1)服装产业几乎100%为外资所有,来自中国大陆、中国香港、中国澳门、中国台湾、马来西亚和日本等东亚的跨国公司;(2)1999年纺织和服装业FDI分别是5700万美元和6080万美元,2002年下降到1400万美元和1360万美元。

资料来源:Stuart-Smith et al(2004)。

案例五

Gereffi 曾利用价值链分析方法研究了中国香港服装产业加工贸易的变迁。中国香港服装行业不少制造商最初是直接面向美国市场进行本土加工贸易的,并逐渐延伸到其他制造链节,提升了加工贸易的层次。当这条康庄大道因 MFA 受到配额限制而被关闭时,原来的制造商转变了他们在价值链中的职能,转而在第三国从事加工贸易成为跨国制造商。最初是在中国内地,然后是在其他国家如毛里求斯等地,并将这些服装最终仍销售到美国。如此一来,他们依靠早期从事加工贸易获取的知识,创建了所谓"三角形制造"的加工贸易模式:在第三国加工生产品牌产品,如 Pringle 和 Tommy Hilfige 等品牌,有些情况下通过收购零售渠道的方式将产品出口到欧洲和南美,在另外一些情况下则努力创建自有品牌。①

2. 决定加工贸易模式的因素分析

上述案例给我们的启发是:存在许多决定加工贸易模式的因素,以下将就此做些归纳。

第一,市场因素。先来看部分国家的收入情况及全球范围内区域性服装制造集聚地的分布情况,如表 6—12 和表 6—13 所示。

表 6—12　2004 年世界部分发达国家与中国人均 GDP 比较

国家	人均 GDP(美元)
美国	37610
德国	25250
法国	24770
日本	34510
瑞士	39880
中国	1100

资料来源:世界银行。

---

① Gereffi, G. "International Trade and Industrial Upgrading in the Apparel Commodity Chain", Journal of International Economics, Vol. 48, No. 1.

表6－13　全球服装加工贸易主要集聚区域

主导厂商	制造链节的分布区域
中国香港服装品牌商	以中国为最大的亚洲众多服装制造网络
美国零售商和服装品牌商	以墨西哥为首的美洲服装生产网络
西欧服装品牌商	中、东欧和部分北非国家服装制造网络
澳大利亚服装商	包括斐济在内的服装生产网络

资料来源：根据 Gary Gereffi（1999）及 Bonacich E. et al（1994）整理而成。

表6－12和表6－13告诉我们，部分发达国家人均GDP超过中国22倍以上，其中美国更是中国的34.19倍。这在证明全球服装消费大市场仍在发达国家的同时也表明，高收入国家主导与低收入国家或地区进行服装加工贸易是再自然不过的事了，全球服装加工贸易主要集聚区域围绕着主要消费市场就是证明。在此格局下，消费者通过自身消费水平、消费习惯、时尚和品牌、文化和历史积淀等因素构成的特定的本土服装消费市场，会影响到跨国采购商进而影响到加工贸易模式的选择。例如在异国进行ODM加工贸易时服装设计的可接受性就会受到严重影响。

第二，成本因素。世界各主要服装生产国的成本比较如图6－4所示。

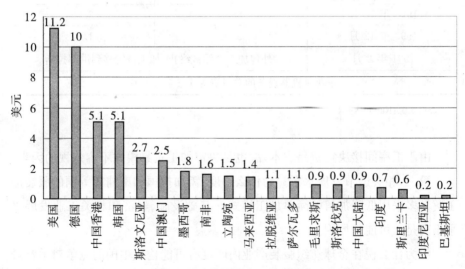

图6－4　2000年部分经济体服装产业劳动力平均小时工资比较
资料来源：Carlos Fortin（2005）。

上图可以部分解释为什么美国、中国香港、韩国、墨西哥是昔日的世界服装加工贸易大国,而巴基斯坦、印度尼西亚、斯里兰卡、印度和中国内地等目前是世界服装加工贸易大国,且部分欧洲国家也仍然从事服装加工的缘由。柬埔寨的案例更令人深思:参加 ILO 使美国增加了配额,但当配额制取消且工资水平上升时,最大采购商 Gap 却要往中国转移其服装加工贸易了。

成本低与经济发展水平有关,也最可能承接简单加工贸易,但单纯依赖低成本优势开展简单加工贸易可能带来危害。例如,20 世纪 90 年代初多米尼加共和国出口加工区内一家生产粗布牛仔衣的制造商认为自身的核心竞争力在于来料来样加工,故采用了缝制从美国进口的已经设计并裁剪好的布料,然后再贴上另外一家跨国企业的商标进行出售的加工贸易模式。但随着邻国不断降低价格,这一加工贸易也就被转移到了成本更低的国家。整个过程如表6—14 所示。

表 6—14　加工费的下降和投资的不稳定性

日期	产量(每周)	单价（$）
1990 年 1 月	9000	2.18
1990 年 10 月	5000	2.05
1990 年 12 月	3000	1.87
1991 年 2 月	外包加工合约被终止,加工被转移到洪都拉斯	
企业对机器设备的总投资为 US＄150000		

资料来源:Kaplinsky R. (1993)。

由于汇率间接决定贸易成本,故也是决定加工贸易模式不容忽视的因素。

第三,相关链节发展水平。为什么印度、孟加拉国和柬埔寨等国的服装加工贸易多采用低附加值的简单加工模式？基础设施、经济和相关工业发展水平不高是最可能的原因。

但为什么说在全球纺织服装产业内印度有可能构成中国的竞争对手？最明显的理由是因其国内的价值链相对较长,存在服装加工后向延伸发展的可能性。

第四,贸易壁垒因素。实行配额制以前,成本因素是跨国采购商选择供应商最重要的因素,如欧美向日本,日本向中国香港、中国台湾和韩国的转移都是由此而生。

1974年开始实施以配额制为核心的MFA,其目的本是要限制向发达国家的纺织品服装出口,但后果之一是改变了全球服装产业供应链的布局:总部主要设在亚洲等地新兴纺织服装制造中心的大型制造商开始向较少配额限制的地区转移生产并通过FDI享受各种优惠,同时不可能有提升加工贸易模式的可能和愿望。例如从1970s开始,中国香港服装企业就将大量简单加工贸易转移到马来西亚、菲律宾和毛里求斯等地。

1995年作为乌拉圭多边贸易谈判的一部分,《纺织品和服装协议》(ATC)规定MFA将在2005年结束,纺织品服装价值链开始在GATT框架下进行配置。此时对制造商来说,服装加工贸易模式的升级日显重要,因为总部设在欧、美、日的大型零售商开始在全球范围内寻求供应商,并开始倾向于价值链较完整、数量较少的大型制造商。[①]低成本并能进行产业集聚的跨国制造商或供应商无疑具有最大的竞争优势,而从事简单加工贸易的企业则面临出局的可能。在此期间中国一跃成为全球最大纺织品服装FDI流入国(参见表6-27)的原因也大致清晰可见。

因为与成本相关,在配额制被取消后,可以预见,优惠关税待遇之重要性将开始凸现。

第五,地理因素。由于有利于对市场快速反应,虽然美国、欧盟大量从亚洲进口服装(参见表6-3),但仍具有明显的"空间"接近特征:美国从墨西哥、中美洲和加勒比地区,欧洲从中、东欧和北非,日本多从中国及周边。[②] 表6-13也说明了这一点。

特别是,品牌制造商由于具有生产制造经验及部分中间品提供能力,多采用不全包形式的简单加工贸易模式,更关注关税,更具区域性

---

① Carlos Fortin: "TNCs and the Removal of Textiles and Clothing Quotas", United Nations Conference on Trade and Development, Geneva, 2005.

② 同上。

特征。

第六,FDI 因素。FDI 的本质毫无疑问是追逐利润,同时可以带来订单,带来贸易机会,对纺织服装产业加工贸易模式选择的影响当然不会小。例如,日本服装进口市场的份额大多为中国所有,究其原因,除地理接近和没有配额外,主要是因为来自日本的大量 FDI。[①]现实中,日本纺织业的优势主要在于高端纤维材料及高端纺织品的研发及应用,特别是纳米技术、生物技术在纺织领域的应用等方面,通过 FDI 可以建立海外加工基地、销售据点或者研发中心等。如此一来,对服装加工贸易模式的选择当然就有直接影响,至少为 FDI 接受地的服装企业采用 OEM 或 ODM 模式提供了可能。但比较以上其他诸国服装加工贸易的经历可以看出,FDI 的作用很难确定,至少,无法看到促进加工贸易升级的直接证明。

至今,对纺织服装产业中 FDI 作用的研究虽然不少,但文献的说法并不统一。[②]唯一可以肯定的是,随着 MFA 的终结,外包为全球服装生产体系内部的要素流动和资源整合提供了更加灵活多样的组织方式,这会增加加工贸易模式的选择余地。各国纺织服装业对 FDI 的争夺也会更趋激烈。

此外,政府产业政策的影响也不容忽视,这一点可以从斯里兰卡的经验中清楚地看到。

归纳以上讨论可以看出,影响服装加工贸易模式选择的因素是多方面的,如图 6—5 所示。所以,是领导厂商的治理和服装制造商自身能力及其相互间的博弈决定了加工贸易的模式。

6.4　中国服装产业加工贸易的贸易效应

通过承接纺织服装产业部分制造链节的全球转移,中国棉纱、化纤、丝绸、

---

① Carlos Fortin: "TNCs and the Removal of Textiles and Clothing Quotas", United Nations Conference on Trade and Development, Geneva, 2005.

② 同上。

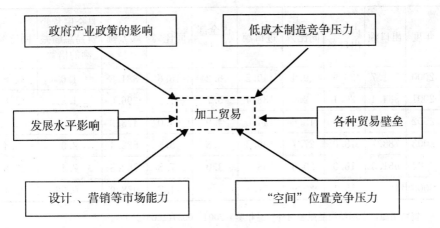

图 6—5　服装产业价值链中加工贸易的外部环境

服装等纺织品产量居世界第一位,纺织工业纤维消费量占全球 1/4 左右,纺织品服装出口额也位居世界第一,①说明中国已经嵌入到纺织服装产业的全球价值链中,是纺织品服装的生产和贸易大国。

6.4.1　概　况

按海关统计,2005 年我国纺织服装实现贸易顺差 978 亿美元,占同期全国货物贸易总顺差的 96%,而 2004 年这一数值竟达 240%,如表 6—15 所示。

表 6—15　近 11 年中国纺织品服装进出口统计　　单位:亿美元

年度	出口额	占全部出口%	同比%	进口额	占全部进口%	同比%	顺差额	是全国货物贸易总顺差额的倍数	同比%
1995	358.8	24.1	4.8	158.2	12.0	23.0	200.6	1.2	—6.1
1996	349.7	23.1	—2.5	166.8	12.0	5.4	182.9	1.5	—8.8
1997	432.1	23.7	23.5	171.9	12.1	3.0	260.2	0.6	42.3
1998	404.8	22.0	—6.3	143.8	10.3	—16.3	260.2	0.6	0.3
1999	403.3	20.7	2.0	120.2	7.3	—3.2	283.1	1.0	8.5

① 国家发展改革委员会对外经济研究所课题组:《必需面对的可能——我国纺织业外部政策环境变化及影响》,《国际贸易》2004 年第 1 期,第 19 页。

年度	出口额	占全部出口%	同比%	进口额	占全部进口%	同比%	顺差额	是全国货物贸易总顺差额的倍数	同比%
2000	521.7	20.9	29.4	140.2	6.2	16.6	381.5	1.6	34.8
2001	534.4	20.1	2.4	138.4	5.7	−1.3	396.0	1.8	3.8
2002	617.9	19.0	15.6	144.0	4.9	4.0	473.9	1.6	19.7
2003	788.7	18.0	27.7	156.3	3.8	8.5	632.4	2.5	33.4
2004	951.3	16.0	20.6	168.5	3.0	7.8	782.8	2.4	23.8
2005	1150.3	15.1	20.9	171.4	2.6	1.7	978.0	0.96	25.1

资料来源:《中国纺织品服装对外贸易年鉴》(2004/2005)(2005/2006)。

以上数据表明:中国纺织品服装出口在1995~2005年的11年中始终实现顺差,顺差累计值达4832.3亿美元,若没有这些顺差,在这11年中中国将有8年可能出现贸易逆差。

近五年中国纺织品服装出口商品的结构如表6—16所示。

表6—16　2001~2005年中国纺织品服装各大类商品出口统计

单位:亿美元

年度	纺织服装	纱线	面料	纺织制成品	服装	服装占比
2001	534.4	27.2	89.7	51.7	365.9	68.47%
2002	617.9	30.7	112.9	62.3	412.0	66.68%
2003	788.7	38.3	145.9	85.2	519.3	65.84%
2004	951.3	44.1	180.6	110.3	616.2	64.78%
2005	1150.3	52.1	209.5	149.8	738.9	64.24%

资料来源:根据《中国纺织品服装对外贸易年鉴》(2005/2006)整理。

可见,虽然中国纺织品服装产业的制造链节比较完整,但在出口商品结构上仍然以劳动力最密集且资本需求较低(表6—27可帮助说明这点)的服装加工为主,如图6—6所示。不过,服装出口占比已呈逐年下降的趋势,面料等其他纺织品出口占比则持续增长。

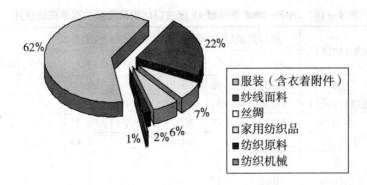

图6—6　中国2005年纺织品服装出口商品结构

资料来源:《2005/2006中国纺织品服装对外贸易年鉴》。

6.4.2　服装出口市场细分

中国服装商品出口市场相对集中,最大5个出口市场的出口量集中度高达73.3%,如表6—17所示。

表6—17　2005年中国服装及衣着附件最大出口市场统计　单位:亿美元

国别	出口额	同比(%)	份额(%)	单价	同比(%)
全球	738.9	19.9	100	1.63	4.6
日本	146.8	4.5	19.87	2.43	0.4
美国	137.0	77.7	18.54	1.57	18.7
欧盟	136.3	64.5	18.44	1.72	3.9
中国香港	68.3	−29.8	9.25	1.38	8.6
俄罗斯	53.2	32.5	7.20	3.35	13.1
五市场累计	541.6	23.7	73.3	—	—

资料来源:《2005/2006中国纺织品服装对外贸易年鉴》(来自中国海关数据)。

欧盟是全球最大的进口服装消费市场,其进口来源地如表6—18所示。

表 6-18　2003～2005 年欧盟 15 国进口纺织品服装主要来源地统计

序号	国家（地区）	进口金额（百万美元）			占比％			同比％
		2003	2004	2005	2003	2004	2005	2005/2004
	全　球	146135	163606	168181	100.00	100.00	100.00	2.80
	自欧盟内进口	59785	65134	63641	40.91	39.81	37.84	−2.29
1	中国	17183	21645	30479	11.76	13.23	18.12	40.81
2	土耳其	11606	13401	13915	7.94	8.19	8.27	3.84
3	印度	5381	6304	7458	3.68	3.85	4.43	18.31
4	孟加拉国	4052	5349	5115	2.77	3.27	3.04	−4.39
5	罗马尼亚	4744	5300	5009	3.25	3.24	2.98	−5.30
6	突尼斯	3601	3752	3557	2.46	2.29	2.12	−5.20
7	摩洛哥	3158	3407	3252	2.16	2.08	1.93	−4.54
8	巴基斯坦	2697	3265	2943	1.85	2.00	1.75	−9.88
9	中国香港	3123	3224	2865	2.14	1.97	1.70	−11.11
10	印度尼西亚	2369	2511	2302	1.62	1.53	1.37	−8.32

注：按 2005 年进口金额排序

资料来源：《2005/2006 中国纺织品服装对外贸易年鉴》。

　　分析上表数据可知，(1)欧盟内部仍有许多企业尚未放弃纺织品服装出口贸易，作为整体来看仍是出口第一大来源地；(2)向欧盟市场出口纺织品服装排名前十位的国家或地区累计占比 83.55％，说明进口来源地比较集中。且除中国、中国香港和印度尼西亚外，地理上都是较接近的国家或地区；(3)中国和印度的增长令人印象深刻。

　　全球第二大进口服装消费市场是美国，其进口来源地如表 6-19 所示。

表 6-19　2003～2005 年美国进口纺织品服装金额统计

序号	国家（地区）	进口金额（百万美元）			份额％			同比％
		2003	2004	2005	2003	2004	2005	2005/2004
	全　球	89738	96628	102840	100.00	100.00	100.00	6.43
1	中国内地	15678	19053	27267	17.47	19.72	26.51	43.11
2	墨西哥	8848	8715	8164	9.86	9.02	7.94	−6.32
3	印度	3840	4330	5415	4.28	4.48	5.27	25.05

序号	国家(地区)	进口金额(百万美元)			份额%			同比%
		2003	2004	2005	2003	2004	2005	2005/2004
4	中国香港	4073	4223	3816	4.54	4.37	3.71	−9.64
5	加拿大	3719	3776	3565	4.14	3.90	3.47	−5.59
6	印度尼西亚	2600	2895	3411	2.90	3.00	3.32	17.82
7	巴基斯坦	2470	2821	3178	2.75	2.92	3.09	12.66
8	越南	2604	2830	2979	2.90	2.93	2.90	5.29
9	洪都拉斯	2632	2813	2762	2.93	2.90	2.69	−1.80
10	泰国	2632	2759	2718	2.93	2.86	2.64	−1.49

注:按 2005 年进口金额排序

资料来源:《2005/2006 中国纺织品服装对外贸易年鉴》。

分析表 6−19 所列数据可得:(1)向美国市场出口纺织品服装排名前十位的国家或地区累计占比仅 61.54%,说明进口来源地相对分散,"全球化"更加明显;(2)比较"空间"距离接近的中、南美洲诸国,中国和印度的增长令人印象深刻。

作为全球第三大进口服装消费市场,日本的进口来源地如表 6−20 所示。

表 6−20 2003−2005 年日本进口纺织品服装主要来源地统计

序号	国家(地区)	进口金额(百万美元)			占比%			同比%
		2003	2004	2005	2003	2004	2005	2005/2004
	全球	24569	27390	28556	100.00	100.00	100.00	4.26
1	中国内地	18007	20331	21362	73.23	74.23	74.81	5.07
2	意大利	1345	1444	1407	5.47	5.27	4.93	−2.50
3	韩国	649	634	767	2.64	2.31	2.68	20.96
4	越南	594	684	744	2.42	2.50	2.61	8.76
5	美国	541	579	615	2.20	2.11	2.15	6.11
6	印尼	490	496	487	1.99	1.81	1.71	−1.76
7	泰国	413	461	475	1.68	1.68	1.66	2.87
8	中国台湾	303	371	369	1.23	1.35	1.29	−0.56
9	印度	271	278	300	1.10	1.02	1.05	7.69
10	法国	318	317	283	1.29	1.16	0.99	−10.63

注:按 2005 年进口金额排序前 10 位

资料来源:《2005/2006 中国纺织品服装对外贸易年鉴》。

由表6—20分析可知：(1)中国的市场份额之大十分突出；(2)除了"空间"上接近的地区，进口基本来自发达国家，说明应属高档进口品。

利用欧盟、美国和日本的海关数据，可整理得表6—21如下。

表6—21　2005年三大消费市场从中国进口的纺织服装商品结构

单位：亿美元

国家	纺织服装	纱线	面料	家纺	服装	服装占比
欧盟	304.79	4.47	16.07	13.87	254.53	83.5%
美国	272.67	1.95	8.21	24.70	211.80	77.7%
日本	213.62	3.10	4.64	11.53	183.00	85.7%

资料来源：《2005/2006中国纺织品服装对外贸易年鉴》。

可见，若不考虑转口贸易因素，中国有近六成服装出口量均流向上述三大消费市场(参见表6—17)，且在向这些国家或地区出口纺织品服装中服装商品约占八成。这说明：中国服装加工贸易的主要市场在发达国家，依赖程度较高。

以上所用数据并没有区分是在哪一种贸易方式下实现的，直接用来讨论服装加工贸易的贸易效应似有不妥。由于数据的获取难度大，我们有时只能依赖一定的推算。

2005年纺织品服装加工贸易出口305.2亿美元，占全国纺织服装总出口额的26.5%，[①]再考察表6—22。

表6—22　2005年中国服装及衣着附件出口贸易方式统计

单位：亿美元

	出口额	同比(%)	份额(%)
一般贸易	502.2	24.81	67.97
加工贸易	199.3	6.3	26.97
其中：来料加工	94.9	1.0	12.85
进料加工	104.4	11.6	14.12

资料来源：《2005/2006中国纺织品服装对外贸易年鉴》。

---

① 《2005/2006中国纺织品服装对外贸易年鉴》，中国农业科学技术出版社2006年版，第2页。

可见,无论是纺织品服装总量还是单独讨论服装及衣着附件的出口量,以加工贸易方式出口的数量都占 26%～27%。另据有关统计,2004 年时该比例是 31.9%,2006 年是 24.84%。①

结论:中国纺织品服装出口中以服装商品出口为主,占比缓慢下降且主要流向发达国家或地区。目前服装出口中加工贸易占比约 1/4,且增长不快,占比下降。来料加工的份额最小、增长更慢。这些都从不同侧面印证了中国纺织服装产业的进步。

6.5 中国服装产业加工贸易的贸易利益

由于价值链分析主要从利润或价值的角度关注各链节的价值增值量,②贸易条件则是衡量一国参与国际贸易所获利益大小的重要指标。所以本节将从在价值链中的地位和贸易条件两个角度分别考察中国服装加工贸易的贸易利益。

6.5.1 从价值链地位考察服装加工贸易

由于中国拥有巨大的低成本劳动力资源、有纺织品产业基础、汇率长期稳定、具有一定的地理优势、吸收了大量来自港台地区的营销、管理经验和投资,并已拥有并不短的制造链节,这使中国有能力可靠地向美国、欧盟和日本提供大量的成衣。③这是中国服装加工贸易在全球服装价值链中的基本现状。

学者刘德学等人通过对江苏昆山和广东东莞等地 86 家从事服装加工贸易的典型企业进行研究后进一步得到:④第一,由于工缴费率基本稳定在一个较低的水平,所以,中国服装加工企业仍未摆脱获利微薄的处境;第二,

---

① 中国纺织品进出口商会网站:http://www.ccct.org.cn。
② 寇亚明:《全球供应链:国际经济合作新格局》,中国经济出版社 2006 年版,第 10 页。
③ Carlos Fortin: "TNCs and the Removal of Textiles and Clothing Quotas", United Nations Conference on Trade and Development, Geneva, 2005.
④ 刘德学等:《全球生产网络与加工贸易升级》,经济科学出版社 2006 年版,第 174 页。

被研究的企业中有极个别企业采用来料来样加工贸易模式,70.9%主要以OEM模式、19.8%主要以ODM模式从事服装加工贸易,也出现个别大型企业在经历了OEM、ODM模式后,开始寻求创立自有品牌;第三,采用ODM加工贸易模式的企业中,大多与国外顶级服装品牌商合作密切,其中以港资和台资企业为主。

所以说,中国服装加工贸易目前整体上仍处于价值链低增值率的制造链节,但已发展到以OEM模式为主。显然,这与跨国公司追求低成本的目标相吻合。

6.5.2 服装加工贸易的贸易条件

1. 价值链地位并非唯一考量指标

在英国商场里销售的服装中60%是"Made in China",但没有一个品牌是中国的。那里最便宜的衬衫卖30英镑/件(约合520元人民币),而中国出口时的售价仅为3.5美元/件(约合28元人民币)。[①]一些人因为上述现象认为中国服装加工贸易价值增值量低而否定这类加工贸易的积极意义,我们认为这不甚妥当。原因是:(1)对服装产业来说,产品与消费者日常生活密切相关,不同国家或地区的消费者对于产品的各种属性的重视程度不同,如表6—23所示。这说明服装产业与品牌和消费偏好关系较大,市场进入壁垒高,非本土企业不易生成市场主导能力或垄断;(2)进入壁垒越高收益才能越高,但赚取垄断利润只可能发生在某个或极少数链节。对服装产业而言,全球垂直分散化的生产方式使得承接制造链节的企业之利润率都不可能高,否则无法解释跨国公司将服装产业价值链进行全球配置的动因。所以,服装产业制造链节无法也不应仅仅以利润率作为衡量不同链节企业的标准;(3)在产业价值链中所处地位由多种因素所决定,中国服装加工贸易在全球服装价值链中的地位当然与国家整体经济发展水平相关,且与跨国公司的治理相关,不可能轻易得到提升,要求中国企业在现阶段就能顺利延伸到各大服装市场的营销链节并自如应对不同市场壁垒显然不

---

① 新华网:http://news.xinhuanet.com/fortune/2005—12/23/content_3958882.htm。

现实。

低技术产品加工贸易模式——以服装产业为例

表 6—23　不同市场的消费者要求之差异

欧洲消费者	美国消费者	日本消费者
顾客满意度	顾客满意度	导入新产品
导入新产品	导入新产品	改造原材料
产品售后服务	产品售后服务	有所得
改造原材料	有所得	产品售后服务
有所得	改造原材料	顾客满意度

资料来源：de Meyer et al (1996)①。

　　也就是说，讨论中国服装产业加工贸易之利益不应只在全球不同链节间进行简单的直接比较。其他研究也表明，研判利益分配效果的关键在于把焦点放在价值链不同链节持续产生的收入而不是利益本身。②所以，我们还应对服装加工贸易本身对中国的贸易利益加以衡量。

　　2. 贸易条件及其涵义

　　完整的贸易条件应综合涵盖价格贸易条件、收入贸易条件和要素贸易条件。③从数据的可获取性考虑，以下部分讨论将以上海地区服装加工贸易数据为例进行贸易条件的分析。

　　3. 价格贸易条件

　　首先从商品分类情况看近几年我国服装出口平均单价的变化，如表 6—24 所示。

　　①　de Meyer A，H. Katayama and J. S. Kim，"Building Customer Partnership as a Competitive Weapon?：The Right Choice for Globalising Competition"，Report on the 1996 Global Manufacturing Futures Survey，Boston University，1996.

　　②　Raphael Kaplinsky and Mike Morris，A Handbook for Value Chain Research，Report Prepared for the IDRC，Bllagio Workshop in September 2000.

　　③　庄芮：《FDI 流入的贸易条件效应：发展中国家视角》，对外经济贸易大学出版社 2005 年，第 51 页。

表6—24 1997～2004年中国服装出口平均单价变化情况 单位:美元

年度	1997	1998	1999	2000	2001	2002	2003	2004
各类服装	2.95	2.67	2.55	2.51	2.36	2.06	2.30	2.38
梭类服装	4.50	4.17	3.92	3.92	3.73	3.28	3.65	3.94
针织服装	1.99	1.81	1.75	1.66	1.53	1.36	1.57	1.62

资料来源:《2004/2005中国纺织工业发展报告》。

可见,出口单价持续下滑直到2003年才有所改变,2005年服装及衣着附件平均单价则较2004年上涨4.59％。[1]相关分析表明:不同类服装商品平均出口单价的变化相关度在97％以上,所以可以其中任何一种单价之变化作为代表加以讨论。单价变化之趋势如图6—7所示。

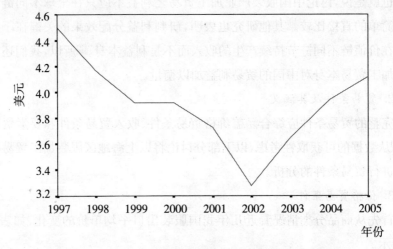

图6—7 1997～2005年中国服装出口平均单价变化趋势

其次,从进口国分类情况看。表6—17显示:中国服装及衣着附件出口到不同消费市场的价格有差异。细分来看,美国2005年从中国进口服装174.98亿美元,仅有2种产品的价格上升,有5种产品价格降幅超过50％,有

---

[1] 《2005/2006中国纺织品服装对外贸易年鉴》,中国农业科学技术出版社2006年版,第54页。

10 种产品价格降幅在 10%～50% 之间,进口 MFA 项下服装单价下降 14.33%①,超过从全球进口下降幅度,如图 6-8 所示。

数量、金额:亿平方米、亿美元　　　　价格:美元/平方米

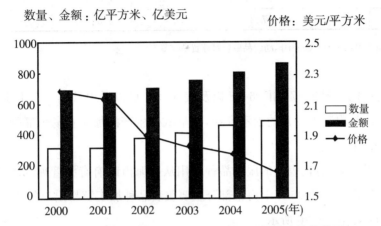

图 6-8　美国从全球进口 MFA 项下纺织品服装变化趋势图

资料来源:《2005/2006 中国纺织品服装对外贸易年鉴》。

　　欧盟情况则是,2005 年虽然 10 个类别商品的进口量飞速增长,但进口单价均有下降。如表 6-25 所示。

表 6-25　2005 年 1～9 月欧盟从中国
进口十类受限纺织品服装统计

金额单位:亿欧元　价格单位:欧元/件或欧元/公斤

类别	数量单位	进口数量	进口金额	进口单价	同比(%)
2	吨	48040.10	2.04	4.24	-17.55
4	万件	56506.52	9.15	1.62	-36.15
5	万件	30706.45	15.08	4.90	-31.74
6	万件	40927.87	14.74	3.60	-21.52
7	万件	7993.13	2.66	3.33	-26.82
20	吨	16815.70	1.20	7.12	-42.8
26	万件	2916.16	1.44	4.95	-59.91

　　① 《2005/2006 中国纺织品服装对外贸易年鉴》,中国农业科学技术出版社 2006 年版,第 14～16 页。

类别	数量单位	进口数量	进口金额	进口单价	同比(%)
31	万件	20827.89	3.57	1.71	—26.02
39	吨	11851.20	0.70	5.92	—41.74
115	吨	7237.40	0.41	5.67	—5.36

资料来源：《2005/2006 中国纺织品服装对外贸易年鉴》。

通过比较图 6—7 和图 6—8 以及表 6—25 可以看出这样一个事实：进入欧美纺织品服装市场真的很不容易，从事低技术产品加工贸易依靠的是激烈的价格竞争。

最后，选择有代表性的服装品种利用从上海市政府有关管理部门获得的数据计算 1995～2006 年上海市部分主要服装品种加工贸易出口的 NBTT，[①] 计算结果见表 6—26 所示。

表 6—26 1995～2006 年上海部分主要服装品种加工贸易 NBTT

单位：(1995＝100)

年度	1995	1996	1997	1998	1999	2000
NBTT	100	76.81	110.85	45.08	107.12	102.06
年度	2001	2002	2003	2004	2005	2006
NBTT	114.62	174.83	205.48	194.13	268.08	245.44

由上表中数据可得：1995～2006 年上海部分主要服装品种加工贸易价格、贸易条件的趋势，如图 6—9 所示。可见单就这部分主要服装品种加工贸易而言，价格贸易条件有很大的改善。计算结果的说明：(1)原始数据中自 1999 年开始价格上涨较快的皮革服装和裘皮服装进口量一直为零，但出口照旧，这对计算结果会有较大影响；(2)易得 12 年 NBTT 标准差高达 70.21，由于发达国家价格贸易条件平均波动 8.89%，[②]可知：1995～2000 年间上海部

① NBTT，称为净贸易条件，计算公式：$NBTT=(P_x/P_m)\times100$。

② Marianne Baxter, Michael A. Kouparitsas："What Causes Fluctuations in the Terms of Trade?"，NBER Working Paper，Nov.，2000.

分主要服装品种加工贸易波动非常大,进口能力和服装加工贸易状况很不稳定。但这也许并非坏事,只是说明了上海地区刚好处于贸易结构的调整期,例如从低技术纺织品服装向高技术产品如自动数据处理设备等进行转移的现象(见表 7—15)。

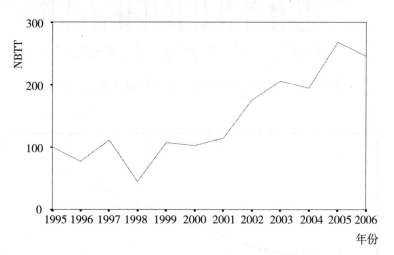

图 6—9　1995～2006 年上海部分主要服装品种加工贸易 NBTT 变化趋势

4. 收入贸易条件

由于重要的问题是关注如何做才能使收入持续地增长,即:如果企业持续地在高度竞争的市场上进行专业化生产,那么他们就必须关注是否因贸易条件的变化而丧失收入。[①]先从如图 6—10 的总体收入情况来考察。

从图 6—10 可知,收入增长十分明显。图 6—11 则是近五年来全国服装出口情况。

易知,全国服装出口收入的增长幅度超过数量增长幅度。

再从贸易顺差进行分析。利用表 6—15 的数据,将年度和外汇顺差值分别作为变量,利用 SPSS 软件对外汇顺差值作增长模型拟合得:

$$顺差额 = e^{-320.063} \cdot e^{0.163(年份)} = e^{0.163(年份)} - 320.063$$

① Raphael Kaplinsky and Mike Morris, A Handbook for Value Chain Research, Report Prepared for the IDRC, Bellagio Workshop in September 2000.

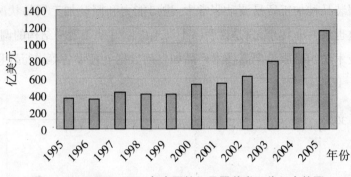

图 6－10　1995～2005 年中国纺织品服装出口收入走势图

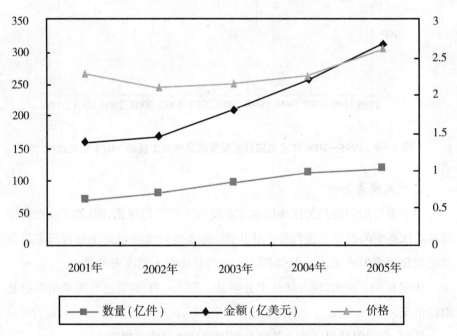

图 6－11　2001～2005 年服装出口数量、金额、价格变化趋势

资料来源：中国纺织经济信息网 www.ctei.gov.cn。

　　该顺差值增长模型的图形表达如图 6－12 所示，拟合优度为 96.1％。结果说明：服装出口收入对改善国家外汇收支平衡贡献巨大。

　　一方面是服装加工贸易的比重在下降，另一方面是服装出口收入持续增长，表明我国服装产业的确是在进步中。不过，我们也要清醒地看到，以上计

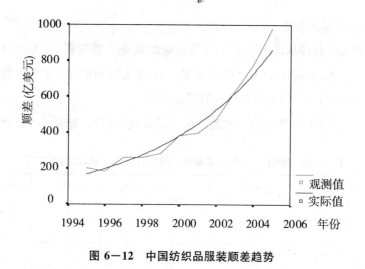

图 6—12　中国纺织品服装顺差趋势

算所用的数据大多并没有分离出贸易方式和投资主体。

最后计算 1995～2006 年上海部分主要服装品种加工贸易出口的 ITT,①见表 6—27。

表 6—27　1995～2006 年上海部分主要品种服装加工贸易 ITT

年度	1995	1996	1997	1998	1999	2000
NBTT	100	76.81	110.85	45.08	107.12	102.06
Q_x	100	79.55	72.45	75.11	66.98	68.51
ITT	100	61.10	80.31	33.86	71.75	69.92
年度	2001	2002	2003	2004	2005	2006
NBTT	114.62	174.83	205.48	194.13	268.08	245.44
Q_x	67.56	65.54	65.04	70.19	68.71	67.86
ITT	77.44	114.58	133.59	136.26	184.20	166.56

计算结果说明:在经历了近七年的低位徘徊后,上海部分主要服装品种加工贸易在 2002 年以后收入贸易条件改善较快。

---

① ITT,称为收入贸易条件,计算公式:$ITT=(P_x/P_m)\times Q_x$。

5. 要素贸易条件

由于无法获得从事服装加工贸易企业的就业人数数据,故无法计算有关的劳动生产率,也就无法求出中国服装行业加工贸易的单、双要素贸易条件(SFTT 和 DFTT),只能简单地间接说明如下。

首先看 2001 年部分国家或地区服装行业成本结构,如表 6—28 所示。

表 6—28　2001 年一些国家或地区服装行业成本结构(占产值%)

国家	非熟练工	熟练工	资金	中间品投入	增加值	中间品占比
加拿大	25.9	5.0	10.2	58.8	41.2	19.8
美国	21.0	5.8	5.8	67.4	32.6	13.8
法国	21.6	4.7	8.8	65.0	35.0	24.3
意大利	14.3	3.1	16.4	66.2	33.8	13.5
日本	21.9	4.0	11.2	62.9	37.1	7.8
中国香港	22.6	7.9	12.9	56.6	43.3	13.0
韩国	15.0	2.9	4.7	77.4	22.6	15.9
中国台湾	20.8	3.5	6.0	69.7	30.3	10.9
中国	18.2	2.5	12.2	67.1	32.9	5.7
印度	21.1	2.9	7.8	68.2	31.8	1.8
捷克	21.1	3.2	9.9	65.9	34.1	28.9
摩洛哥	14.6	2.1	10.9	72.4	27.6	37.9
越南	9.0	1.2	3.8	86.0	14.0	40.4

资料来源:Hildegunn (2004)。

对上述数据进行统计计算得结果:(1)非熟练工成本与中间品投入间呈负相关,相关系数 −0.858;(2)非熟练工成本与增加值之间的相关系数是0.858;(3)中间品投入与增加值的相关度则高达近 100%。说明:较高的非熟练工成本占比,所需中间品投入较低,增加值也较低;反之,若欲提高增加值,可考虑提高中间品的投入比例并降低非熟练工的成本占比。也就是说,当其他条件不变时,降低非成熟工的报酬,有望提高增加值。

能获取的、有限的纺织品服装行业就业人数统计见表 6—29。2005 年全员劳动生产率见表 6—30。

表 6—29　中国服装行业就业人数

年度	1995	1996	1997	1998	1999	2000	2001	2002	2003	2004
人数(千人)	1750	1680	2439	2117	2027	2156	2027	—	2892	3203

资料来源:Hildegunn(2004)及《2005 中国统计年鉴》整理。

表 6—30　2005 年中国纺织品服装行业全员劳动生产率

单位:元/人·年

企业性质	纺织品	服装、鞋帽	皮革、羽绒等
国有	33021	29181	38355
私营	56230	41175	48876
三资	56463	37652	34580

资料来源:《2006 中国统计年鉴》。

从整体上看,我国纺织品服装行业从业人数呈上升趋势,则在劳动生产率几乎最高的私营企业数量不断增加的情况下,出现表 6—31 所显示的私营企业出口占比不断上升的情况毫不令人奇怪,也是中国纺织品服装产品增加国际市场竞争力的希望所在,因为劳动生产率是贸易条件变动的核心。[①]

6.5.3　中国服装加工贸易的贸易利益

以上讨论似乎让人感到乐观。但我们不得不注意这样的事实:在全球纺织品服装产业,中国是最大的 FDI 接受国,其出口的大约 1/3 来自 FDI。而其中日本的 FDI 是中国成为日本最大服装出口国的重要因素之一。[②]以上海为例,在全部纺织品服装出口额中不同投资主体企业占比变化明显,如表 6—31 所示。

[①]　庄芮:《FDI 流入的贸易条件效应:发展中国家视角》,对外经济贸易大学出版社 2005 年版,第 52 页。

[②]　Carlos Fortin:"TNCs and the Removal of Textiles and Clothing Quotas",United Nations Conference on Trade and Development,Geneva,2005.

表 6—31　1995～2006 年不同投资主体在上海纺织品服装出口额中占比

单位:%

年度	国有企业	集体企业	私营企业	外资企业
1995	54.43	0.61	0.00	44.55
1996	44.80	0.90	0.00	54.30
1997	44.84	0.89	0.00	54.27
1998	46.41	0.81	0.00	52.77
1999	41.74	1.32	0.00	56.94
2000	39.74	1.87	0.00	58.35
2001	35.33	2.07	0.29	62.31
2002	32.92	2.08	0.46	64.55
2003	30.69	2.29	1.68	65.34
2004	27.93	2.66	3.75	65.67
2005	23.21	2.55	5.94	68.31
2006	20.94	3.11	6.37	69.58

资料来源:对政府有关部门数据进行整理。

　　可见,上海地区纺织品服装贸易利益到底主要是由本土企业获取还是被跨国公司所得,这值得深思且本身是有待深入研究的问题。已有的研究也表明:技术进步是引起近 20 年长三角地区经济持续增长的关键因素;FDI 技术外溢对长三角地区经济提升方面的作用有限;跨国公司反而会极力抑制其在中国市场的技术扩散;FDI 的大举进入将长三角地区的中国企业向产业链低端排斥。[1]或许,只是因为劳动力、土地等要素被低估才使得大量 FDI 蜂拥而入? 若然,则中国纺织品服装产业升级之路还有很长的路要走。

　　现实中,也确实存在很多制约中国纺织品服装行业向高附加值链节升级的因素。主要有:(1)高科技纤维的开发和应用链节绝对落后于其他国家;(2)面料尤其是高档面料设计和加工链节在技术上差距很大,2004 年,面料的自给率仅为 40%,服装产业进口面料 51 亿米,用汇 30 亿美元;(3)先进

――――――――――

　　① 陈柳:《长三角地区的 FDI 技术外溢、本土创新能力与经济增长》,《世界经济研究》2007 年第 1 期,第 60 页。

的机械设备链节基本上掌握在发达国家手中,例如,2005年中国纺织机械出口额8.71亿美元,进口34.45亿美元,①逆差高达2574亿美元。再比如,作为日本、欧美等许多国际知名品牌服装供应商的江苏晨风集团股份有限公司,为了保证质量,裁剪机用的是法国Lectra品牌,缝纫机是德国杜克普牌的;(4)加工贸易对进口国的依赖程度高,主要进口国的市场壁垒也就高,中国本土企业缺乏附加值高的知名品牌,现有营销和管理体系也不完善。这些问题的本质还是归因于我国尚未占领具有高附加值的纺织服装产业链节,相对优势仍然集中在生产制造链节。也许,这正是跨国公司所希望的治理结果。

那么,还要不要发展中国纺织品服装加工贸易呢?答案很简单。除了对GDP的贡献、带动经济发展和出口创汇外,创造大量就业机会无疑是现实的需要,因为中国在解决国家经济发展过程必经之路——"城市化"阶段出现大量农村剩余劳动力转移的问题时,必须有选择的途径。服装产业制造链节充分体现出劳动密集型特征,对劳动者技能要求较低,是一个不错的选择。从宏观层面上看,劳动所得比重较低多年来成为了中国改革发展的加速器,劳动成本低无疑可以提高中国产品的竞争力。多年的技术和资金积累,也会使中国服装产业在全球价值链中具有相对竞争优势的链节逐渐增加。

总之,中国服装产业加工贸易的高速发展,主要是顺应了行业领导企业在全球范围内优化配置资源所造成的商品链的片断化趋势,依赖本土劳动力成本比较优势,或自主从事,或吸引FDI,被价值链低附加值链节的转移所推动。不过,这一过程本身也符合中国现阶段经济发展的需要。

6.6 中国服装产业加工贸易的转型轨迹

6.6.1 服装产业加工贸易的转型轨迹

纺织服装产业是中国开展加工贸易最早的产业之一,能有今天的成就,是

---

① 中国纺织机械器材工业协会:《2005年纺织机械行业经济运行情况分析》,http://www.efu.com.cn/data/2006/2006—03—25/143405.shtml。

多种因素作用下渐进式转型的结果,可以归纳出如下五个方面的进步。

1. 加工贸易模式进步

全球化生产网络是加工贸易企业能力提升的重要媒介。[①] 中国服装产业加工贸易大多已经从简单来料加工提升到了 OEM 模式,已经从领导型生产网络(供应商供应能力低,领导厂商需要较强干预与控制)提升到了关系型价值链络(厂商合作关系复杂,知识交换频繁,供应商自理),制造链节增长。[②]

2. FDI 和民营企业作用明显

早期大多为了降低成本或避让配额限制的纺织品服装产业 FDI 近年大量进入中国,如表 6—32 所示,集中度特别明显。

表 6—32 2002~2004 年全球纺织品服装制造业 FDI 目标国统计

目标国	FDI 项目	占比％	目标国	FDI 项目	占比％
中国	48	17.5	波兰	7	2.5
孟加拉国	18	6.5	乌兹别克斯坦	7	2.5
美国	16	5.8	摩洛哥	6	2.2
匈牙利	13	4.7	斯洛伐克	6	2.2
巴西	12	4.4	墨西哥	6	2.2
印度	9	3.3	克罗地亚	6	2.2
越南	8	2.9	俄罗斯	6	2.2
泰国	8	2.9	其他经济体	97	35.3
法国	8	2.9	共计	275	100

资料来源:Carlos Fortin (2005)。

这些 FDI 大多来自发达国家或地区,如表 6—33 所示。

---

① Ernst D, Kim L. Global production networks, knowledge diffusion, and local capability formation[J]. Research Policy, 2002.

② Carlos Fortin:"TNCs and the Removal of Textiles and Clothing Quotas", United Nations Conference on Trade and Development, Geneva, 2005.

表 6—33　2002～2004 年中国纺织和服装制造业 FDI 来源地统计

来源地	数量(个)	占比(%)
日本	11	22.9
美国	8	16.7
韩国	6	12.5
丹麦	3	6.3
希腊	3	6.3
马来西亚	3	6.3
中国台湾	2	4.2
土耳其	2	4.2
其他经济体	10	20.8
合计	48	100

资料来源:Carlos Fortin (2005)。

　　纺织品服装 FDI 为什么要大量进入中国？以下例子具有启发性。在日本主要从事新产品研发和差异化产品生产的日本三菱丽阳公司与三菱商事、伊藤忠商事、丸红公司等共同合资,在浙江省投资 1 亿美元创立了宁波丽阳化纤有限公司。该公司计划引进最先进的制造设备,依靠中国的低成本优势,生产通用型产品,最终使公司建成为仅次于上海石化公司、位居中国第二的腈纶纤维制造商。原来,该 FDI 项目还是为了提高中国低端纺织品制造链节的产能,但客观上无疑为中国发展服装加工贸易提供了帮助。

　　近年来,民营企业纺织品服装的出口涨势喜人,如图 6—13 所示。2005年,民营企业出口额 414.5 亿美元,占出口总额 36%,全面超过三资企业出口394.8 亿美元和占比 34.3% 的指标。

　　3. 形成产业集聚

　　我国已经出现了一批大型服装出口企业,据统计 2005 年出口金额超过 1亿美元的企业就有 42 家,排名最前的 20 家如表 6—34 所示。

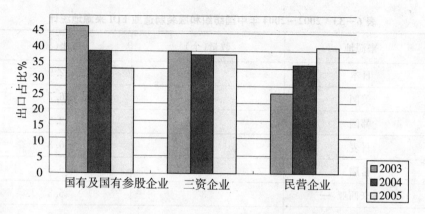

图 6—13　2003～2005 年中国各类型企业出口纺织服装占比变化

资料来源:《2005/2006 中国纺织品服装对外贸易年鉴》。

表 6—34　2005 年中国出口服装企业排名统计表　　　　单位:万美元

排名	企业名称	出口金额
1	上海丝绸集团股份有限公司	43400
2	绥芬河龙江商联进出口有限公司	43149
3	东莞市对外加工装配服务公司	39841
4	南京纺织品进出口股份有限公司	31719
5	宁波申洲针织有限公司	26413
6	广东省中山丝绸进出口集团有限公司	24646
7	深圳市宝安外经发展有限公司	23718
8	新疆塔城三宝民贸实业进出口公司	22806
9	东方国际集团上海利泰进出口有限责任公司	21185
10	江苏苏豪国际集团股份有限公司	20762
11	江苏舜天股份有限公司	20658
12	黑河市大黑河岛经贸有限公司	19857
13	天津服装进出口股份有限公司	19759
14	青岛即发进出口有限公司	19549
15	广东溢达纺织有限公司	19313
16	深圳市勤辉投资开发有限公司	17594
17	北京市服装进出口股份有限公司	16982
18	江苏汇鸿国际集团针棉织品进出口公司	16449
19	黑龙江花宇工贸(集团)有限责任公司	15827
20	新疆野马经贸有限公司	15741

资料来源:纺织服装频道 http://ccct. mofcom. gov. cn。

　　另外,中国服装产业已经从分散的、小型的从事加工贸易企业为主的格局,形成了以大型出口服装生产企业为主体的多层次服装产业群。例如,随着服装出口加工规模的不断扩大,在从事出口服装加工的大型企业集团周围,涌现出了大批中小型出口加工企业,形成了多层次的产业群。如浙江"茉织华实业(集团)有限公司"所在的平湖市、江苏"晨风集团股份有限公司"和"常州金松时装有限公司"所在的常州市、广东"名瑞(集团)股份有限公司"所在的潮州市等,这些地区核心企业的加工技术通常在国际市场上有较高的知名度,是世界名牌服装产品的生产加工基地。

　　还有一些以出口为主的集聚地,是在原来"三来一补"方式的基础上,引进了国外的资金、设备、管理和技术,或是利用侨乡的优势,通过分布在世界各地的亲属关系形成的出口加工基地。如广东省的服装产业集聚地就是依靠邻近港、澳自由贸易区,在人文、地域和交通等方面拥有千丝万缕联系的优势,成为港、澳地区的服装加工基地。

　　此外,还出现了以服装为轴心的产业链。这类产业链以中小企业为依托,以单一产品或专业服装加工为特色,形成以中小城镇为载体的产业集聚地。浙江嵊州(领带)、湖州织里(童装)等地是这种模式的代表。

　　根据中国服装协会对各地区的调查,全国现有 39 个服装产业集聚地,如表 6—35 所示。

表 6—35　中国服装产业集聚地一览表

所属省份	地区	产业特点或主要产品	服装产业企业数(个)	服装产业产品销售收入(万元)	服装总产量(万件)	服装工业园区(个)	服装专业市场(个)	代表知名品牌
北京	北京	服装文化、商贸、设计	1871	512100	25092	6	62	白领、腾氏、坦博、李宁、婷美、天坛、薄涛、爱慕、绅士、雪莲、铜牛、红都、顺美、威克多
上海	上海	服装文化、商贸、设计	1457	2738124	48414	1	1	培罗蒙、海螺、开开、杉杉、凯托、春竹、皮皮狗、三枪、斯尔丽、博士蛙

所属省份	地区	产业特点或主要产品	服装产业企业数（个）	服装产业产品销售收入（万元）	服装总产量（万件）	服装工业园区（个）	服装专业市场（个）	代表知名品牌
天津	天津	服装文化、商贸、加工	755	210000	46015	6	8	白玫瑰、津达、宇华、斯必得、阔佬、应大、仁立、爱之如、和泰、飞尼克斯、大维、永正、彼尼可
辽宁	大连	服装文化、设计	1811	454202	9437	2	4	创世、桑扶兰、碧海、亚瑟王、莱曼、富哥、锋、思凡、美欧岚、孔翎、任平、叮特来、九星
湖北	武汉	服装生产、商贸	1592	920000	30044	5	4	太和、红人、雅琪、爱帝、玫、元田、SBO、佐尔美、猫人、艾丝
河北	容城	男装、针织服装	426	419034	15599	1	3	比琦、天力奔、阔气佬、蓝领、泉镜花、萨弗蒂、华实、奔亚、盛爵、集宏兴
山东	青岛	服装文化、设计	1169	1818000	32100	9	1	海珊、绮丽、三美土、红领、好事中、巴龙、乐好、一诺、基特、好兄弟、即发
	淄博	休闲服、牛仔服	27	208353	2055		3	兰雁、多博、丽纳尔、兰骏
	诸城	男装、针织服装	286	458259	10000			新郎、昊宝、帅领、兰凤、桑莎
江苏	无锡	品牌服装制造	1163	832264	14674	9	10	红豆、银湖、震球、红狐、苏派、金壮波、啄木鸟、赤兔马
	常州	服装制造	860	920000	29000	5	3	蓝豹、蓝翎、圣罗戈英、老三、潇翔、彩轮、马可波罗、晨风、飞洋鱼、龙特里约、黛维亚、瑞卡、高高、古帮
	其中：金坛	出口服装制造	285	437630	13594			晨风、亚达、金松、高高、
	常熟	羽绒服、休闲服	1650	1960000	20000			波司登、梦兰、雪中飞、秋艳、雄、圣达菲、七彩马、双猫、飞亚达、特别特、人立、绅贵

所属省份	地区	产业特点或主要产品	服装产业企业数（个）	服装产业产品销售收入（万元）	服装总产量（万件）	服装工业园区（个）	服装专业市场（个）	代表知名品牌
浙江	杭州	女装	30	7980	540			汉帛、万事利、喜得宝、达利、秋水伊人、四季青、蓝色倾情、三彩、流金岁月
	宁波	品牌男装	1800	1350000	17630	6	3	雅戈尔、罗蒙、洛兹、爱尔妮、培罗成、爱伊美、太平鸟、老K、步云、唐鹰、唐狮、一休
	平湖	出口服装生产基地	1100	1100531	21500	8		悦莱春、亚鑫、jinjianfeng、BANYU、图案
	温州	男装	2500	3020000	15000	2	8	报喜鸟、庄吉、法派、华士、美特斯邦威、森马、高邦、雪歌、好日子、红黄蓝、骊谷
	其中：乐清	男装、休闲装	425	1108000	3200	2	4	昂斯、菲姿、金万利、金鸿、南派、高鹤、欧丽亚
	嵊州	领带	1100	625887	23400	1	1	巴贝、金天得、麦地郎、好运来、俊士
	织里	童装	2510	37650	2460		6	金童王、小霸王、佳士达、益华、珍贝
	枫桥	男衬衫	37	145000	3800			步森、开尔、海魄、情森
福建	晋江	休闲服、西服、泳装、内衣、运动服	3000	2850000	138000	13	9	七匹狼、柒牌、九牧王、SBS、劲霸、浩沙、利郎、威鹿、红孩儿、玛莱特、大赢家、东方骆驼、七彩狐
	其中：英林	休闲服装	1191	339150	15800	3		柒牌、劲霸、威鹿、黑山岛、拓荒者
	其中：深沪	内衣	252	450000	96936	3	1	浩沙、通亿、竞渡、SBS
	石狮	休闲装、运动装生产基地	2247	966605	21000	8	18	富贵鸟、金犀宝、野豹、帝牌、拼牌、爱登堡、哈德利、威兰西、健健、斯舒郎、豪健、彬伊奴、爱利奴

所属省份	地区	产业特点或主要产品	服装产业企业数（个）	服装产业产品销售收入（万元）	服装总产量（万件）	服装工业园区（个）	服装专业市场（个）	代表知名品牌
福建	其中：灵秀	运动、休闲服装	652	126130	5000			健健、豪健、斯舒郎、赛琪、凯而来、奥力
	其中：蚶江	西裤	586	287000	5000	2	8	威明、老人城、拼牌、韦蓝琪、宝路华
广东	广州	服装文化、商贸、设计	2850	3150000	73000	6	38	自由鸟、班尼路、生活几何、乐士、名豪、天兰、蒙乐丝、卡佛连、马仙奴、美景、高尼奥、凯琪、兴平、卡路·约翰、秋蝉、奥斯曼、熊猫、庄姿妮、苹果、SILIQUE、浪比时、康佳、名扬、例外、飞达、歌莉亚、柏琪、杜比多、心吻、百丝、麦浪、心水、西澳、SK
	深圳	服装文化、女装生产、设计	1860		160000	1	5	安莉芳、马天奴、桑迪丝、迪丝平、绅浪、菲妮迪、衡韵
	东莞	纺织服装生产基地	2155	422808	92378		7	宾达、天朗、柏文度、柏朗妮、圣旗、创富者、泰东双铃、格米奴、龙姿、利达斯、凫山、威文、卡宝、自一方、纪帆登、丝佛卡、奥哈玛、精明人、小猪班纳、耐尔帕克、纯真少女、迪路丝、迈尔思达、永艺、薏莎
	其中：虎门	女装、休闲装	1072	128000	15600		3	以纯、永艺、灰鼠、松鹰、狐仙、依米奴、依韵儿、霓中依、玉情儿、伊莎艾伦

所属省份	地区	产业特点或主要产品	服装产业企业数（个）	服装产业产品销售收入（万元）	服装总产量（万件）	服装工业园区（个）	服装专业市场（个）	代表知名品牌
广东	中山	休闲装、牛仔服	2152	863608	81218	2	4	剑龙、柏仙多格、第五街、圣玛田、CY、华美欧、巨朗、海霸、蓝霸、汉弗莱、雪人、康妮雅、胜米兰、积世客、易来、欧斯·迪克、丹奴、巨朗、浪兴、千姿梦、法丹奴、亚卡路、飞凡、海狼、歌德利、桑巴斯
	其中：沙溪	休闲装	639	532100	25200	6	5	剑龙、圣玛田、柏仙多格、汉弗莱、马克·张
	其中：大涌	牛仔服	280	257206	110000	4		胜米兰、积世客、易来、欧斯·迪克、丹奴、巨朗、浪兴、千姿梦、法丹奴、亚卡路、飞凡、海狼、歌德利
	潮州	婚纱、晚礼服	556	370000	51000			名瑞、金潮、伟标、佳丽、智丽、琳琳
	普宁	衬衫、针织衫	1452	1430000	80000	5		雷伊、群豪、乐士、麦利、名马、雅爵、巴索敦、发格尔、金航、森顿、富贵鱼、古·比伦、伊莱王、凯丹顿、雅群、高迪路、崇宇、京东、名鼠、仙宜岱
	新塘	牛仔服	2045	856180	22470	2	5	宝琪、豪骏、佐治小子、增致、凯蒂猫、小魔鱼、康威
	均安	牛仔服	1200	300000	10000	1	1	西布朗、雪基龙、披头士、爱得乐、标奇、龙威、名流仕、鲸皇、骄仕
	盐步	内衣	310	300000	10000			紫兰蒂、美思、依曼妮、奥丽依、戴安娜、依之妮

资料来源：中国服装协会 http://www.cnga.org.cn。

　　归纳起来，上述各类集聚地大多是在历史上老服装加工基地的基础上形成的,如温州、宁波、晋江等地。见表 6-36,沿海五省市竟占了 74.04% 的市场份额,产业集聚效应明显。

表 6-36 2005 年服装及衣着附件 5 省市出口商品统计 单位:万美元

省市名称	出口额	增长(%)	份额(%)	出口单价	增长(%)
广东	1580909	25.87	21.39	1.19	7.96
浙江	1332218	23.74	18.03	1.63	3.60
江苏	1096633	26.21	14.83	2.05	8.55
上海	917853	8.73	12.42	2.20	7.17
山东	543842	13.82	7.36	2.11	1.42
累计	5471455	—	74.04	—	—

资料来源:《2005/2006 中国纺织品服装对外贸易年鉴》。

4. 向高附加值链节渗透

以和国外渠道商和品牌商合作,服务特定市场为特征。雅戈尔在这方面做出了大胆的尝试。

日本伊藤忠商社是世界级的工商巨头,是纤维产品领域全球最大的销售商。雅戈尔集团与伊藤忠商社在纺织、服装及贸易领域已有多年的成功合作经历。例如,在伊藤忠商社帮助下,雅戈尔在日本东京开设了日本分公司。2003 年,雅戈尔集团又与伊藤忠商社共同出资在宁波建设了毛精纺全能企业,引进了具有世界水准的条染、纺织、织造、后整理等先进装备,并很快形成了生产能力。意大利玛佐多(Marzotto)公司已有 200 余年历史,旗下有老板(Hugo Boss)、华伦天奴(Valentino)等众多世界顶级服装品牌,同时也是欧洲目前最大的纺织面料生产供应商。2005 年,在雅戈尔与伊藤忠原来合资的基础上,玛佐多以新的注资、技术转让和提供营销渠道的方式,为伊藤忠/雅戈尔毛纺企业提供玛佐多的独家技术与工艺,试图提升三方合作公司从制造水平到营销渠道的多方面能力。

5. 出现本土设计人才和品牌商

例如,在全中国拥有 2000 家专卖店,年销售额近六十亿的利郎(福建)时装有限公司主要设计 William Tsng 和 Gusta Tiona 两个品牌。在 2004 年中国国际时装周上,公司设计总监计文波获得设计师最高奖"金顶奖",2007年1月成为首度登上米兰时装周的亚洲第一人。

又如,1980s以NE·TIGER代工起家,如今将公司总部设在上海的张志峰,1991年创立了东北虎(NE·TIGER)品牌。2005年,该品牌成为全球顶尖皮草俱乐部丹麦紫色俱乐部中唯一的中国会员,其品牌NE·TIGER俨然作为中国第一奢侈品品牌出现在世人面前。目前该品牌在法国、意大利、中国香港有3个工作室,在日本、俄罗斯和美国有3个合作公司。设计团队里容纳了法国人、意大利人、俄罗斯人和日本人。

美特斯·邦威采取定牌生产策略,主要依赖与广东、江苏等地200多家制造商建立长期的加工贸易关系,1995年国内销售额1000多万元,专卖店1家。到2004年销售额超过20亿元,专卖店遍布全国各地,达1200多家。

再如,上海丝绸集团是我国最大的服装出口企业。目前拥有研发、生产、技术、测试等全套生产流程,2004年研发费用超过1000万元。1965年注册的LILY商标,是上海丝绸集团股份有限公司使用至今的唯一品牌,目前已在全球58个国家注册并进入法国及欧盟各国的百货公司和专卖店。该品牌已经建立起融面料设计、服装设计、打样、制版、测试、生产、物流、销售为一体的出口供应链。在国内各大城市设有62家专卖店,26家品牌加盟代理商,国内年销售额3400万元。

6.6.2 中国服装产业加工贸易升级路径初探

中国是全球纺织品服装产业的制造和贸易大国,但非强国。现在又频繁遭遇各种形式的贸易和非贸易壁垒,加之人民币升值、能源价格上涨、劳动力成本上升等压力,如何实现加工贸易的转型升级?

从前面对价值链和供应链的分析中我们已经看到:全球价值链的现有格局是跨国公司主导的结果,与中国进行加工贸易的跨国公司当然不可能希望看到中国企业顺利进入高附加值链节。所以,中国服装产业加工贸易的升级主要还要靠我们自己的努力和参与竞争。

不少研究都推崇中国香港纺织品服装产业从简单加工→OEM→ODM

→OBM 的转型升级路径。其实,中国香港该行业发展经验的精髓在于:当不同价值链的链节之外包成为可能的时候,就是不断发现和创造新的国家或地区竞争优势的开端。我们认为,中国纺织品服装产业不能照搬这种经验。原因在于,中国香港市场容量小,制造业约束大(如土地和工资高,劳动力短缺),而中国内地的经济环境完全不同。

对中国纺织品服装产业升级路径的主要建议有:

1. 国内市场的壮大是中国成为服装产业强国的基础

中国服装加工贸易提升的基础在于纺织工业的发达,这在客观上使得价值链后向延伸具备可能,但前向延伸并不容易,此乃因为购买力是消费者驱动型价值链发展的原动力。所以,国内服装市场容量扩大、商品档次提高之日,也是中国纺织品服装产业内出现具有世界竞争力的企业之时。据估计,到 2010 年,中国服装市场的规模将达 1000 亿美元,[①]能做好国内服装市场的企业才有希望抓住全球服装价值链的高端链节,成为产业内的强者。

2. 大力培养服装设计人才

加工贸易企业要向高附加值链节攀升,就需要大量高素质的设计人才。目前,仅上海地区,已经出现如与法国合作开设的中国纺织大学拉萨尔服装设计学院、上海工程技术大学中法埃菲时装设计师学院等服装设计人才的摇篮。服装设计人才一定要注意依托悠久的中国文化的积淀。

3. 充分注意地理因素对服装加工链节的影响

当管理能力得到提升后,走出去,将制造工厂开设到距离重要市场较近的地方,无疑是提升加工贸易量最直接的一种方式。

4. 扶持相关支撑产业的发展

服装产业的支撑链节包括纺织面料研发和生产、纺织机械、印染、服装展示等。意大利享有较多的全球服装名牌,有久负盛名的佛罗伦萨男士流行服装展览会(PITTI UOMO)、意大利时装展览会、意大利米兰裘皮博览会、意大

---

① Women's Wear Daily , "U. N. study addresses quotas' end", 22 July. 2003, www. sweatshopwatch. org.

利米兰纺织及辅料展览会等,同时拥有较高的丝绸织造和印染加工技术,是世界上最大的印染丝绸及色织丝绸的生产和出口国,其纺织机械工业产品出口能力居世界第二,所有这些,不可能没有相互支撑作用,因为产业竞争力通常是建立在本国相关产业发展基础之上的。

5. **建立海外终端销售渠道**

在主要消费市场建立终端销售渠道,可以帮助随时了解市场动态并及时与国内企业进行信息交换,从而有针对性地进行加工贸易市场开发活动。服装行业是国际化的行业,企业就应该尽可能地融入国际交流中。

6. **强化品牌建设**

创品牌是服装企业发展的最高境界。从事服装加工贸易的企业若要完成品牌之路,还是需要脚踏实地,先完成好加工贸易的三部曲,然后才有创品牌的可能。以下例子值得我们参考。土耳其 Boyner Holding 公司原本是一家规模不大的服装加工企业,后来成为 Benetton 品牌的供应商后加工制造能力得到提升。接着它利用和 Benetton 的合作关系学习品牌管理经验,开发了自有品牌在本国销售,最后建立起自己的跨国销售渠道。2003 年公司销售额达到 5 亿美元。

所以,中国服装加工企业应当尽量接近价值链中占有主导权的零售商和品牌经销商,通过和他们的合作接受隐性知识的转移,积累品牌管理经验。

本章小结:(1)服装产业是典型的购买者推动型产业,利润主要来自高附加值的产品开发设计、市场营销,以及渠道和品牌控制,来自主要消费市场的零售商、品牌商和品牌制造商是价值链的治理者;(2)服装产业链中的领导型企业面对市场竞争和成本压力,需要积极配置各具比较优势的链节,以达到强化供应链之目的。贸易自由化趋势、物流和通讯技术的发展使这类行为跨越国界成为可能;(3)中国已成为纺织品服装生产和贸易大国,贸易条件逐步改善,但服装产业从事加工贸易的企业仍以位于低附加值制造链节为主;(4)历经多年积累,中国服装产业加工贸易模式有向获取高附加值升级的潜力和可能。因为中国的纺织服装业已经成为产业链最完整、门类最齐全、加工水平很高的行业,也是最具竞争力、市场化程度最高的行业,是中国所有制造业中最具备条件走出去的行业之一。①

参考文献

[1]国家发展改革委员会对外经济研究所课题组:《必需面对的可能——我国纺织业外部政策环境变化及影响》,《国际贸易》2004 年第 1 期。

[2]黄永明,何伟,聂鸣:《全球价值链视角下中国纺织服装企业的升级路径选择》,《中国工业经济》2006 年 5 月。

[3]卡洛斯·马格利尼奥斯:《本地工业嵌入全球价值链和生产网络》,《深圳商报》2004 年 5 月 31 日。

[4]寇亚明:《全球供应链:国际经济合作新格局》,中国经济出版社 2006 年版。

[5]刘德学等:《全球生产网络与加工贸易升级》,经济科学出版社 2006 年版。

[6]杨丹辉:《纺织服装产业国际转移的特征与中国利用外资的趋势》,《中国经贸导刊》2004 年第 22 期。

[7]杨清山:《最强品牌》,机械工业出版社 2005 年版。

[8]庄芮:《FDI 流入的贸易条件效应:发展中国家视角》,对外经济贸易大学出版社 2005 年版。

[9]中国纺织品进出口商会:《中国纺织品服装对外贸易报告年鉴 2004/2005》,中国轻工业出版社 2005 年版。

[10]中国纺织品进出口商会:《中国纺织品服装对外贸易报告年鉴 2005/2006》,中国农业科学技术出版社 2006 年版。

[11]中国纺织工业协会:《2004/2005 中国纺织工业发展报告》,中国纺织出版社 2005 年版。

[12]Appellbaum, R., and Gereffi G. Power and Profits in the Apparel Commdity Chain [A]. E. Bonacich and Others (eds.), Global Production:

① 《2005/2006 中国纺织品服装对外贸易年鉴》,中国农业科学技术出版社 2006 年版,第 101 页。

The Apparel Industry in the Pacific Rim [C]. Philadelphia, Pa.: Temple University Press, 1994.

[13]Bhattacharya, Debapriya, and Mustafizur Rahman, "Seeking fair market access for Bangladesh apparels in the United States: A strategic view", CPD Occasional Paper, No. 11. Dhaka: Center for Policy Dialogue, 2000.

[14]Bonacich E., Cheng L., Clinchilla N., Oug P.: Global production: the apparel industry in Pacific Rim [M] Philadelphia, PA. Temple University Press, 1994.

[15]Carlos Fortin: "TNCs and the Removal of Textiles and Clothing Quotas", United Nations Conference on Trade and Development, Geneva, 2005.

[16]Datamonitor: published on October, 2005.

[17]Ernst D, Kim L. "Global production networks, knowledge diffusion, and local capability formation", Research Policy, 31 (8 - 9): pp. 1417 - 1429, 2002.

[18]Gary Gereffi: "Internatinal trade and industrial upgrading in the apparel commodity chain", Journal of Internatinal Economics, June, 1999, pp. 37 - 70.

[19]Gary Gereffi, Conference on World Processing Trade and China Trade Upgrading, October 18, 2005.

[20]Hildegunn Kyvik Nordas: "The Global Textile and Clothing Industry post the Agreement on Textile and Clothing", WTO, 2004.

[21]Kaplinsky R.: "Export Processing Zones in the Dominican Republic: Transforming Manufactures into Commodities", World Development, Vol. 22, No. 3, 1993.

[22]Kelegama, Saman, and Roshen Epaarachchi: "Productivity, competitiveness and job quality in garment industry in Sri Lanka." In Joshi, Gopal, ed., Garment Industry in South Asia: Rags or Rishes? Competitiveness,

低技术产品加工贸易模式——以服装产业为例

Productivity and Job Quality in the Post-MFA Environment. New Delhi: ILO, 2002.

[23]Khundker, Nasreen: "Garment industry in Bangladesh. " In Joshi, Gopal ed. , Garment Industry in South Asia: Rags or Riches? Competitiveness, Productivity and Job Quality in the Post-MFA Environment. New Delhi: ILO, 2002.

[24]Marianne Baxter, Michael A. Kouparitsas: "What Causes Fluctuations in the Terms of Trade?", NBER Working Paper, Nov. , 2000.

[25]Raphael Kaplinsky and Mike Morris, "A Handbook for Value Chain Research", Report Prepared for the IDRC, Bellagio Workshop in September, 2000.

[26]Spinanger, Dean and Samar Verma: " The coming death of the ATC and China's WTO accession: Will push come to shove for Indian T&C exports?" Kiel: Kiel Institute for World Economics. Mimeo, 2003.

[27]Stuart-Smith, Keith, Rekha Dayal, Peter Brimble and Sam Holl: "Cambodia's garment industry: Meeting the challenges of the post-quota enviroment" Manila: Asian Development Bank. Mimeo, 2004.

[28] United Nations Industrial Development Organization: Competing Through Innovation and Learning. Industrial Development Report 2002 / 2003.

[29]UNCTAD: World Investment Report 2001: Promoting Linkages, New York and Geneva: United Nations,2001.

[30]UNCTAD: The Least Developed Countries Report 2004: Linking International Trade with Poverty Reduction, New York and Geneva: United Nations,2004.

[31]Women's Wear Daily: "U. N. study addresses quotas' end", 22 July,2003, http://www. sweatshopwatch. org.

[32]http://www. data. wswire. com.

[33]www. cnga. org. cn.

[34]www. ctei. gov. cn.

[35]www. mofcom. gov. cn.

7 高技术产品加工贸易模式
——以计算机产业为例

内容提要: 以自动数据处理设备及零部件产业为例,对中国高技术产业加工贸易模式的特点和成长方式进行讨论。总体来说,与纺织品服装产业比较,我国自动数据处理设备及零部件产业加工贸易起步较晚,贸易模式落后许多,贸易利益也小许多。

关键词: 自动数据处理,全球价值链,加工贸易,贸易模式,贸易利益

7.1 计算机产业全球价值链和治理结构

7.1.1 高新技术产业与计算机产业

"高新技术产业"是通过高新技术的产业化发展起来的新兴产业,国际上至今还没有统一的界定。我国目前按照 OECD 产业分类法对高新技术产业进行统计核算,包括航空航天制造业、自动数据处理设备制造业、电子与通信设备制造业和医药制造业。高新技术产品分类则依据《中国高新技术产品出口目录》,主要包括计算机与通信技术、电子技术、生命科学技术、计算机集成制造技术、航空航天技术、光电技术、生物技术、材料技术、其他技术等九个技术领域的产品。

全球高新技术产业在发展过程中形成了以下六大特点。第一,它是经济

发展的中坚力量,2000年全球高新技术产业规模约2万亿美元,占制造业产品产量的15%左右;第二,世界高新技术产品出口量在近十多年中年均增长率在10%以上,是推动国际贸易发展的主力;第三,美、日等发达国家在全球高新技术产业贸易格局中占据主导地位,仅美国就占世界高新技术产业贸易量的1/3以上;第四,由于总产值几乎占整个高新技术产业规模的一半,信息产业是其中规模最大、影响最广的产业;第五,人才高度集中,技术创新和技术转化的周期特别快,产业竞争特别激烈,创新能力常常构成企业竞争成败的决定性因素;最后,借助全球经济一体化趋势,产业的集成化、国际化趋势十分明显。[①]

本章对高技术产业加工贸易成长方式的讨论将主要集中在以计算机为代表的IT产业上。这是基于这样一个事实:自动数据处理设备及零部件和集成电路及微电子组件在所有中国高新技术产品出口额中占有较高份额,2004年占比57.26%,2005年占比54.55%,都在一半以上。[②]

7.1.2 自动数据处理设备及零部件产业全球价值链基市结构和变迁

自动数据处理设备及零部件行业是全球IT行业中增长最快的行业之一,也是高技术产业中国际贸易利益较大的行业,本节先运用GVC方法讨论全球自动数据处理设备及零部件产业价值链、供应链和治理结构的形成背景、特点及其发展,作为随后讨论其加工贸易模式、利益和效应等的起点。

全球自动数据处理设备业价值链主要由芯片、操作系统、芯片以外的其他零部件、应用软件、服务、组装等链节构成,分为上、中、下三个层次。在整个价值链链节中,中央处理器(CPU)和操作系统(OS)是该产业的核心模块,构成PC产品的关键技术,是产业内不可缺少的模块部件。除CPU芯片和操作系统外其他零部件模块位于PC产业的中游链节,技术含量相对较低,但仍包含了一定的高科技技术含量,如液晶显示器、高档显卡、应用软件的研制和开发

---

① 常晓村等:《我国高新技术产业发展与对外贸易研究》,商务部科技发展和技术贸易司与中国电子信息产业发展研究院规划研究所合作课题,2004年。

② 海关统计数据,www.jiamao.cn/Html/jingjishuju/2006-3/9/20060309852.html。

等。与上游生产链节相比，大多数该部分模块的生产技术已经趋于成熟。下游链节的技术含量最低，对资金、规模的要求也低，主要是作为上游和中游链节各大厂商的销售代理或完成PC产成品的装配工作。它们在价值链中的各自位置如图7—1所示。

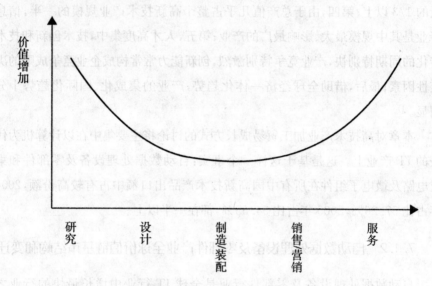

图7—1 自动数据处理设备产业价值链（又称"微笑曲线"）

资料来源：iSuppli Corp。

由于各链节的技术含量不同，对生产要素条件的需求存在差异。从成本结构出发，要素条件的需求差异为自动数据处理设备及零部件产业价值链的全球配置提供了内在动因。同时随着技术变迁（如物流和通讯技术发展）和制度变迁（如许多国家加入了ITA（信息技术协议）），国家间的贸易壁垒减少，自动数据处理设备产业在全球范围的价值链配置得到了进一步的强化。

自动数据处理设备业产业组织的演变过程大致经历了以下三个阶段。20世纪80年代属于PC兴起阶段，市场规模小并且十分不成熟，特别是产品和技术的标准化过程尚未完成，因而产业组织构架以垂直型产业体系为主，如图7—2所示。跨国计算机公司以IBM为代表，完成的产业链节包括从制造、销售到软件开发的几乎所有链节，并逐渐形成以IBM产品和技术标准为业界的事实标准，产品在全球范围销售，成就了"蓝色巨人"的著名品牌，几乎垄断了

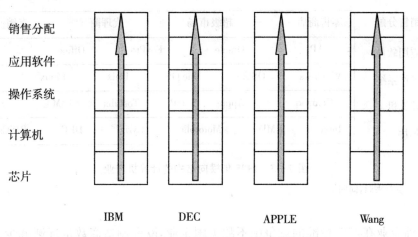

销售分配				
应用软件				
操作系统				
计算机				
芯片				
	IBM	DEC	APPLE	Wang

图 7－2　20 世纪 80 年代垂直结构的计算机产业

资料来源:孙晓峰(2005)。①

这一行业的市场,②属于全球价值链模块化生产孕育期。

到 20 世纪 90 年代以后,市场的快速推进和标准化程度的提高使该行业产业组织关系发生了根本性变化,专业化分工体系逐渐形成,见图 7－3。在这一阶段,信息社会的推进与市场需求同步快速增长、业界标准形成、各种销售业态出现、笔记本电脑开始普及、生产商和品牌数量大量增加导致竞争加剧、产业链分工和专业化生产方式形成并出现跨国的模块化生产格局,使得除核心芯片制造和操作系统开发之外,其他各模块技术也迅速普及并成熟。

由于模块化生产方式对产业结构调整具有革命性意义,③一旦某个模块胜出,将可能获得全部模块价值,具有白热化的"淘汰赛"效果,从而激励各模块企业开发出符合界面标准和绩效标准的模块产品,④致使整个自动数据处理设备业产业价值链出现巨大变化。部分有代表性的事件是:日本和

---

①　孙晓峰:《模块化技术与模块化生产方式:以计算机产业为例》,《中国工业经济》2005 年第 6 期。

②　雷如桥,陈继,刘芹:《基于模块化的模式及其效率比较研究》,《中国工业经济》2004 年第 10 期。

③　Carliss Y. Baldwin 等,张传良译:《设计规则:模块化的力量》,中信出版社 2006 年版。

④　李平、狄辉:《产业价值链模块化重构的价值决定研究》,《中国工业经济》2006 年第 9 期。

销售分配	零售商店		超级市场		代理商		直销
应用软件	SAP		Oracle		FoxPro		Office
操作系统	Windows	OS/2	Mac OS		Unix		Linux
计算机	Compaq		Apple	HP	Toshiba		IBM
芯片	Intel	AMD	Motorola		Cyrix	DEC	RISCs

图7—3 1995年横向结构的计算机产业

资料来源:同图7—2。

欧洲企业在产业标准的竞争中不敌美国企业,欧洲制造商数量逐渐减少;具有较完整价值链产品的IBM在与Microsoft的竞争中逐步淡出软件市场;主要PC芯片制造商之一的Cyrix被边缘化,而Intel公司一枝独秀;大量中国台湾和部分韩国厂家大举进入该行业并逐步占据价值链的下游和中游,成为全球该行业中举足轻重的部分链节,其中Acer开始创建世界品牌。Baldwin和Clark对1950~1996年间计算机产业的数据进行了研究,结果表明:1969年IBM公司占据了整个市场价值的71%,但到1996年,没有一家企业超过市场价值的15%。市场的总价值向众多企业发生了转移,已分散到涉及16个领域的众多企业里。[①]说明自动数据处理设备业全球产业价值链至此已基本形成。

从1995年起,以中国台湾企业为代表的大量代工设计和代工制造的出现使PC产业组织进一步专业化,出现制造链节集聚化现象。1991~2000年,中国台湾企业整合了PC制造的零部件体系,开始向垂直整合方向发展,并有多家企业向品牌制造方向迈进。在笔记本电脑制造领域,1993年以前因尚未掌握TFT显示屏等核心技术,产品基本上被美国、日本公司所控制。1994年起,中国台湾企业开始从事OEM代工生产,到2001年以后,中国台湾代工企业开始整合笔记本电脑的零部件体系,在全球产业价值链演变中顺势书写了从OEM到ODM再到OBM的历史。

---

① Carliss Y. Baldwin等,张传良译:《设计规则:模块化的力量》,中信出版社2006年版。

Gereffi 在研究全球商品链不同生产链节在生产控制中的作用后指出：全球商品链存在链节之间地位的不平等，在商品链中占据主导地位的链节在利润分配上拥有控制权。[①]例如位于第一层次的美国，依靠高附加值的芯片和软件，获取全球电子产业 60% 左右利润，第二层次的日本和韩国则依赖关键性器件，利润占 20% 左右，以中国为代表的发展中国家，主要从事加工组装或一般性零部件的生产，利润只有 10% 左右。[②]具体到 PC 价值链各链节的成本结构如何呢？以采用 Pentium M 740 为 CPU、二代 SONOMA 平台、15.4 英寸 WXGA 型显示屏、256MB DDR333 内存、DVD 刻录光驱、60G 5400 转硬盘、预装 Win XP 的笔记本电脑为例。其出厂成本大约为 900 美元，成本结构如图 7—4 所示。可见：在笔记本电脑的总成本结构中，上游链节如 CPU 和液晶屏的成本比重最大，中游零部件的成本比重也相当可观，而其中下游的制造（组装）只占 3%，设计为 5%，若按惯例将它们合并在一起，这一块的比重也不过 8% 左右。

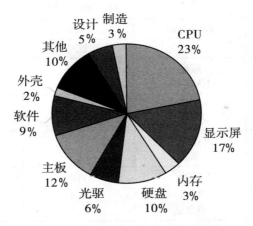

图 7—4　笔记本电脑的基本成本结构

由于销售的共享可能会掩盖价值链中某一供应商依靠其核心技术和投入

---

① Gereffi, G.: The Organization of Buyer-driven Global Commodity Chains: How US Retailers Shape Overseas Production Networks [A]. in G. Gereffi and M. Korzeniewicz (eds.) Commodity Chains and Global Capitalism [C]. Westport: Greenwood Press, 1994.

② 寇亚明:《全球供应链:国际经济合作新格局》,中国经济出版社 2006 年版,第 157 页。

从而控制整个价值链的事实,[①]下面从不同链节企业整体获利能力和市场集中程度进行考察。先看有关研究给出的表7—1的数据。从该表可见,在笔记本电脑产业价值链体系中,最有核心利益的链节是操作系统和CPU等核心零部件环节,能整合、集成零件的链节(如主板)之利润率也不容轻视,销售链节的利润率则最低。说明拥有"高技术壁垒"的生产环节确能获取较高的利益,链节之间利益差异十分显著。再如,2004年,中国半导体产业的销售额超过200亿元,但利润率只有3%,而跨国公司Intel依靠"高技术壁垒",一家的销售额就超过2300亿元,公司利润率更是高达18%。统计计算进一步表明:笔记本电脑各个生产链节企业的纯益率与表述市场集中度的赫芬达尔指数之间存在正相关关系,说明产业内存在各链节垄断程度越高获益能力越强的事实。[②]

表7—1 笔记本电脑产业内各链节纯益率与赫芬达尔指数

链节	代表企业	2000～2004年纯益率(%)均值	所在行业赫芬达尔指数
操作系统	Microsoft	26.9	9418
CPU	Intel	22.1	7450
主板芯片	威盛 NVIDIA	30.6 9.2	4338
存储器	力晶 华邦	25.9 18.7	1513
LCD面板	友达光电 华映	14.0 12.6	1162
ODM	广达 仁宝 英业达	7.4 6.4 5.1	1894
品牌销售商	DELL ACER 联想	6.0 7.2 5.3	921

资料来源:张纪(2006)。

---

① Raphael Kaplinsky and Mike Morris, A Handbook for Value Chain Research, Report Prepared for the IDRC, Bellagio Workshop in September 2000.

② 张纪:《产品内国际分工中的收益分配》,《中国工业经济》2006年第7期。

7.1.3 全球自动数据处理设备制造业供应链结构及加工贸易的发展

模块标准化使得模块之间可以形成不同的组合,参与模块化生产网络的企业可以在很短的时间内生产出不同类型的产品。[①]生产方式改变的同时会改变价值链,供应链结构也得到相应改变:先有 IBM 的生产大量外包,后有 Dell 直销模式的流行和按订单生产之创新。前者使 PC 硬件在全球范围内进行设计、采购、生产和销售成为可能,促使产业供应链各链节在全球范围内寻找最佳的区域发展,在形成全球生产网络的同时完成了垂直整合向水平专业化生产方式的演变。后者的成功则催化了生产者推动型价值链逐渐向购买者推动型价值链的转变,并大大改变了供应链的结构。[②]总之,产业供应链的演变是跨国公司对生产网络不同链节之间的活动进行时空协调,同时追求全球产业竞争所必需的时间(速度)经济与空间聚集经济效应的结果。[③]

自动数据处理设备制造业在不断降低成本的利益驱动下在全球范围内运作,这可以扩展价值链各模块的生产空间,使其成为全球化程度最高的产业之一。设计、制造和销售不再局限于一个企业,也不再局限于局部地区,而具有地理上的分散性与空间上的集聚性相统一的特点,在形成全球产业分工体系的同时,使全球价值链配置机制得到彰显。

企业在产业链中地位往往由其对供应链支配力所决定,而支配力则由企业核心竞争力通过供应链的重组和各链节之间跨区域的博弈得以形成。除盈利率不同外,不同国家或地区在 PC 产业供应链中的支配地位也不相同,如图4—2 所示。

实践中,美国厂商处于产业供应链的高端,除拥有强势品牌和市场(其电

---

① 李平,狄辉:《产业价值链模块化重构的价值决定研究》,《中国工业经济》2006 年第 9 期。

② Kenneth L. Kraemer and Jason Dedrick:"The Role of Information Technology in Transformation of the Personal Computer Industry",Paper prepared for Transforming Enterprise,January 27-28, 2003.

③ 王益民,宋琰纹:《全球生产网络效应、集群封闭性及其"升级悖论"》,《中国工业经济》2007 年第 4 期。

脑拥有量占世界约三分之一）外，依赖其核心芯片设计制造技术和操作平台研发能力主导并引领着产业标准和产品研发以及系统集成，控制着核心产品和零部件的生产，基本上主导整个供应链。①部分日本企业仅次于美国，在硬盘、液晶技术，内存芯片和动态随机存储器等方面具备较强的研发和制造能力，并依托强大的制造业基础，占据了部分高端市场，但对供应链的支配力并不很强，因为在全球自动数据处理设备的模块化制造网络中，已出现了供应链决策权向模块制造企业转移的潮流。韩国、中国台湾以及新加坡许多企业处于产业供应链的中游，通过与美国一流企业的市场和技术合作，技术水平不断升级，已发展成主板，集成电路、液晶屏等部分关键模块的生产基地和新产品研发设计中心，并不断向上游和市场链节渗透，对供应链的支配力强于日本。发展中国家和地区则处于产业供应链的低端，主要从事部分整机的组装以及一般元器件及电脑外设如键盘、鼠标、机箱、变压器、CRT 显示器的生产，数量大但利润率低，根本无法利用关键技术对产业供应链产生较大影响。中国联想公司利用产品规模和本土化市场创建了 PC 市场占有率世界第三的 Lenovo 品牌是其中一大亮点，因为 PC 产业是一个需要发挥规模效应的产业。②

在与自动数据处理设备业相关的服务领域，也基本上被美国企业控制。例如 IBM 1999 年开始通过成立 IGS（IBM Global Service）、出售网络产品制造和销售部门、2002 年外包 PC 生产业务并出售硬盘业务给日立公司，同年收购普华永道咨询公司、2004 年出售 PC 业务、2005 年出售 NB 业务等一系列业务重组，从全球最大的计算机产品提供商较快转变成全球最大的计算机服务提供商，咨询业如今已成其支柱产业之一。与此同时，IBM 始终没有放弃能保持全球领先地位的大型机和超大型机的研发和制造。服务外包方面，印度借助人才优势成为全球最大的自动数据处理设备业服务外包提供商。

---

① 李平，狄辉：《产业价值链模块化重构的价值决定研究》，《中国工业经济》2006 年第 9 期。

② 袁勤俭：《中国信息产业发展战略》，科学技术文献出版社 2003 年版，第 27 页。

韩国和中国台湾企业在除核心芯片等一些关键零部件方面还基本上被美国企业所控制外,对整个制造供应链各链节具有部分优势和支配力。如韩国三星在动态随机存储技术方面就具有世界领先地位。中国台湾企业的这些优势则主要体现在以下三个方面:第一方面是与自动数据处理设备制造业相关的零部件企业,在中国台湾形成了产业集群。其中不少专业性零部件企业在世界市场中所占的份额都达到了第一或第二的水平,如表 7—2 所示。

表 7—2　中国台湾与自动数据处理设备制造相关的主要零部件企业

零部件项目	生产厂家	业内地位
液晶面板	友达、奇美、华映、广辉、彩晶	全球第二
塑料结构件	鸿海	全球第一
ABS 工程塑料	奇美	全球第一
键盘	精元、群光、达方、新巨	全球第一
光驱	广明、宇极、华硕、明基飞利浦、光宝	全球第二
散热器	鸿准、超众、业强、超众、奇铉、双鸿	全球第一
电源适配器	台达电、光宝、力信	全球第一
电池	新普、顺达	全球第二
金属结构件	可成、华孚、华虹	全球第一
笔记本电脑主板芯片	矽统、威盛	全球第二
被动元件	国巨、奇立新、华毅、大毅、旺诠	全球第一
连接器	鸿海、正崴、连展	全球第一
PCB	华通、金像、南亚、健鼎、瀚宇博	全球第
内存	力晶、南亚、茂德、宇瞻、Kingmax	全球第二

资料来源:根据 USTPO 和台湾经济研究院相关资料整理而成。

第二方面是产品集成优势,从 2001 年成为世界整机品牌制造商的 OEM 和 ODM 企业开始,中国台湾企业在自动数据处理设备制造链节中向微垂直整合方向发展,逐渐形成了像广达这样的 OEM/ODM 制造商。图 7—5 是中国台湾主要 PC 代工企业 2004 年的全球市场份额。2005 年,中国台湾企业笔记本电脑出货量占全球笔记本电脑出货量约 81.2%,且这些企业都是 PC 市场世界前 10 位品牌产品拥有者的代工企业。这些业已形成的大规模产品集成商目前的发展趋势,一是向品牌制造商方向发展,其中宏基、华硕和泛宏基旗下的明基是比较典型的企业;二是继续成为代工企业,但在零部件方面向技术含量更高方向发展,不断向产品价值链上游冲击,广达集团是其中比较典型的企业。

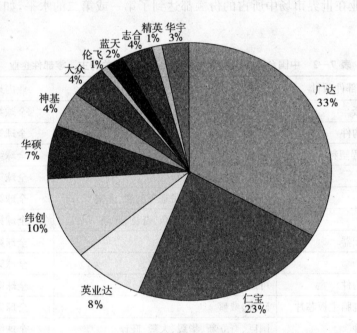

图 7—5 中国台湾地区 2004 年笔记本代工企业全球市场份额

资料来源:根据 USTPO 和台湾经济研究院相关资料整理而成。

第三方面是除了牢牢控制制造方面的技术外,中国台湾 OEM/ODM 企业还通过整合、向大陆投资转移加工、重构或复制组装链节,试图变现低成本的制造策略。表 7—3 是中国台湾 OEM/ODM 企业在中国大陆的生产基地以及这些企业在大陆产能所占比例,从表中可见这些企业的生产能力大多被转移到了长三角地区。

表 7-3　中国台湾省主要 OEM 企业在中国大陆的投资　　　　单位:%

厂家	广达	仁宝	纬创	英业达	华宇	华硕	志合	大众	神基	伦飞	蓝天	精英
生产基地	上海松江	昆山	昆山	上海漕河泾	吴江	上海南汇苏州	苏州	苏州	昆山	昆山	昆山	深圳
大陆产能所占比例	95	90	60	95	90	60	100	100	90	100	90	90

资料来源:根据 USTPO 和台湾经济研究院相关资料整理而成。

这样,中国台湾自动数据处理设备制造业采用加工贸易的方式,将代工设计和测试放在中国台湾本土,加工组装和部分元器件生产则通过 FDI 形式进入到大陆,在不失去原有对供应链支配力的同时,降低了制造成本,增加了贸易利益,进一步优化了供应链布局,并在客观上使中国大陆成为全球自动数据处理设备制造链中重要的组装和加工链节。2002~2004 年,依靠设立在大陆和岛内的工厂,中国台湾企业生产的笔记本数量在全球的份额从 50%、60%,稳步上升到 70%。除个别企业,中国台湾电脑代工企业超过 95% 的出货量都在内地生产。[1]

从以上分析可知,在自动数据处理设备业的全球产业价值链体系和供应链体系的形成过程中,有些企业通过创建核心竞争力如掌控核心技术或强势品牌确立了价值链中的主导地位或占据了有利链节;有些企业利用模块化生产方式的特点依靠对产业链进行微垂直整合和发展规模培育起自身核心竞争力实现对产业链的较强支配力;也有些企业在动态变化的供应链中表现出放弃或转型的勇气和灵活性,扮演了产业主导企业的后向价值链节之角色,依赖提供服务重新赢得新的核心竞争力。中国大陆则以劳动力成本优势顺势承接低端制造链节、以加工贸易方式为主切入了全球自动数据处理设备业的产业价值链体系和供应链体系中。

---

[1]　顾建兵:《台湾 PC 代工厂面临成本压力 全线迁入长三角》,《21 世纪经济报道》2005 年 12 月 3 日。

7.1.4 全球自动数据处理设备及零部件产业价值链治理结构

全球自动数据处理设备产业价值链治理结构的特征主要表现在:首先,借助模块化生产方式,核心企业在全球范围内寻找成本最低的模块制造商将附加价值低的模块外包出去,自身则专注于核心模块,强化其在核心模块上的控制地位,使核心模块的附加价值持续获得提升,不断拉大与非核心模块在附加价值上的距离,进而在产业价值链的超额利润分配中获得更为优势的地位。其次,处于产业链中游的供应商群体由于不具备对整个价值链的主导地位,为了维持或强化长期协作关系,表现出追随核心企业或按照其战略意图在特定地理区位组建供应链,形成产业链移植或产业链复制的现象,体现了全球生产网络中原有互动关系以及联系机制的深化与发展。①最后,由于具有相同资源禀赋,特别是劳动密集型生产能力的国家大量存在,图7-1"微笑曲线"中的制造/装配链节部分的竞争由于模块化生产方式而更趋激烈,中间工序的附加价值进一步降低。与此同时,由于产品更新速度的加快,产品的无形损耗日益加大,加工出来的产品很可能在短时间内就已经过时而变成库存积压下来。而生产这些硬件产品的模块生产者无疑将成为这些无形损耗的承担者,与品牌商相比较,其所处的价值链地位进一步受到挤压。所以,一方面"微笑曲线"的弧度将变得更加陡峭,另一方面,曲线将呈现出更为明显的非对称性,即上游曲线进一步抬高,而下游曲线相对平缓。②

结论:自动数据处理设备及零部件产业是买方和卖方共同治理的价值链,如Microsoft和Intel是卖方治理,而ARM通过提供硅制品满足客户需求是买方治理机制。③其供应链管理最大特点是:全球模块化生产方式和全球配送网络。④

---

① 王益民,宋琰纹:《全球生产网络效应、集群封闭性及其"升级悖论"》,《中国工业经济》2007年第4期。

② 李平,狄辉:《产业价值链模块化重构的价值决定研究》,《中国工业经济》2006年第9期。

③ Raphael Kaplinsky and Mike Morris, A Handbook for Value Chain Research, Report Prepared for the IDRC, Bellagio Workshop in September 2000.

④ Kenneth L. Kraemer and Jason Dedrick, The Role of Information Technology in Transformation of the Personal Computer Industry.

7.2 自动数据处理设备及零部件产业贸易格局和贸易方式

7.2.1 产业贸易格局

影响市场的主要因素通常是需求和供给两个方面。对自动数据处理设备制造业的需求而言，新技术、新产品层出不穷和产品升级换代速度极快的两大特点导致市场总量以及市场结构变化较大。在供给方面，技术因素极大地影响着成本结构和产品性能。所以，以下从市场和技术两个角度分析自动数据处理设备及零部件产业的贸易格局。

1. 市场因素

由于价值转移的根本原因是顾客需求的变化，[①]故先从需求看。自动数据处理设备销售量快速增长是产业发展的重要因素，1999～2004 年全球自动数据处理设备制造业及细分行业销售情况见表 7—4。

表 7—4 全球自动数据处理设备制造业 1999～2004 年销售情况

数量单位：千台

年度	1999	2000	2001	2002	2003	2004
NB 数量	19935	24224	25747	30003	38051	46300
成长率	—	21.5	6.3	16.5	26.82	21.67
DT 数量	100746	113082	105874	105655	123171	140394
成长率	—	12.2	−6.4	−0.2	16.37	13.98
PC 数量	120681	137306	131621	135658	161222	186694
成长率	—	13.8	−4.1	3.1	18.84	15.80
NBASP(平均单价)	2336	2161	1871	1614	1453	1363
DTASP(平均单价)	1418	1315	1194	1053	955	904
渗透率(NB/NB+DT)	16.5	17.6	19.6	22.1	23.6	24.8

资料来源：根据 IDC、Gartner 等资料整理。

---

① 李平，狄辉：《产业价值链模块化重构的价值决定研究》，《中国工业经济》2006 年第 9 期。

首先,从总体数量上看,全球自动数据处理设备制造业在 2001 年经历了负增长,2002 年以后总体增长较快。2003 年平均增长 18.84%,2004 年平均增长达 15.80%,全球数字式自动数据处理设备为 1.97 亿台;第二,从产品结构看,台式计算机之间、笔记本电脑之间以及台式计算机和笔记本电脑之间的替换率提高,从渗透率指标看,1999 年为 16.5%,到 2004 年达 24.8%,说明笔记本电脑成长趋势加快,2000 年以后成长率在 10% 以上;第三,计算机汰换率较高,笔记本电脑的汰换率 2003 年为 48%,2004 年为 45%,2005 年为 47%;第四,从价格看,不论是笔记本电脑,还是台式计算机,价格下降趋势都十分明显。

其次,从区域市场看,亚太和拉美地区成为亮点。2006 年 1 月 Gartner 公布的 2005 年全球计算机销售调查报告称,2005 年全球计算机发货量达 2.185 亿部,同比增长 15.3%。其中亚太地区和拉丁美洲地区的 PC 市场成为全球增长速度最快的两个市场,同比增长幅度双双达到 26%,亚太地区计算机发货量为 4280 万部,拉美地区发货量为 1470 万部。微软首席执行官史蒂夫·巴尔默 2006 年 2 月曾预测:到 2008 年全球电脑数量将从现存的 10 亿台激增到 20 亿台。

再次,从产品细分看。在笔记本电脑市场,2005 年 5 月,美国市场销量已占个人电脑销售量的 53%。同时,笔记本电脑的价格下降幅度大大超过台式电脑。2004 年,美国市场笔记本电脑价格下降幅度为 17%,同期台式计算机只下降 4%。Intel 估计未来 5 年笔记本电脑成长率将远超台式电脑,且消费市场每年成长约 20%～25%,高于商用市场 15%～20% 的水平。据《日经Market Access》调查,2005 年全球笔记本电脑供货量 5700 万台以上,2006 年保持超过 20% 的高增长率。从未来几年总趋势看,笔记本电脑将持续高速增长,并预测到 2008 年笔记本电脑将达 8733 万台,其中以美国、欧盟和日本三个市场最大,见图 7－6。

由于全球自动数据处理设备业价值链和供应链体系趋于稳定,因而在全球计算机和零部件贸易产业链结构方面形成了以美国、日本、欧盟、韩国、中国台湾地区和大陆为主的基本贸易格局。由于发达国家和新兴工业化国家对电脑的需求快速增长、笔记本电脑取代台式电脑的效应显现,前者价格下

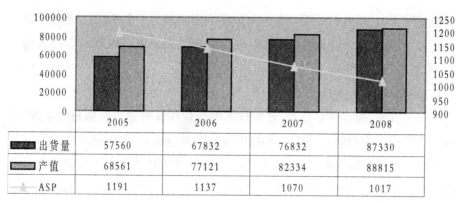

	2005	2006	2007	2008
出货量	57560	67832	76832	87330
产值	68561	77121	82334	88815
ASP	1191	1137	1070	1017

单位：千台、百万美元、美元

图7—6　全球笔记本电脑预测(2005～2008年)

降幅度更快等市场因素,加上中国台湾笔记本电脑代工企业的组装业务几乎全部进入大陆长三角地区,故可以认为,正是由于加工贸易的兴起,才出现了我国近年来自动数据处理设备制造业出口到美国和欧盟的数量和金额大增的现象。

2. 技术因素

从技术上看,计算机行业属于高新技术行业,集中了世界上大量最优秀的工程技术人员,无论是现有技术改进还是创新技术均层出不穷,多年来始终推动着产品的快速变化和升级,使得相关消费市场表现出非常鲜明的生产推动型特征。

一方面,顾客在选购商品时,对每类商品的功能都会有诉求的焦点。例如对PC产品而言,一般会关心CPU速度的快慢。而顾客诉求的焦点也就构成了产品所需要实现的核心功能。对能够实现这些核心功能的模块,顾客才愿意支付更高的溢价。因此,那些在最终产品的功能实现中居于核心地位的模块,必将是价值最大的模块。正是由于这些核心模块在产品功能实现上的地位,所以它们的升级换代或性能的改善常常会带动整个产品功能的提升。而当一个模块具有可升级性时,该模块的核心价值地位将更加不可撼动。①在大

---

①　李平,狄辉:《产业价值链模块化重构的价值决定研究》,《中国工业经济》2006年第9期。

多数情况下,自动数据处理设备的新产品推出周期为三个月,市场规模随之迅速扩大,价格快速下降,因而产品生命周期非常短。著名的摩尔定律告诉人们:电脑芯片速度每隔 18 个月翻一倍、价格下降一半。著名的"Wintel 联盟"被认为是其中最大的推动势力。

另一方面,拥有核心技术、创新技术的企业往往有能力获取超额利润,并拥有主导或影响市场并打压对手的利器。熊彼特认为:由于稀缺性可以通过人的有目的性的活动而获得,因此那些创造这种稀缺性的人会累积生产者剩余。当企业进行创新时,比如研制新产品,这些创新产品的售价在弥补创新过程中所引起的成本的增加之后能带来更大的利润回报。这些创新所带来的回报是一种超额利润,其他企业受到超额利润的吸引则可能复制这一创新。图7-7 展示了这一过程。[①]现实中,在与 Intel 的激烈竞争中,AMD 打破摩尔定律,率先将研发方向从提升单核速度转向多核应用,并利用合并 ATI 公司之机,全面提升了包括处理器、图形显示芯片、芯片组方面的综合实力。2006年,中国所有一线 PC 厂商全部投向 AMD,后者在中国市场份额近年一直以100％以上的增长速度发展着。

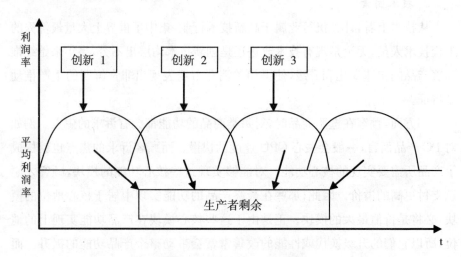

图 7-7　创新与生产者剩余

---

① Raphael Kaplinsky and Mike Morris, A Handbook for Value Chain Research, Report Prepared for the IDRC, Bellagio Workshop in September 2000.

由于上述特点,自动数据处理设备业的主要供应商总是需要不断推出新的技术和产品才能维持其在全球价值链的主导地位。例如,源于对笔记本电脑市场的看好,Intel 公司几乎将所有的资源都用在了最新的笔记本电脑芯片的研发上,公司希望延续自 2003 年起 Centrino NB 及替代 DT 所创造的庞大的 NB 市场需求热潮,目前正积极推动 Napa NB 的新平台计划,期望能促使全球 NB 市场从现有的第二代迅驰 Sonoma 平台快速转换到第三代 Napa 平台。很明显,Intel 公司再一次试图依赖技术优势为全球更大规模的 NB 市场造就强大的推动力。

与此同时,Microsoft 在 2006 年推出 Windows Vista,试图让消费方感受到影音运算、无线传输功能与使用安全性能的进一步提升。不过这需要新的、更强劲的硬件作依托才能顺利实现。在这种与 Intel"有配合的技术领先"的推动下,其他品牌产品供应商除了跟进,大多没有其他选择。Dell、三星、长城、海尔、方正、神舟、索尼等国内外众多笔记本电脑厂商纷纷即时推出了各自基于 Napa 平台的笔记本电脑,在产品宣传中也将其作为卖点。企业根据过去的经验唯恐在新一轮的消费热潮中踏空,因为新技术意味着新的卖点、意味着原有产品快速降价且利润空间被大大压缩、意味着新技术提供商将逐渐不再从技术和服务上支持原有产品、意味着任何一个品牌商在每一轮类似的升级换代中都有成长的希望、意味着消费者又有了更高性能产品的期许和流行而难以抵御。在每一次这种周而复始的技术升级的周期中,研发速度跟不上的其他芯片制造商或软件开发商都面临被淘汰的危险,企业和品牌都一再遭遇市场洗牌。作为产业链的中下游企业似乎史没有选择,消费者在购买力允许的条件下似乎也只能紧跟消费潮流。

从上述例子可以得到这样一些启发。首先,再一次凸现了"Wintel 联盟"利用强大的核心技术研发能力默契合作、强强联手打压竞争对手并推动市场、主导产业链的本质和实力,说明可升级换代的模块的确可以给企业带来持续的价值,从而提升其在价值链中的地位。[①]自动数据处理设备产业领

---

① 李平,狄辉:《产业价值链模块化重构的价值决定研究》,《中国工业经济》2006 年第 9 期。

头企业对产业链的支配力要高于其他许多产业,拥有较强支配力的企业除可获取更多的贸易利益,技术因素对产业和市场的影响力也要高于大多数其他行业;其次,价值链和供应链形成之后,各链节是互动的,存在广泛的博弈,除部分企业主导能力和盈利能力十分明显之外,链节的协调和应变能力十分重要,特别是整合能力、市场敏锐性都关乎企业的市场力;第三,出现了供应链中不同链节企业相互"借力"的现象。与普通消费品特别是低技术产品比较,PC终端产品品牌的力量相对弱些,虽然核心芯片制造商和操作系统开发商最终要依靠品牌商拓展市场,但不采用最新技术的产品之品牌商很难维持并拓展利润回报率较高的新产品市场,现实中这些品牌商总是以宣传其产品拥有最新技术作为卖点,"Intel inside"和"Design for Windows"在各种品牌的 PC 上都随处可见就是一种证明。显然,核心技术提供商的品牌效应通过对供应链的支配力被放大了,而众多的产成品品牌商除了依附和借势外,难有其他作为。出现这些特点的根源除了高技术具备强大的推动市场的能力以外,与模块化生产方式直接有关。掌握核心技术的企业具有很强的选择其他链节企业的余地,甚至直接影响到品牌商的地位。尚不具备核心制造技术优势的中国大陆企业要融入全球自动数据处理设备及零部件产业链,大多只能借助加工贸易方式确有其深层的技术缘由。

7.2.2 产业贸易方式

由于自动数据处理设备业已形成模块化生产方式,其零部件、外设和软件均可独立设计并利用标准化技术界面整合成为最终的系统[①],这使得水平片断化产业结构成为可能:大多数公司仅仅在一个链节或两个链节进行竞争,例如在制造零部件、系统或外设,在开发软件,或在提供销售、配送、技术支持及其他服务链节等[②]。结果,所有用于 PC 的零部件都可以从遍布全球的供应

---

① Ulrich, Karl: "The role of product architecture in the manufacturing firm", Research Policy, 24, 1995.

② Grove, Andrew S.: Only the paranoid survive: how to exploit the crisis points that challenge every company and career. Currency Doubleday: New York 1996.

商网络那里获得,而在制造、组装技术方面不需要很高的技术水平。1990s 中期以前的贸易方式主要是非直销模式。如图 7—8 所示。①

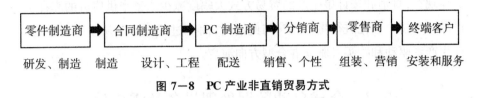

图 7—8　PC 产业非直销贸易方式

在上述模式中,由主要 PC 制造商利用标准化装配线生产方式进行装配,生产量则满足市场预测。零件和部件组装由零件制造商和合同制造商负责满足主要制造商的生产计划。产成品发送给分销商,后者保有库存并转手销售给零售商,零售商也保有一定库存并向终端客户进行销售。在此贸易模式下,整个系统的库存和转运量都较大,最大的赢家是曾经辉煌的 Compaq 品牌商。

20 世纪 90 年代后期,上述贸易方式遭到较大颠覆。其第一个因素是 PC价格急速下降,这一方面得益于零件成本的下降,另一方面则得益于非核心模块生产向低成本区域的转移,使得产成品价格也降低了约一半。第二个因素是产品更新换代的加速,例如 Intel 就提高了其新芯片推出的速度,这更加快了整个产业零件和产成品的过时速度,同时提出了需要最小化库存的要求。②第三个因素是 Dell 和 Gateway 创新的直销贸易模式:先由终端用户选择个性化产品配置,PC 制造商则按订单组织生产并发货给用户,其贸易方式如图7—9 所示。

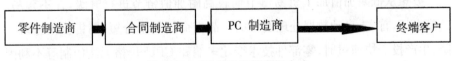

图 7—9　PC 产业直销贸易方式

①　Kenneth L. Kraemer and Jason Dedrick: The Role of Information Technology in Transformation of the Personal Computer Industry.

②　Curry, James and Kenney, Martin: "Beating the clock: Corporate Responses to Rapid Change in the PC Industry", California Management Review 42(1), 8—36, 1999.

在这种新型贸易方式下,主要的贸易方减少为以品牌商、PC 制造商和合同制造商为主,而分销商和零售商的利润遭到削减,生存空间受到挤压。其优势体现在:直销和按订单生产的贸易方式大幅度减少了整个供应链的库存量,产品可以按个性化进行生产。[1][2]与此同时,商业过程也逐渐从生产者驱动型向生产者驱动和购买者驱动混合型方向演变。

7.3 全球自动数据处理设备及零部件产业加工贸易模式比较

7.3.1 加工贸易模式的选择

自动数据处理设备及零部件产业加工贸易的一般演进方式如图 7—10 所示。在最初的组装生产阶段,发展中国家可以利用劳动力比较优势,与跨国公司的技术、资金和营销方面优势相结合,通过加工贸易参与国际分工,但获利能力较低,如图 7—11 所示。

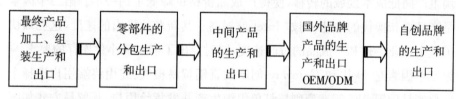

图 7—10 自动数据处理设备产业加工贸易的演进方式

要想从低附加值加工贸易链节向较高附加值链节进行升级,并不容易。这是由于,首先,自动数据处理设备的产品寿命周期十分短、销售价格直线下降、生产投资快速过时、零部件技术变化多端和 CPU 价格无法控制等不利因素,使得从事加工贸易的生产厂家的利润难以保证。这就需要具备有效的、经

---

① Kraemer, Kenneth L. , Jason Dedrick and Sandra Yamashiro:"Dell Computer: Refining and Extending the Business Model with IT", The Information Society, 16, 5—21, 2000.

② Dedrick, Jason and Kenneth L. Kraemer:"Globalization of the Personal Computer Industry: Trends and Implications." Irvine, CA: CRITO, University of California, Irvine, 2002.

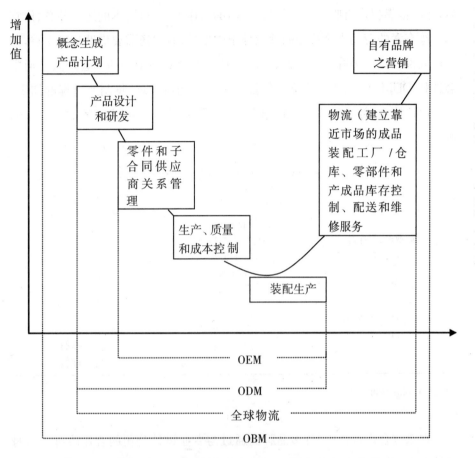

图 7—11　价值链与加工贸易模式升级

资料来源：Chikashi Kishimoto（2003）。

济规模下的快速定制化供应链管理体系。例如，中国台湾的广达集团能做到业界第一之关键就在于：在零部件整合集群的支持下，具有良好管理之供应链体系。[①]显然，这并不是任何国家或地区的企业都能一蹴而就的。

其次，品牌商直接面向市场，长期以来积累了大量的商业经验，如补货、零售点的铺设经验等等。而对合同制造商而言，首先需要构建集群微系统。然

---

① Ing-Shane Yung and Ming-Hong Lai："Competitive Advantages Created by Cluster Collaboration Network for Supplier Management in Notebook PC Production."

后,才能依靠提供有吸引力的报价、灵活的运作方式、低资本的运营预算、便宜和训练有素的劳动力优势向品牌商伸出橄榄枝,有时还需要借助政府支持,如关税或税收减免等等。当双方签订合同后,品牌商的工程师和管理人员通常会进驻 ODM 工厂,为新产品提供技术标准和物流管理,将制造过程的知识、质量保证体系、补货经验、项目管理技巧等等传授给合同制造商。如表 7－5 所示。

表 7－5　品牌商和合同制造商之间的互补优势

	合同制造商提供的优势	品牌商提供的优势
宏观经济因素 (外部)	低物料成本 投入资本投入 低成本劳动力 政府支持	—
企业核心竞争力 (内部)	设计能力 灵活运作能力 地方经验	设计能力 制造过程 质量保证体系 补货经验 项目管理技巧

资料来源:iSuppli Corp.。

在双方合作过程中,许多品牌商通过与专业设计公司的合作改善了自身设计能力,其目的是向“微笑曲线”的高端攀升。由此导致双方矛盾凸现:ODM 制造商不仅要承受持续的价格下降之压力,还要忍受品牌商的业务侵入。当某个 ODM 制造商的优势逐渐降低时,也是品牌商要么另寻新的制造商取而代之,要么另寻新的制造区域之时。例如,自动数据处理设备业 20 世纪 60 年代从发达国家向日本转移、20 世纪 80 年代向韩国和中国台湾转移、20 世纪 90 年代后期和 21 世纪初向中国大陆转移,如今,品牌商又盯上了印度和东欧诸国,以寻求更低的制造成本。[①]

---

① Jeffrey Wu:“ODMs face challenges in ascending the value chain”,iSuppli Corp.,Aug 15,2005.

7.3.2 不同加工贸易模式的比较

由于追求产业规模经济是国际产业内贸易产生的主要动力,[①]以上分析表明:PC产业生产方式的根本改变已使得市场竞争不再是单一企业、单一品牌之间的竞争,而演变成了对供应链的整合能力、协调能力之间的竞争,众多企业需要借助模块化生产方式和跨国、跨区域的加工贸易手段实现规模经营以降低制造成本,提升企业的核心竞争力,增强对供应链的支配力。实践中,许多品牌商已将新产品的制造和开发流程外包给了台资 OEM/ODM。[②]

据 IDC 2005 年全球 PC 市场统计数据显示,全球笔记本电脑 2005 年销售量世界排名前十位的品牌制造商按其销售量排列依次为 Dell(1129 万)、HP(1025 万)、Toshiba(715.6 万)、Acer(662.6 万)、Lenovo(537.6 万,包括原属 IBM 的 Thinkpad 的销量,若只算联想自己的品牌,则要少许多)、Fujit-su-Siemens(408.9 万部)、Sony(256 万部)、NEC(244.7 万部)、Apple(217.1 万部)、Asus(155.2 万部)。考察这些品牌商的供应链管理模式,可以发现加工贸易盛行,大致存在三种供应链模式:完全代工模式、高自制模式和介于完全代工和高自制之间的模式。并且,尽管各个企业的外包程度不同,但所有企业都在近年增加了外包的比例。

模式 I:完全委托代工模式 以美国 HP、APPLE(广达、华硕代工)公司为代表。这些企业将笔记本电脑委托给中国台湾代工厂家生产,公司的核心竞争优势在于价值链两头,如产品概念生成、品牌管理和销售服务等市场链节。采用这种模式的企业通常不具备制造方面的核心技术优势,没有整合完整供应链的地缘优势,也没有自制的成本优势,但可以充分利用自身品牌、市场力强和模块化生产方式所带来的降低制造成本的好处,实现对供应链的支配力。

模式 II:高自制模式 以日本的 Toshiba 和 Fujitsu-Siemens 为典型。许

---

① 强永昌:《产业内贸易论》,复旦大学出版社 2002 年版,第 70 页。

② Dedrick J., Kraemer K. L.:"The Impacts of IT on Firm and Industry Structure", *California Management Review*, 2005 (3)

多关键零部件如硬盘或者自己制造,或者与零部件供应商之间存在着股权关系,经营业务基本覆盖整个价值链但优势在中间的制造链节。在模块化生产方式下,采纳高自制模式的前提是自身具有一定技术优势,特点是能依靠关键零部件的生产获取较高利润(参见图7—4)和对供应链的较强支配力,对供应商管理比较直接,质量能够得到有效的保证。但这种模式无法与 HP 等100%委托代工的成本优势相比较,因而市场力相对弱些。Toshiba 目前通过两种方式解决这一问题:一是通过提高加工贸易规模以降低成本,例如Toshiba 在杭州的 PC 机产量从 2003 年起从每月 7 万台增加到了 20 万台;二是通过改变供应商管理模式,例如 Toshiba 2004 年关闭了日本青梅厂和菲律宾东芝厂,开始改自制为委托中国台湾仁宝、英业达、广达等代工企业生产。但从大类上看,Toshiba 公司并没有放弃在自动数据处理设备制造中最核心的零部件如芯片和 TFT 液晶显示器的生产,见表7—6。类似地,Fujitsu-Siemens 也开始启用中国台湾志合作为代工厂家。

表7—6　日本 Toshiba 计算机及零部件销售收入　　单位:十亿日元

年度	2002/3	2003/3	2004/3	2005/3	2006/3
半导体	725.0	828.6	898.8	938.9	1040.0
液晶显示器	125.0	235.0	285.6	298.8	305.0
个人计算机	610.0	740.0	695.7	760.2	810.0

注:2006 年数据为计划数据。

资料来源:东芝公司年报,2005http://www.toshiba.co.jp/about/ir/en/library/ar/ar2005/tar2005e.pd.

模式Ⅲ:委托代工和自制相结合的模式 Dell 公司和大多日本企业如 Sony(广达、华硕代工)、NEC(大众、华宇、神基、广达、仁宝代工)等基本上采用两者相结合的方式。这种模式经营重点在价值链后段,特别是企业的市场份额,企业一般不具备核心制造技术,无法利用制造技术优势形成对供应链的支配,所以对企业物流管理能力要求较高。特点是单位产品盈利能力较低,但在模块化生产方式下,市场灵活性最高。

企业对加工贸易模式的选择基础及其背后隐藏的原因值得我们关注。首先,日本创建并主导的"产业雁行发展形态论"认为:发达国家应该将国内具有比较劣势或潜在比较劣势的所谓"边际产业"转移出去,相反,具有比较优势的产业则应通过发展贸易来占领国外市场。①战后的日本在许多产业都成功地实践了这一理论,形成了以日本为"领头雁"的东亚产业分工和产业发展梯次起飞的雁行局面。从图7—12给出的中日两国在计算机零部件和产成品方面的产值数据比较来看,虽然产成品产值明显低于中国,且在下降通道中,但日本的零部件产值高于中国。回忆图7—4已经说明自动数据处理设备业装配链节的利润率极低,我们不难了解日本企业将低利润率链节外移的选择基础:通过与中国大陆工厂进行加工贸易合作或委托中国台湾代工企业装配产成品可以帮助日本品牌制造商通过转移"边际产业"实现降低制造成本增加品牌竞争力并抢占低端市场的目的,另一方面依靠高端制造技术优势的日本企业仍可以将利润率相对较高的中上游链节或高端产品留在本土(例如 Hitachi 收购了 IBM 在日本的硬盘业务,Toshiba 至今保留着大量生产核心零部件的技术优势),同时还可以维持对产业链的较强支配力,顺应全球供应链新布局的理念十分清晰。

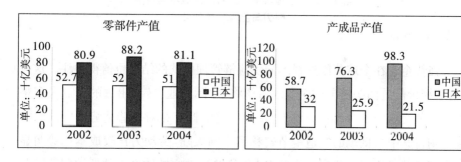

图7—12 中日自动数据处理设备业零部件和产成品产值比较
资料来源:JEITA,2005,12 & MII,2005,12。

其次,从图7—13可以看出,在制造链节集聚化基础上依靠供应链管理能力成长起来的中国台湾企业的经营策略是:因为不具备直接面向终端市场的

---

① 胡俊文:《论"雁行模式"的理论实质及其局限性》,《现代日本经济》2000年第2期。

核心竞争力,以 OEM 或 ODM 代工方式生存显然是理性的选择。反之,对价值链诸多制造链节的支配力强大到一定水平之后,创建自我品牌就是水到渠成的事了。其实,掌控较完整 PC 主板制造链节的中国台湾企业 2004 年出货中 OBM 比例达 45%,其他 55% 是 ODM,而市场力明显不足的笔记本电脑中 OBM 只占 6%,其他则为 OEM 或 ODM,说明企业为增强对供应链的支配力通常遵循 OEM→ODM→OBM 的品牌创建之路,中国台湾企业依靠加工贸易起家但正试图突破单纯的制造链节优势,对中国大陆企业的启发不言而喻。

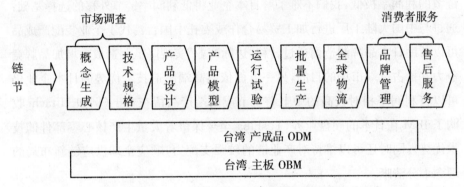

图 7—13 中国台湾企业对价值链不同链节支配力与品牌创建的关系

资料来源:MIC,2005,12。

强势企业在全球范围选择不同供应链管理模式的结果也值得关注。这就是:掌控价值链两头链节的企业和希望将"边际产业"转移出去的企业大多将制造链节交给中国台湾企业代工,在价值链中拥有相对制造优势的中国台湾企业则将其中最低端的制造链节转移到中国大陆,劳动力比较成本优势明显的中国大陆成为趋于稳定的全球 PC 价值链和供应链体系中的低端制造链节就是"合理"的了,近年来中国 FDI 主导下高技术产业加工贸易盛行的缘由也就不难得到答案了。因为,生产者推动型价值链比买方推动型价值链更具有外国直接投资的特色。[①]

① Gereffi, G. "A Commodity chains framework for analysing global industries", in Institute of Development Studies, 1999, "Background Notes for Workshop on Spreading the Gains from Globalisation", www. ids. ac. uk/ids/global/conf/wkscf. html.

7.4 中国计算机产业加工贸易的贸易效应

7.4.1 中国高技术产业加工贸易的高速发展和基本贸易效应

本书第 3 章曾利用计量经济模型说明了：加工贸易和其他贸易出口对中国经济增长的贡献为正，而加工贸易和其他贸易进口对经济增长总体来说贡献为负。1992 年以前加工贸易没有其他贸易形式对经济增长的贡献大，而1992 年以后加工贸易对经济增长的贡献则要比其他贸易对经济增长的贡献大。由此，根据表 7－7 和表 7－8 可得：2004 年中国高新技术产品净出口额41 亿美元，2005 年这一数值增长到约 205 亿美元，可见，中国高新技术产业对国民经济增长的总体贡献为正。还因为自 2002 年以来高新技术产品出口规模增长了三倍半，年均增长 52.7%，占外贸出口比重从 17.5% 提高到27.9%，[1] 2005 年这一比重则高达 28.6%，[2] 进一步说明与其他产业相比，高新技术产业对国民经济增长的相对贡献率和绝对贡献率都在提高。

表 7－7　2005 年出口主要商品金额

累计出口主要商品金额　　　　　　　　　单位：万美元

商品名称	1～12 月	上年同期	同比%
机电产品*	42674726	32337023	32.0
高新技术产品*	21824802	16553560	31.8
自动数据处理设备及其部件	7630702	5991127	27.4
服装及衣着附件	7388026	6161535	19.9
纺织纱线、织物及制品	4112663	3347375	22.9
自动数据处理设备的零件	2835642	2387829	18.8
手持或车载无线电话机	2063516	1416587	45.7
鞋类	1905291	1520261	25.3

---

①　商务部科技司司长常晓村：《新时期实施科技兴贸战略要有新思路》，http://www.nbfet.gov.cn/jdc/detail.php？id=2181。

②　裴长洪：《当前我国进出口贸易形势分析》，《中国社会科学院院报》2006 年第 4 期。

商品名称	1～12 月	上年同期	同比％
电视、收音机及无线电讯设备的零附件	1814403	1203102	50.8
集成电路及微电子组件	1438661	1099280	30.9
家具及其零件	1350387	1016766	32.8
钢材	1307968	833376	56.9
塑料制品	1127745	917685	22.9
电视机	841087	548553	53.3
录、放像机	764956	740927	3.2
旅行用品及箱包	731154	623837	17.2
汽车零件	658043	440919	49.2
玩具	656229	637946	2.9
成品油	641083	396018	61.9
游戏机	637950	350160	82.2
集装箱	587142	512529	14.6
数字式相机	553489	485869	13.9

资料来源:海关统计数据(www. jiamao. cn/Html/jingjishuju/2006－3/9/20060309852. html)。

商务部最新数据表明:"十五"期间中国高新技术产品加工贸易出口5438亿美元,占加工贸易出口的41.4％,占高新技术产品出口的87％,较九五期间增长4.5倍,年均增速41％,是同期全国加工贸易出口增长速度的1.7倍。其中2005年99.9％的笔记本电脑均以加工贸易方式出口,而2006年一年加工贸易高新技术产品出口就达2458.4亿美元,占加工贸易出口的比重48.2％。从表7－7和表7－8数据还可看出,中国高新技术产品出口主要局限在以计算机为代表的行业。

与传统产业相比,高新技术产业具有更鲜明的全球化发展特征,跨国公司在全球高新技术产业的投资更为广泛,扩张速度也更为迅速。[①]贾曼丽研究并得出:加工贸易的发展与吸引外商投资之间有较强的相关性,尤其是高技术产业的加工贸易。[②]事实上,2004年中国高新技术产品出口中92％就来自加工

---

① 潘悦:《高新技术产业中跨国投资的趋势与影响》,《国际贸易问题》2001年第5期。

② 贾曼丽:《外商投资与加工贸易发展的相关性分析》,HLJ FOREIGN ECONOMIC RELATIONS & TRADE 2003 No. 5 p. 105－107。

贸易,87.3% 来自外资企业,大多数关键技术控制在外资企业手中。①表明外资企业在中国的投资正向加工贸易方向转变,加工贸易比重近年来大幅度上升与一般贸易比重的下降很大程度上是由于外资企业的投资向加工贸易转变造成的,同时说明我国高技术产业的发展仍处于产业塑造阶段。②

表 7-8　2005 年进口主要商品金额
累计进口主要商品金额　　　　　　　　单位:万美元

商品名称	1~12 月	上年同期	同比%
机电产品*	35037841	30204564	16.0
高新技术产品*	19770797	16141439	22.5
集成电路及微电子组件	8155281	6104720	33.6
原油	4772293	3391168	40.7
液晶显示板	2750517	2099298	31.0
钢材	2460845	2078471	18.4
初级形状的塑料	2424532	2067012	17.3
铁矿砂及其精矿	1837278	1269913	44.7
自动数据处理设备及其部件	1802081	1445609	24.7
电视、收音机及无线电讯设备的零附件	1655459	1244261	33.0
自动数据处理设备的零件	1568565	1375260	14.1
通断保护电路装置及零件	1049632	867290	21.0
成品油	1043465	923930	12.9
手持式无线电话机零件	1038510	786962	32.0
计量检测分析自控仪器及器具	956434	901105	6.1
未锻造的铜及铜材	932791	771940	20.8
二极管及类似半导体器件	855056	741642	15.3
大豆	777879	697917	11.5
汽车零件	672611	732579	-8.2
印刷电路	657039	507155	29.6

　　资料来源:海关统计数据,www. jiamao. cn/Html/jingjishuju/2006-3/9/20060309852. html。

---

　　①　寇亚明:《全球供应链:国际经济合作新格局》,中国经济出版社 2006 年版,第 178 页。
　　②　裴长洪等:《加工贸易转型升级:"十一五"时期我国外贸发展的重要课题》,《宏观经济研究》2006 年 1 期。

7.4.2 中国自动数据处理设备产业加工贸易的整体转移效应

正如 Gereffi 所指出的那样,生产者推动型价值链比买方推动型价值链更具有外国直接投资的特色。[①]由于市场潜力大、制造成本低,截至 2004 年年底,《财富》世界 500 强中的 IT 企业已有 90％在中国投资,在全行业资产总额中,外资比重达 83.67％,2004 年计算机制造业经营业绩如表 7－9 所示。数据非常清楚地说明中国自动数据处理设备产业的制造能力以外资为绝对主力。

表 7－9　2004 年中国计算机制造产业经营业绩　　　　单位:亿元

	工业总产值	整机制造产值	外设制造产值	销售收入	利润总额
行业总额	7847.5	4113.9	3510.2	8264.4	178.3
外资总额	7300.2	3825.52	3418.16	7743.1	164.2
外资占比	93.03％	93％	94.8％	93.7％	92.1％

资料来源:根据《中国产业地图 IT 2004－2005》(社会科学文献出版社出版)数据整理。

根据我国中国台湾省"经济部"技术处发表的《2006 产业技术白皮书》数据可知,中国台湾高技术产业在制造业出口结构的占比呈下降趋势,如表 7－10 所示。

表 7－10　2000～2005 年中国台湾高技术产业
占制造业出口结构变化　　　　单位:％

	2000	2001	2002	2003	2004	2005
制造业	100	100	100	100	100	100
高技术产业	45.46	43.20	43.18	43.03	42.53	40.71
电脑与 OA 设备	19.88	19.72	18.14	14.64	11.24	7.96

资料来源:《2006 产业技术白皮书》,中国台湾"经济部技术处"出版。

---

① Gereffi G., "A commodity chains framework for analysing global industries", in Institute of Development Studies, 1999, "Background Notes for Workshop on Spreading the Gains from Globalisation", www.ids.ac.uk/ids/global/conf/wkscf.html.

比较中国大陆 2000～2005 年高技术产品出口占比呈快速上升的趋势(如表 7—11 所示)可见:此消彼长的联动效应十分明显。充分说明了这样一种观点:长江三角洲的台商笔记本电脑产业集群作为区域性生产网络的一个节点,通过中国台湾 IT 产业集群(本身也是全球生产网络中的节点)而与更大范围内的全球生产网络联结,成为全球生产网络中的一个二级单元。因此,这一产业集群的形成,体现的是全球生产网络中原有互动关系以及联系机制的深化与发展。①

表 7—11　2000～2005 年中国高技术产品出口趋势

单位:亿美元,%

	2000	2001	2002	2003	2004	2005
高技术产品出口	370.4	464.5	678.5	1103.2	1653.6	2182.5
占商品出口总额	14.9	17.5	20.8	25.2	27.9	28.6

资料来源:根据《中国科技统计年鉴 2005》数据整理。

现实中,大陆当地供应商极少能有机会进入到台商笔记本电脑产业集群的供应体系中去,中国台湾笔记本电脑企业在大陆投资所形成的集群并没有显著地促进当地(大陆)企业形成有效的产业关联,其价值链活动联系以及知识联系机制本身是"非在地"(非当地化)的。这说明,中国本土自动数据处理设备产业其实很难通过加工贸易方式完全融入全球价值链,产业内加工贸易的兴起仅仅是全球生产商群体为了维持或强化长期协作关系,追随产业链中主导企业或按照其战略意图在特定的地理区位重构供应链,形成产业链移植或产业链复制的结果。②

有关研究进一步表明:跨国公司通过各种手段极力抑制其在中国市场的技术扩散,FDI 的大举进入正将长三角地区中国企业向产业链低端排斥,只有当东道国具备一定的劳动技术水平和基础设施后才可能享受到 FDI 带来的

---

① 王益民、宋琰纹:《全球生产网络效应、集群封闭性及其"升级悖论"》,《中国工业经济》2007 年 4 期。

② 同上。

技术外溢。[①]

7.4.3 中国自动数据处理设备产业加工贸易的贸易顺差转移效应

细分表7—7和表7—8的数据可以整理得到表7—12。对表中的数据应用统计学 X^2 检验可以证实：设备及其部件的出口额显著大于零件的出口额，反之，零件的进口额显著大于设备及其部件的进口额。实际上，2005年我国进口电子元器件1354.57亿美元，出口电子元器件391.97亿美元，一年的贸易逆差高达962.6亿美元。在进口电子元器件中，集成电路及微电子组件进口822亿美元，比2004年增长33.8%，半导体器件进口112.47亿美元，增长15.2%，印刷电路进口65.7亿美元，增长29.5%，液晶显示面板275.05亿美元，增长31.0%[②]。由于计算机产业最基础和核心的部分是集成电路和软件，上述巨额贸易逆差说明我国自动数据处理设备产业基础还十分薄弱，除国际竞争能力不强外，本土企业从根本上看还缺乏整合相关价值链的筹码。也就是说，中国加工贸易的产品结构虽然正向更高的技术含量方向发展，但在自动数据处理设备及零部件产业内，缺乏产业基础的加工贸易目前只能面对价值链的下游。

表7—12　中国自动数据处理设备2005年进出口额细分表　　单位：万美元

	进口	出口
设备及其部件	1802081	7630702
零件	8155281	2835642

资料来源：根据《中国科技统计年鉴2005》数据整理。

从更大范围看，我国的制造业对全球来讲近年呈现出巨大的贸易顺差，尤其是对美国和欧盟市场，但主要来自于最终产品贸易。而在东亚地区，中国除了对印尼和中国香港之外，对其他贸易伙伴都呈现逆差状态，且对日本、韩国

[①]　陈柳：《长三角地区的FDI技术外溢、本土创新能力与经济增长》，《世界经济研究》2007年第1期。

[②]　商务部，http://www.jm.ec.com.cn/pubnews/2006_02_16/103187/1131641.jsp。

以及中国台湾的贸易逆差主要体现在零部件贸易方面。[①]更深入地考察,生产的最后一道工序(如组装工序)通过加工贸易形式被安排在中国大陆和东盟国家,技术密集型产品的生产则在日本以及韩国、中国台湾和新加坡等地,研发和最尖端技术产品的生产主要被美国和日本企业所控制。可以看出,出现中国大陆和东盟国家从上述国家或地区大量进口零部件的现象只是贸易顺差的转移效应之表象,是一种从日本、韩国、中国台湾和新加坡转移过来的基于产品内分工的结构性贸易顺差,[②]是各个国家或地区在全球生产网络环境里发挥各自比较优势和竞争优势的结果,也是自动数据处理设备产业价值链主导企业对供应链治理的结果。在这一过程中,就业人数快速增加和人力资源得到开发也是没有疑义的贸易效应之一。

7.5 中国计算机产业加工贸易的贸易利益

从自动数据处理设备及零部件产业链角度看,美、日、欧盟、韩国、中国台湾地区和大陆基本上形成了全球的价值链体系和供应链体系的不同链节,分工明确,但对产业链的影响力迥异,且各自的相对优势基本得到彰显。我国大陆自动数据处理设备及零部件产业虽然已经成为价值链中的重要组成部分,但尚属没有掌握核心研发和制造技术的链节,依赖加工贸易增加进出口额但利益不足应是基本事实。以下将从在价值链中地位和贸易条件两个角度分别考察中国自动数据处理设备及零部件业加工贸易的贸易利益。

7.5.1 从价值链地位考察中国计算机产业加工贸易利益

归纳以上有关讨论内容可以进一步说明各国或地区厂商在世界和中国自动数据处理设备产业价值链各链节中的地位,态势如图7—14所示。

价值链是租金的源泉,只有那些在竞争中保持不败的企业才能增加利润。这种产生排他性经营活动的能力被概括为"租金",租金通常产生于对稀缺资

---

①　杨来科:《东亚地区对华直接投资的贸易效应分析》,《世界经济研究》2007年第3期。

②　蒲华林,张捷:《产品内分工与中美结构性贸易顺差》,《世界经济研究》2007年第2期。

链节	价值链上游	价值链中游			价值链下游	
内容	CPU/OS	硬盘内存芯片	显示器主板	其他	组装	市场
世界	美	美日韩	日韩台	台	台	美日中台
中国	美	美日韩	台大陆	台大陆	台大陆	中美

图 7—14　各国厂商在世界和中国产业价值链各链节中主导地位态势

注:台——中国台湾省。

资料来源:根据《中国科技统计年鉴 2005》数据整理。

源所有权的进入壁垒。而租金是动态变化的,随着竞争的加剧会逐渐转变为消费者剩余。① 从计算机产业的制造链节看,从下游链节向上游链节转移;技术含量和利润率相应提高,对高端产品供应链的支配力也会得到提高。仔细分析上图及其背景可以发现这样一些特点:第一,全球在用美国的 CPU 和操作系统,硬盘除韩国"三星"外都来自美国和日本,美国企业对整个价值链的主导非常明显。第二,美国企业具有在产业价值链两端链节的强势地位,既不放弃技术含量和利润率高的制造链节,也抢占对整个供应链有较强支配力的品牌和市场链节,甚至包括中国的低端 DT 市场。第三,日本、韩国和中国台湾地区厂商均呈现出从图 7—15 右下方向左上方环节渗透的变化趋势,拥有对制造链节的强大支配力。不具备核心技术优势主要从事销售、服务和部分整机组装业务的中国企业虽然有一定的本土市场份额优势,但由于整个产业制造能力对外依存度极高,整体上处于被动地位,通过加工贸易的方式进行弥补是一种现实的选择。

中国台湾宏基曾经从供应链角度描绘了如图 7—15 的所谓"微笑曲线"。

给出该曲线的意图在于说明自动数据处理设备业价值链中的利益分布,说明企业应该努力向微笑曲线的两头渗透、扩张,以提升企业的获利能力。从这一曲线图还可以看出,随着时间的推移,产业内从事组装和销售链节的获利能力还将越来越低。台商大量进入祖国大陆并通过加工贸易方式推动其产业

---

① Raphael Kaplinsky and Mike Morris, A Handbook for Value Chain Research, Report Prepared for the IDRC, Bellagio Workshop in September 2000.

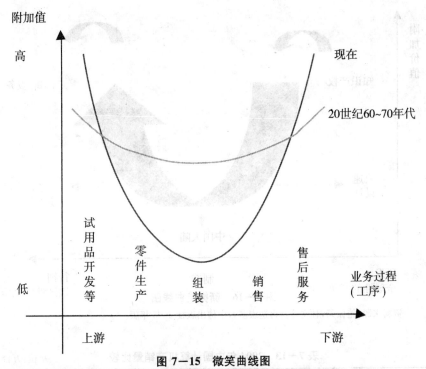

图 7—15 微笑曲线图

资料来源：施振荣，林文玲：《再造宏碁》，中信出版社 2005 年版。

发展之际，上述微笑曲线被改成了如图 7—16 的形式。

从表 7—3 数据可以看出台资较多地集中在江苏和上海地区并向规模化发展，但既然在整个制造链节中中国大陆企业目前的贡献率非常低，但新微笑曲线中为什么还是以中国大陆作为制造支撑点？这一方面证明了生产集聚是自我强化的这一客观规律，[1]同时也体现了中国台湾高技术企业对未来发展的主观意图或愿景且十分明晰：希望台资企业向利用技术和品牌获取较高附加值的方向转变，而将附加值最低的制造部分转移到中国大陆，这可以借助大陆劳动力成本低的优势支撑其全球研发和地区行销。从此，也就不难解释为什么在业已基本形成的全球自动数据处理设备及零部件产业价值链和供应链布局中，中国企业只在最后产成品装配链节和区域品牌市场上有一定优势并在加工贸易方面处于较低水平了。

---

① 藤田昌久等：《空间经济学》，中国人民大学出版社 2005 年版。

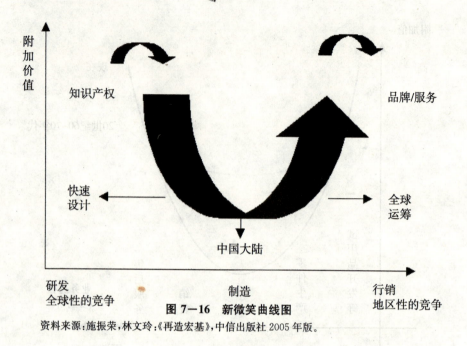

图 7—16　新微笑曲线图

资料来源:施振荣,林文玲:《再造宏基》,中信出版社 2005 年版。

表 7—13　2004 年中国计算机产销量比较

单位:万台

	国内出货量	国内销售量
PC	1233.9	1421.6
NB	237.6	218.64

资料来源:根据《中国台式机/笔记本电脑市场综合分析报告(2005)》(http://market. ccidnet. com/pub/report/show_2486. html)和《中国产业地图 IT 2004~2005》整理。

从这些讨论可以得到:首先,由于倚重的是核心零部件制造技术、产品集成技术和供应链管理技术,跨国公司的主导地位给它们带来了丰厚的利润回报。同时,由于发展中国家和地区特别是中国的劳动力资源优势使之被动承接低利润率的链节是这种业已成形的价值链自然选择的结果;其次,外资绝不会轻易放弃已经到手的对价值链的支配力,并正试图将中国纳入优化自身盈利能力的布局中,中国高技术加工贸易额迅速增加十分自然;第三,已经出现的中国经济持续增长对跨国公司有着无法抵抗的市场诱惑力,2004 年中国市场 PC 出货量小于销售量(见表 7—13)说明外资正在抢夺中国市场;第四,中国品牌本土市场表现尚可,但因为缺乏核心技术作支撑,又没有整合产业链的筹码,在产业价值链中的地位和利益十分有限;第五,笔记本电脑2004年出货量远大于国内销售量,①说明该供应链组装链节在通过加工贸易方式部分转移到中国大陆之后,价格相对较高的笔记本在中国的市场容量还不足够大,或者说,转移到中国大陆后的这部分生产能力瞄准的是中国大陆以外的市场,加工贸易的目的不在市场本身。总之,自动数据处理设备产业加工贸易是外资企业既耽视中国的市场和劳动力优势又不愿意放弃技术支配力(比较表7—14中的数据可知:笔记本电脑外包的比例出奇的低)和盈利能力的结果。对中国高技术产业的启示是:没有关键制造技术,根本无法向价值链高端挺进。没有核心竞争优势,已有的本土市场优势也容易被替代。中国是正在崛起中的高新技术产业大国,但还远未成为高新技术产业强国,我们只能在这种现实背景下看待中国的高技术产业及其加工贸易的发展。

表 7—14 2000 年中国台湾个人电脑产业主要产品基本数据

产品	总产出价值 (百万美元)	总产出量 (千)	外包生产 (价值%)	外包生产 (数量%)	全球份额 (%)	OEM 比例 (%)
1. 笔记本电脑	13548	12707	4	6	53	90
2. 显示器	10392	62365	70	88	54	—
3. 台式电脑	7797	27660	80	84	25	82
4. 主板	5674	84372	43	48	70	36
5. CD/DVD/RW	2605	67579	74	86	39	48
6. 电源	1879	98895	91	95	74	—
7. 机箱	1580	91345	77	80	77	—
8. 扫描仪	1089	27135	78	86	93	60
合计	47019		51			

资料来源:The Market Intelligence Centre (MIC) of the Institute for Information Industry 2001/2000。

所以,从表面上看高新技术产品进出口在中国对外贸易中的地位不断提

---

① 中国产业地图编委会、中国经济景气监测中心:《中国产业地图》,社会科学文献出版社2005年版。

高,但其中低端加工贸易份额大、外商独资企业比重大的两大特点说明是由于全球价值链和供应链重组的需要推动了外资企业大规模进入中国,并因此奠定了中国成为全球高技术产业制造中心之一但集中在低利润回报链节的基础。即,中国近年高速发展的高技术产业加工贸易在很大程度上并不具有主动性。

7.5.2 中国计算机产业加工贸易的贸易条件

完整的贸易条件应涵盖价格贸易条件、收入贸易条件和要素贸易条件,但从数据的可获取性出发,以下讨论将以上海地区自动数据处理设备及零部件产业加工贸易数据为例说明价格贸易条件和收入贸易条件的变动及其趋势。

1995～2006 年上海地区高新技术产品进出口数据如表 7—15 所示。

表 7—15　1995～2006 年上海高新技术产品进出口情况

单位:百万美元

年度	高新技术产品出口	计算机与通信产品出口	占比(%)	高新技术产品进口	计算机与通信产品进口	占比(%)
1995	312	307	98.6	280	272	97.2
1996	452	443	98.1	307	287	93.3
1997	780	761	97.6	545	517	95.0
1998	1196	1187	99.2	667	604	90.6
1999	1279	1273	99.5	609	572	94.0
2000	2017	2006	99.4	688	667	97.0
2001	2612	2602	99.6	726	701	96.6
2002	3510	3497	99.6	1539	1515	98.4
2003	10525	10474	99.5	2582	2553	98.9
2004	17620	17453	99.1	3700	3663	99.0
2005	22251	22062	99.2	4180	4109	98.3
2006	27591	27229	98.7	4393	4319	98.3

资料来源:根据上海市外经贸委数据加工。

从上表可知,由于计算机与通讯技术产品在高新技术产品中占比始终在96%以上,这与国家的整体情况基本一致。再利用从上海市政府有关管理部门获得的数据计算 1996 年至 2006 年上海地区自动数据处理设备及零部件主要品种加工贸易出口的 NBTT,计算结果见表 7—16。

表 7-16　1996～2006 年上海计算机及其
零部件主要产品加工贸易 NBTT

年度	1996	1997	1998	1999	2000	2001
NBTT	100	55.81	48.86	40.13	64.02	41.14
年度	2002	2003	2004	2005	2006	—
NBTT	29.84	16.59	22.32	27.60	32.83	—

　　由以上列表中的数据可以清晰地看出：虽然最近三年有触底反弹的表现，但单就主要计算机及零部件产品加工贸易而言，其价格贸易条件在最近 11 年期间总体上处于不断恶化中。由于，一方面以上出口大多属于加工贸易出口，且在加工贸易出口中，外资企业的加工贸易出口又占了绝对优势，具有鲜明的"两头在外"的特征；另一方面，中国制造业工人的年工资仅为发达国家或地区的 1/30～1/60，如此巨大的工资差距，很自然地会吸引外资在我国利用加工贸易进行产品的生产和出口。[①]故以上数据进一步表明：自动数据处理设备及零部件产业加工贸易具有鲜明的利用中国廉价劳动力的特征。1996～2006 年上海自动数据处理设备及零部件主要产品加工贸易价格贸易条件的趋势变动情况如图 7-17 所示：

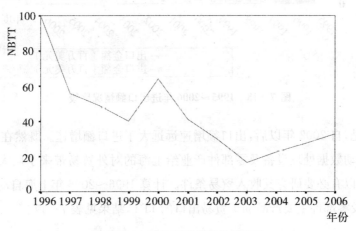

图 7-17　价格贸易条件趋势变动

---

　　① 庄芮：《FDI 流入的贸易条件效应：发展中国家视角》，对外经济贸易大学出版社 2005 年，第 149 页。

进一步计算可得 NBTT 的标准差为 23.53,与发达国家相比,这 11 年间上海计算机及零部件主要产品加工贸易之价格贸易条件波动较大,说明产业内贸易的贸易结构尚不合理,加工贸易状况并不稳定。但与上海纺织品服装产业相比较,这种波动要小许多。由于在发展中国家,价格贸易条件的波动,主要源自"商品价格效应",[1]这意味着减少这种波动的有效途径是及时调整贸易结构。

整理表 7—15 的数据,可得 1995～2006 年上海地区计算机及通讯技术产品进出口额之比较,如图 7—18 所示。

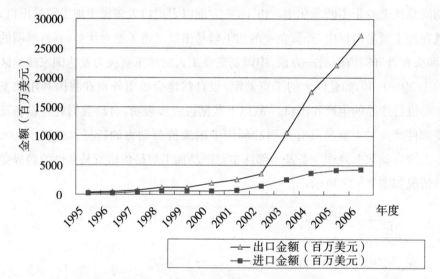

图 7—18　1995～2006 年进出口额情况比较

可见,自 2002 年以后,出口额增速远远大于进口额增速。既然在最近 12 年中,自动数据处理设备及零部件产业给上海的对外贸易带来了巨大的贸易顺差,所以有必要研究其收入贸易条件。计算 1996～2006 年上海自动数据处理设备及零部件主要产品加工贸易出口的 ITT,结果见表 7—17。

---

① 庄芮:《FDI 流入的贸易条件效应:发展中国家视角》,对外经济贸易大学出版社 2005年,第 149 页。

表 7—17 1996～2006 年上海计算机及其
零部件主要产品加工贸易 ITT

年度	1996	1997	1998	1999	2000	2001
NBTT	100	55.81	48.86	40.13	64.02	41.14
Qx	100	270.41	526.49	413.67	595.07	981.05
ITT	100	150.93	257.26	166.00	380.99	403.58
年度	2002	2003	2004	2005	2006	—
NBTT	29.84	16.59	22.32	27.60	32.83	—
Qx	1884.61	12054.92	21046.38	35939.73	44275.36	—
ITT	562.41	1999.94	4698.18	9917.97	14534.94	—

　　计算结果表明,上海自动数据处理设备及零部件产业主要产品的加工贸易之收入贸易条件改善非常快。若对 ITT 及 Qx 做相关分析,利用 SPSS 软件可得计算结果如下:

Correlations

		ITT	Qx
ITT	Pearson Correlation	1.000	.985 **
	Sig. (2–tailed)		.000
	N	11	11
Qx	Pearson Correlation	.985 **	1.000
	Sig. (2–tailed)	.000	
	N	11	11

**. Correlation is significant at the 0.01 level

　　高达 98.5％的相关度说明:收入贸易条件的迅速改善,主要是由出口量(Qx)大量增加所致。如若考虑到该产业主要以外资为主,则收入之增加应主要为外资所获,这进一步证明了在该产业内的确存在所谓贸易顺差转移效应。

　　结论:外资利用 FDI 手段大举进入中国自动数据处理设备及零部件产业,在廉价劳动力的环境中,大量进口零部件产品出口产成品,造成贸易结构不合理致使产业价格贸易条件恶化，贸易利益在彼，这同时证明了存在加工贸易整体转移效应。虽然近年收入贸易条件改善迅速，但大多为外资所获，外资企业同时收获了贸易顺差转移效应，贸易利益仍然在彼。这些都验证了这样一个实证研究结果：出口技术含量、外资企业出口比重以及加工贸易比重与贸易条件呈现出高度的负相关。[1] FDI 引致的制成品出口数量扩张，以及由此而来的收入贸易条件改善，并不一定能够给发展中国家带来预期的利益。[2]在自动数据处理设备及零部件产业加工贸易盛行的时候，我们若没有自身的核心竞争优势，根本无法改善贸易结构，也就不易改善价格贸易条件，要想获取较大的贸易利益几乎不可能。

7.6 中国计算机产业加工贸易的转型轨迹

7.6.1 中国计算机产业加工贸易发展模式选择

本书第 4 章说明了在全球化条件下，一国或地区选择什么样的贸易发展模式，同一国或地区的资源禀赋、工业化发展阶段、国际贸易政策三者存在紧密的联系，并分析了中国台湾地区高技术产业的发展模式。从 GVC 角度看：中国台湾高技术产业借助模块化生产方式下产业集群和产品集成的优势，依赖加工贸易的手段推动产业的升级和贸易结构的优化对其适应全球产业链重组是十分合理的，并逐渐形成了加工贸易的产业链是全球产业链中的制造环节并以芯片代工和计算机制造代工为主的特点。与中国台湾地区相比，中国大陆计算机产业的资源禀赋、工业化发展阶段、国际贸易政策又有什么样的特点呢？

---

① 王平，钱学锋：《从贸易条件改善看技术进步的产业政策导向》，《中国工业经济》2007 年第 3 期。

② 庄芮：《FDI 流入的贸易条件效应：发展中国家视角》，对外经济贸易大学出版社 2005 年版。

表7—18 2004年部分发达国家及中国PC拥有量及人均拥有量

国家	PC拥有量(万)	总人口(万)	人均拥有量(台)
美国	22300	29573	0.75
日本	6920	12742	0.54
中国	5299	130631	0.04
德国	4630	8243	0.56
英国	3589	6044	0.59
韩国	2620	4864	0.54
均值	7560	32016	0.24

资料来源:上海市经济委员会、上海科学技术情报研究所:《世界制造业重点行业发展动态》,上海科学技术文献出版社,2006。

首先,从资源禀赋来看。经济水平的迅速提高,使得中国自动数据处理设备产业的市场容量不断扩大,与发达国家相比中国市场潜力更大,如表7—18所示。

市场容量不小、市场环境特殊加上开放度不够,已经成就了部分本土计算机品牌的出生和成长,并培育出一定的品牌和渠道优势,如图7—19所示。

人力资源丰富,劳动力相对成本低具有承接制造链节的天然优势;各地区出台的大量优惠政策导致土地价格偏低;国家始终重视制造业的基础投资,道路、通讯、物流等硬环境不断改善。这些因素构成了中国的资源禀赋基本特征。

其次,从产业发展阶段看。产业基础薄弱的特征非常鲜明,20世纪60～70年代半导体产业没有得到充分的发展,技术积累明显不足,集成电路产业至今不具备比较竞争优势;大多数内资企业以简单加工、配套加工为主,没有配套的计算机产业集群。

最后,从中国高技术产业国际贸易政策考察。一系列的"科技兴贸"政策,有力推动了中国自动数据处理设备业加工贸易的迅猛发展;加上各地出口加工区的优惠政策,使得中国计算机产业加工贸易的制度效率颇高。

在分析比较了中国大陆和中国台湾地区资源禀赋、工业化发展阶段、国际贸易政策诸特点后,可以进一步理解中国计算机产业为何以出口成品、进口关

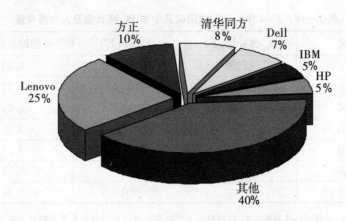

图7—19 2004年中国PC销售量品牌分布

资料来源:根据《中国产业地图 IT2004~2005》(社会科学文献出版社数据整理)。

键零部件为主,以外商特别是台商投资为主体——这是采取主动的台资企业为适应全球价值链和供应链重组、追求规模经济以降低成本的需要,同时是中国计算机产业希冀借机发展并推动国家对外贸易的需要,也是中国大陆和中国台湾地区各种生产要素互补的一种需要,加工贸易是实现这种互补的可行途径,具有资源优化配置的合理性。

但我们同时要清醒地看到,中国台湾计算机产业为了在制造过程中体现最佳生产规模和最佳经营规模实现效益递增,通过整合、对大陆的投资和使产量达到低成本的制造策略,大量涌进大陆的后果既可能起培育产业集群和发展后者加工贸易的积极作用,也完全可能会因为竞争的需要,人为地竭力将加工贸易的对象尽力维持在低端制造链节,甚至出现打压内资企业正常发育成熟的可能。毕竟,技术力、产品集成能力和供应链支配力等都具有明显比较优势的中国台湾计算机产业在与大陆进行的计算机加工贸易中处于更主动的地位,尝试在两地之间部分地实践“产业雁行发展形态论”不能说没有内在的逻辑,这其中“领头雁”和“边际产业”的含义也十分清晰。例如,从表7—14可以看出,外包比例很高的供应链管理模式中唯独笔记本电脑的外包特别低,说明台资企业绝不会轻易放弃自己的核心竞争优势。由此可以肯定,中国自动数据处理设备及零部件产业要完全复制中国台湾高技术产业的成长道路并不容易。

虽然有政府国际贸易政策的大力支持,但中国大陆与中国台湾地区相比在自动数据处理设备业的资源禀赋、工业化发展阶段两方面相差较大,形成了如今加工贸易格局的基础。显然,中国计算机产业加工贸易要获得长足和长期的发展,其发展模式的选择就一定要建立在既能利用自身比较优势,又能不断减少差距的基础上。例如,资源禀赋优势决定了中国本土品牌商具有较大的市场机会,但技术积累的缺乏则抑制了加工贸易水平在短期内得到提升的可能。所以,中国自动数据处理设备产业加工贸易的基本发展模式应是:一方面提升中国计算机产业本土品牌之市场力,甚至像联想公司那样依靠收购来扩大市场份额,以增强对全球供应链的支配力;另一方面在从事加工贸易的过程中,要充分利用模块化生产方式的特点,在尽可能多的技术环节和产业集群上培育出局部亮点和优势,突破"雁型理论"的架构,利用增强对供应链的支配力来实现加工贸易的健康发展。

7.6.2 中国计算机产业加工贸易转型路径初探

第6章讨论了相对成熟产业如纺织品服装业如何提升其加工贸易水平,对不成熟产业,一般宜采用创新的方式实现跳跃式发展。以全球自动数据处理设备及零部件产业为代表的高技术产业在模块化生产方式下,价值链和供应链虽然已经基本成型,但在中国尚属塑造阶段,故加工贸易的成长方式当有其特殊之处。总的来说,转型路径前期应以主动销售和追求产业集群化以实现更高利润作为目标,后期则以从 OEM 模式升级到 ODM 模式为主,可以肯定的是,没有绝对的或单一的路径。①

1. 坚持发展加工贸易

由于我国计算机企业目前大多处在国际分工的价值链低端,国内增值率不高,且加工贸易国内采购率低、加工链条短,往往只承担产品增值链条中附加值较低的加工组装环节。所以有些观点认为:廉价劳动力降低了我国技术创新的动力,正在形成所谓"低技术陷阱"。

---

① Trevor Lui, Knowledge for Profit, CACCI Journal, Vol. 1, 2005.

对此,我们应有清醒的基本认识。首先,虽然做附加值较低的产品,国民收益低,贸易利益小,但在中国仍然存在大量过剩劳动力、严重缺乏技术自主创新能力且具有明显的多种制约因素的今天,通过高技术产业加工贸易方式参与国际分工,是中国实现经济增长、获取部分贸易利得的一种可取的现实选择。其次,由于我国商品出口中加工贸易比重大,又不受国内限制因素的制约,只要存在外部需求,加工贸易出口就可以快速增长。这有助于使出口产品多元化,持续改善贸易收入条件。第三,根据技术扩散和技术转移理论,建立在技术差异基础上的国际贸易优势是一个动态、不断传播的过程。由于计算机产业全球化程度较高,中国要发展计算机产业,就只有充分参与国际分工与合作才可能较快地提升技术能力。例如通过加工贸易,可以动态跟踪并追赶国际自动数据处理设备产业先进技术,积累综合技术基础并逐渐形成产业集群,这与自主技术创新其实并不矛盾,因为不断跟踪和引进国外先进技术可以使我国计算机产业拥有现实的高起点并受益于技术扩散。中国台湾、新加坡高新技术产业迅速发展就是吸收跨国公司投资、发展加工贸易、自主技术开发和积累后获得成功的。[①]最后,参与全球价值链和全球生产网络可以使中国企业有机会在单一生产活动中改善自身效率,或通过关联活动扩展到另一个网络,或整体转移到其他价值链。

我们同时还要看到,中国自动数据处理设备及零部件产业加工贸易已经开始具备一定的成长优势。以上海为例,如表7-19所示,2004年上海自动数据设备业的内配套率已经增加到39.06%,说明上海及周边地区自动数据处理设备行业的供应链体系已经形成并不断完善。此外,集成电路企业规模也在不断扩大中。如中芯国际和上海华虹NEC已分别跃居为全球第三大和第七大芯片代工企业。集成电路芯片制造技术在中国经历了从2000年华虹NEC 8英寸0.35微米到2005年中芯国际12英寸0.12微米的迅速发展历程。

---

① 外经贸部发展司:《我国发展高新技术产品加工贸易的机遇及政策选择》。

表 7—19　上海自动数据设备行业进出口额及贸易内配套率

单位:万美元,%

指标	1999	2000	2001	2002	2003	2004
进口	114494	124548	165365	253893	305258	457174
出口	57094	66083	66571	104262	622846	1043292
国内采购	−57400	−58465	−98794	−149631	317588	586118
贸易内配套率	−33.45	−30.67	−42.60	−41.78	34.22	39.06

资料来源:上海市外经贸委加工贸易处。

　　总之,跨国公司在不断通过内部贸易和对外投资中的捆绑式交易强化其对全球经济的控制力,[①]中国高技术产业在缺乏技术积累和产业群的条件下缺乏能主导价值链的核心竞争优势而依赖加工贸易实现供应链切入是理所当然的结果,但我们决不能放弃成长的机会。

　　2. 加工贸易的成长方式

　　因为跨国公司依赖技术创新、制造柔性、可靠性、服务和质量等优势建立的新型产业组织关系在发展中国家难以形成,[②]中国自动数据处理设备产业加工贸易若希望提升自身水平就无法复制别人的经验。但我们可以充分利用计算机产业价值链和供应链的特点,扬长避短,逐步培育自身的核心竞争优势。具体来说有下列建议:

　　(1)坚持扩大对外开放。IBM 没有跟上全球生产模式转变的节奏,行业龙头地位让给了顺应价值链和供应链变革趋势的 Dell 品牌。IBM 明智地转型,也算亡羊补牢,适时瞄准了"微笑曲线"右上方的有利位置。管理学之父彼得·德鲁克说:"重要的不是趋势,而是趋势的转变。趋势的转变才是决定一个机构及其努力的成败关键。"不开放,我们无法把握计算机产业发展趋势的转变,就无法找准中国企业切入全球价值链的最佳时机和位置。

　　(2)在价值链治理中,公司应集中精力于他们所拥有的独一无二、能为客

---

　　①　沈玉良:《我国能否成为世界工厂问题研究》,上海市重大决策咨询课题(内部报告),2002。

　　②　联合国工业发展组织:《工业发展报告 2002～2003》,http//www. unido. org/。

户提供价值、难于复制的资源上,而把其他的活动外包给价值链中的其他成员。[①]所以,中国企业应利用本土品牌的市场力帮助提升加工贸易的规模和整体水平。占有较大制造业份额意味着较大的前向关联和后向关联,它们是最大的集聚力。[②]由于全球价值链分购买者拉动型和生产者推动型,[③]两者的动力机制,即它们的链节关系及互动性各不相同,两者给价值链各链节企业带来的机会也不同。[④]在生产者驱动为主的计算机产业的价值链,链条虽然由主要生产者控制关键技术,但对其中的低端产品而言,市场份额较大的企业也对价值链有较强的支配力。中国计算机品牌商已经具有相当的市场力,若进一步增强,就可以直接影响到其他链节。当实现协调各价值链及供应链关系、同时帮助制造商、供货商和消费者共同提高效率的时候,形成以内资为主的产业集群就有实现的可能。可以预期的是:当本土配套厂商逐渐成熟之际,就是其中出现整合供应链的强者之时。

(3)依靠技术积累寻求链节突破。美国麻省理工学院的法恩教授曾经说过:在今天拼比竞争力的战场上,一家企业最根本、最核心的竞争力是对供应链的设计。迈克尔·波特将产业参与国际竞争分成要素驱动、投资驱动、创新驱动和财富驱动四个阶段。从价值链和供应链角度看,跨国公司在全球自动数据处理设备产业价值链中具有绝对支配力,大致进入第四阶段。台资企业仅仅占据着全球价值链的制造链节的一小段,尚不具备绝对控制能力。中国自动数据处理设备产业加工贸易更是只占据这一小段的低端。中国大陆与中国台湾之间的加工贸易应属于介于第一和第二阶段间。如何延长生产加工链条以促进向深加工转变?如何切入其他链节?中国台湾企业的经验表明,要实现中国计算机产业加工贸易遵循 OEM—ODM—OBM 的成长方式毫无疑问需要等待时机、积累技术、集聚产业群,然后才可能在转移到附加值更高的

---

① Raphael Kaplinsky and Mike Morris, A Handbook for Value Chain Research, Report Prepared for the IDRC, Bellagio Workshop in September, 2000.

② 藤田昌久等:《空间经济学》,中国人民大学出版社 2005 年。

③ Raphael Kaplinsky and Mike Morris: A Handbook for Value Chain Research, Report Prepared for the IDRC, Bellagio Workshop in September, 2000.

④ 联合国工发组织总干事卡洛斯·马格利尼奥斯:《本地工业嵌入全球价值链和生产网络》,《深圳商报》2004 年 5 月 31 日。

链节方面有所突破。例如,技术含量相对低许多的中国家电产业,也是在历经二十多年竞争之后才逐渐完成技术积累、人才积累和资源积累的。我们同时也要认识到,从计算机产业发展的内在规律和客观要求来看,建立相对完整的产业链是产业链上不同类型企业提高其竞争力的重要手段。因此,在组装加工基础上的中国计算机产业加工贸易具有不断延伸产业链的内在动力。例如,在使中国日渐成为全球自动数据处理设备产业组装加工基地的同时,跨国公司也正在不断把部分产业链中核心制造链节如硬盘驱动器、光盘驱动器、液晶显示器以及 CPU 制造向中国转移。Intel 的集成电路封装厂(上海、四川),希捷的硬盘驱动器(广东、江苏),三星的显示器(天津)等不断向中国转移就是产业发展内在规律和客观要求的表现。

(4)实现加工贸易的转型升级。如果加工贸易中间投资品能由东道国提供,且其最终产品的技术含量较高,那么它对所需的零部件、原材料等中间投入品的技术含量要求也必然相应提高,这就会带动东道国提供中间产品的企业进行技术改造,产生所谓的技术"溢出效应"。这些技术改造若在大范围内进行,产业结构有望随之改善。所以,要提高自动数据处理设备及零部件产业加工贸易的内配套率,一方面要引导并大力支持加工贸易企业与跨国公司开展深层次合作,着力吸引跨国公司的增量投资,把技术水平更高、增值含量更大、带动辐射作用更强的加工制造链节转移到我国。另一方面要引导加工贸易企业加强产业配套,坚决实施中间产品进口替代战略,逐步从代加工向代设计、自创品牌方向发展。这种产业链的延伸,将严重依赖研发和设计能力。

(5)为加工贸易提供更好的服务。从硬件来看,就是要提高服务设施水平。例如加强现代化港口和码头建设,加快油气管道、公路和铁路等国际性运输体系的建设。同时,加快发展远洋运输船队,提高运能的同时降低运输成本。从软件看,由于集聚可以节约中间产品的贸易成本,[①]在吸收自动数据处理设备及零部件产业外资方面,不仅要吸收制造性企业,还应注意吸收服务性企业。例如,高技术出口加工区应允许区内制造性企业从事与本制造业有关的服务业、允许服务性企业为区内制造业服务。应特别鼓励区内制造业将增

---

① 藤田昌久等:《空间经济学》,中国人民大学出版社 2005 年版,第 346 页。

资重点放在与制造业有关的服务业,同时也应允许供应链管理企业进入出口加工区,逐步通过发展加工贸易培育本土的产品集成、物流管理能力和产业集群。

(6)变地区发展不均衡为有利条件。自动数据处理设备产业加工贸易大量集聚在我国沿海地区,这有利于该地区经济和生活水平的提高,但也容易使劳动力成本优势比较快地丧失。不过,当土地和劳动力要素价格上升时,相对密集地使用资本和技术的有利条件也就在形成中了,会促使沿海地区提升高技术产业加工贸易的产品结构和链节转移。与此同时,内地的劳动力供给优势依然存在。如果能建立便捷的商务渠道,按"沿海接单内地生产"的模式设计国内的加工贸易格局,使沿海地区的加工贸易增长优势逐步复制到中西部地区,将有助于延长产业的加工链并促进整个中国计算机产业加工贸易的长久发展。

本章小结:(1)20世纪90年代以来自动数据处理设备产业的技术变迁与制度变迁降低了产业内部不同价值链之间的全球配置成本,在模块化生产方式推动下,全球性产业分工体系已经基本形成;(2)美国、日本、韩国和中国台湾企业是计算机产业全球价值链和供应链的主导者和治理者;(3)在部分生产要素被低估的条件下,中国台湾企业向大陆转移和复制了部分制造链节,直接推动了产业加工贸易的发展;(4)虽然国家高度重视并大力支持,但单就贸易利益来说,中国自动数据处理设备业由于缺乏技术积累等产业基础,加工贸易目前基本上处在一个缺乏核心竞争优势的比较被动的地位,贸易利益不大。

参考文献

[1]陈柳:《长三角地区的FDI技术外溢、本土创新能力与经济增长》,《世界经济研究》2007年第1期。

[2]顾建兵:《中国台湾PC代工厂面临成本压力 全线迁入长三角》,《21世纪经济报道》2005年12月3日。

[3]胡俊文:《论"雁行模式"的理论实质及其局限性》,《现代日本经济》2000年第2期。

[4]贾曼丽:《外商投资与加工贸易发展的相关性分析》,HLJ FOREIGN ECONOMIC RELATIONS & TRADE 2003 No. 5 pp. 105—107。

[5]雷如桥,陈继,刘芹:《基于模块化的模式及其效率比较研究》,《中国工业经济》2004年第10期。

[6]寇亚明:《全球供应链:国际经济合作新格局》,中国经济出版社2006年版。

[7]联合国工业发展组织:Inserting local industries into global value chains and global production networks:opportunities and challenges for upgrading,维也纳2004年。

[8]刘德学等:《2004/2005中国纺织工业发展报告》,中国纺织出版社2005年版。

[9]李平,狄辉:《产业价值链模块化重构的价值决定研究》,《中国工业经济》2006年第9期。

[10]潘悦:《高新技术产业中跨国投资的趋势与影响》,《国际贸易问题》2001年第5期。

[11]裴长洪:《当前我国进出口贸易形势分析》,《中国社会科学院院报》2006年第4期。

[12]裴长洪,彭磊:《加工贸易转型升级:"十一五"时期我国外贸发展的重要课题》,《宏观经济研究》2006年第1期。

[13]蒲华林,张捷:《产品内分工与中美结构性贸易顺差》,《世界经济研究》2007年第2期。

[14]强永昌:《产业内贸易论》,复旦大学出版社2002年版。

[15]上海市经济委员会、上海科学技术情报研究所:《世界制造业重点行业发展动态》,上海科学技术文献出版社2006年版。

[16]沈玉良:《我国能否成为世界工厂问题研究》,上海市重大决策咨询课题(内部报告)2002年。

[17]孙晓峰:《模块化技术与模块化生产方式》,《中国工业经济》2005年第6期。

[18]藤田昌久等:《空间经济学》,中国人民大学出版社2005年版。

[19]王平,钱学锋:《从贸易条件改善看技术进步的产业政策导向》,《中国工业经济》2007年第3期。

[20]王益民,宋琰纹:《全球生产网络效应、集群封闭性及其"升级悖论"》,《中国工业经济》2007年第4期。

[21]杨来科:《东亚地区对华直接投资的贸易效应分析》,《世界经济研究》2007年第3期。

[22]袁勤俭:《中国信息产业发展战略》,科学技术文献出版社2003年版。

[23]张纪:《产品内国际分工中的收益分配》,《中国工业经济》2006年第7期。

[24]中国产业地图编委会,中国经济景气监测中心:《中国产业地图》,社会科学文献出版社2005年版。

[25]庄芮:《FDI流入的贸易条件效应:发展中国家视角》,对外经济贸易大学出版社2005年版。

[26]Carliss Y. Baldwin 等,张传良译:《设计规则:模块化的力量》,中信出版社2006年版。

[27]Chikashi Kishimoto:"Clustering and upgrading in global value chains:The Taiwanese personal computer industry", in Hubert Schmitz (ed), Local Enterprises in the Global Economy:Issues of Governance and Upgrading, Cheltenham:Elgar, Forthcoming, 2003.

[28]Curry, James and Kenney, Martin, "Beating the clock:Corporate Responses to Rapid Change in the PC Industry", California Management Review 42(1), 8—36, 1999.

[29]Dedrick Jason and Kenneth L. Kraemer, "Globalization of the Personal Computer Industry:Trends and Implications." Irvine, CA:CRITO, University of California, Irvine, 2002.

[30] Dedrick J. and Kraemer K. L.:"The Impacts of IT on Firm and Industry Structure", California Management Review, Vol. 47, No. 3 Spring 2005, http://www.crito.uci.edu/pubs/2005/impacts Of IT.pdf.

[31] Electronics Manufacturing, EMS at a Crossroads 2004, Pricewate-

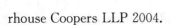

rhouse Coopers LLP 2004.

[32]Gereffi, G. "A Commodity chains framework for analysing global industries", in Institute of Development Studies, 1999, "Background Notes for Workshop on Spreading the Gains from Globalisation, www. ids. ac. uk/ ids/global/conf/wkscf. html.

[33] Gereffi,G. : The Organization of Buyer-driven Global Commodity Chains: How US Retailers Shape Overseas Production Networks [A]. in G. Gereffi and M. Korzeniewicz (eds.) Commodity Chains and Global Capitalism [C]. Westport: Greenwood Press,1994.

[34]Grove, Andrew S. , Only the paranoid survive: how to exploit the crisis points that challenge every company and career. Currency Doubleday: New York, 1996.

[35] Ing-Shane Yung and Ming-Hong Lai: "Competitive Advantages Created by Cluster Collaboration Network for Supplier Management in Notebook PC Production",http://www. b. kobe-u. ac. jp/coe/research/2005/taiwan/pdf/Yung%20Ing%20Shane. pdf.

[36]Jeffrey Wu: "ODMs face challenges in ascending the value chain", iSuppli Corp. Aug 15, 2005, http://www. isuppli. com.

[37]Kenneth L. Kraemer and Jason Dedrick: The Role of Information Technology in Transformation of the Personal Computer Industry, The First International Conference on the Social and Economic Implications of Information Technology, U. S. Department of Commerce, January 27 — 28, 2003.

[38] Kraemer, Kenneth L. , Jason Dedrick and Sandra Yamashiro: "Dell Computer: Refining and Extending the Business Model with IT", The Information Society, 16, 5—21, 2000.

[39]Raphael Kaplinsky and Mike Morris: A Handbook for Value Chain Research, Report Prepared for the IDRC, Bellagio Workshop in September, 2000.

[40]Trevor Lui: Knowledge for Profit, CACCI Journal, Vol. 1, 2005.

[41]Ulrich, Karl: "The role of product architecture in the manufacturing firm", Research Policy, 24, 1995.

附表一：

欧盟（25国）自动数据处理设备及零部件贸易额

单位：欧元

			1996	1997	1998	1999	2000	2001	2002	2003	2004
零部件	进口	中国大陆	671730886	876783482	1041365930	1518721799	2567835298	3337465950	3535272354	3981799495	4768098759
		日本	1829744911	1806528743	2372623525	2677498689	3488969554	3141220314	2748212448	2376098492	2371805298
		中国台湾	1551191433	1919003344	2815164271	3530284840	4386412054	4024619852	3398701888	3111329590	2617373272
		美国	5188132267	6428978184	6162053840	7099830749	8518562600	7685500718	6275520803	5462963199	4766742102
		欧盟内部	11432009170	13172428527	16870157484	20928602755	24859559006	24053151582	21570304265	19678135841	19460644103
		欧盟以外	12921276554	16483579429	20385939918	24641001876	29325939511	25350058846	22297761568	20557796722	20929517164
	出口	中国大陆	97575165	70933981	38758116	198594069	265362071	348886701	319854389	196969560	243348795
		日本	553296036	701832627	384916258	414487576	777727737	957597968	599087047	387021176	352964718
		中国台湾	67843064	76963198	102158131	127260728	216094042	214230569	175533838	128398211	127684503
		美国	2407059831	2803825701	2926963677	3492046192	4362843979	4133204117	3800598344	3003430434	2435006503
		欧盟内部	12216062232	15060193804	17342474776	22041599211	28397182082	27430624978	25409464565	21883255460	21455270678
		欧盟以外	5658238765	6028741882	6390048532	8035715090	11282272521	11410439052	10135136961	8750815497	8783221204

整机			1996	1997	1998	1999	2000	2001	2002	2003	2004
	进口	中国大陆	17760594	19251471	41157270	57037948	144713728	216675654	847691576	3052702036	5099510697
		日本	651441648	789105563	884896413	902431797	1461699525	661933723	456053929	441477886	531035584
		中国台湾	894207830	904321623	1159877393	1698760466	3288512609	3329201853	3452477085	2926119759	2962879275
		美国	1079770420	1223136935	1011523209	1039516360	1192830837	1033692669	860120737	812250752	662119744
		欧盟内部	7151903775	8667407841	10383542494	11497558748	14442525004	13106085261	13378829774	14110893987	14740835932
		欧盟以外	3264456582	3466896571	3675076157	4331406147	7076751178	6365841509	6933371251	8400250750	10402595309
	出口	中国大陆	11257448	28383989	25440999	43680233	100715791	90038130	40590397	43297471	35014389
		日本	151397386	133808237	77427041	51844092	92031440	81617568	27472765	32790341	27951687
		中国台湾	15382163	35739007	13892587	22030393	31052099	21600374	13415678	19387900	15633790
		美国	263587538	371154961	443413539	212033480	342404754	418412551	369959805	436243311	425865192
		欧盟内部	8234038971	8620392473	9338715355	10036526653	14437798830	14115856495	13617106983	14832609277	16350423998
		欧盟以外	1584417386	2113770493	2355841223	1767103833	2735170850	3008240991	2741393808	2860040189	2971817888
	进口	中国大陆	831322406	1285078455	2071016935	3126145726	4697732094	5444181007	7338933125	11262993955	14682465570
		日本	3456339295	4674640479	5013444612	4820542708	5239020620	3652379142	3141254641	2527791163	2206189326
		中国台湾	2783850194	3129772742	3611105209	4071716398	5785871424	5940717382	5888823384	5151116601	5236606110
		美国	5875766686	5995633564	6850365345	6799497856	7268256066	6668769970	6461294680	5478069550	5827111034
		欧盟内部	28991313149	35071311251	34120610274	49498235370	59261045968	52944336124	49309522417	48295101962	52986516231
		欧盟以外	20544010724	24945962482	28439462440	31390708489	37697436302	36116711727	36506944426	37094766129	39793020743
	出口	中国大陆	36329494	69161367	77813079	116152506	188493990	252050748	203396024	201017724	266155760
		日本	801296205	899753715	771193598	864248550	1511475132	1266441142	668447817	505687517	536704277
		中国台湾	42665956	96763954	1011106779	181558071	210644095	156019257	157824261	119037598	106020772
		美国	1953284164	2464105273	2499580632	2887222283	3398229190	2745630171	2356369423	2222896659	2430187708
		欧盟内部	32415837324	41288469244	45158312189	50922304079	59473414595	56757716110	51158027473	52041799714	56622717528
		欧盟以外	7224368279	9217829697	10044261376	11673326998	14283907079	13856854638	12412000847	11981825715	13269216474

资料来源:欧盟统计办公室。

附表二：

美国自动数据处理设备及零部件贸易额

单位：千美元

HTS码	国家	1997	1998	1999	2000	2001	2002	2003	2004
整机汇总	日本	700986	486122	392873	491260	523116	342620	313489	195627
	欧盟	1769750	1572467	1479540	1633645	1761882	1415606	1146653	955799
	中国大陆	104858	164360	180393	233742	249759	243911	220299	225531
	中国台湾	210273	161202	160489	219254	201018	143761	80225	80362
	全球	6814472	5862214	5683701	6597186	6395257	5367288	4440685	4168551
847330 零部件	日本	2005979	1673309	1665493	1915834	1443665	889520	801109	744477
	欧盟	7471555	7063300	7096923	8005464	6222020	4677046	4804397	3719733
	中国大陆	96435	273214	208025	367177	395521	300673	418071	460226
	中国台湾	391344	384514	306791	398583	295221	250673	235116	220531
	全球	18099158	16895364	16682851	19458715	15316594	12286953	12215155	11309784
8471	日本	2886509	2069040	1968862	2437718	2231691	1562312	1412294	1267821
	欧盟	7320546	7255499	7414262	7389720	6381140	4608366	4555912	4625362
	中国大陆	210929	543594	471614	759426	780925	573560	578825	553854
	中国台湾	434000	384796	392437	513882	447366	344464	264178	265791
	全球	23120581	21255423	21754254	24802786	21746929	16616420	15232820	15372835

出口

高技术产品加工贸易模式——以计算机产业为例

HTS码	国家	1997	1998	1999	2000	2001	2002	2003	2004
整机汇总	日本	1162059	815761	729005	945764	779156	765173	890034	872761
	欧盟	448904	591199	308387	313608	221020	341650	419603	552059
	中国大陆	38735	65490	80106	417864	310335	875266	4671374	8955110
	中国台湾	1467088	1595879	2679035	4054443	3372149	3950576	2342590	1356920
	全球	5674405	5512880	6847661	8953653	9771681	12554213	14500944	17906893
847330零部件	日本	4377691	3622142	4025452	4992708	4115304	4076799	3491260	3534393
	欧盟	1863394	2111918	2795035	2853592	2219322	2095047	2194068	2051797
	中国大陆	1848810	2322072	3009122	3600386	3893901	5069230	6075213	8648661
	中国台湾	4434286	4655134	4392291	3767955	2864622	2252651	2279611	2630972
	全球	23214227	26182369	29922538	31545216	24582320	23497002	22643984	26834882
8471	日本	10263464	9325719	9461133	9371112	5969968	4573232	3401889	3192080
	欧盟	3896847	4127814	4076481	3998748	2881144	2630184	2786834	2950810
	中国大陆	2044187	2783390	4105935	6299714	5954769	9120174	15263396	24460346
	中国台湾	5139746	4682314	5011743	6617116	5751825	6295238	4601076	3340904
	全球	44949762	44043983	49129277	55939265	47650296	50009062	51808372	59601596

进口

资料来源:美国商务部。

8 离岸服务、服务外包和利润分配 模型——以呼叫中心为例

内容提要：近年来，离岸服务（Offshored Service）逐渐成为一种相当重要的商业模式，跨国公司纷纷把自己的一些服务功能的生产通过对外直接投资的方式转移到其国外的子公司，跨国公司内部化由制造业转移到服务业的现象已经很明显。为此，本章从跨国公司离岸服务现象入手，用波特的理论剖析了电信服务跨国公司价值链各环节的安排，并选取了目前跨国公司主要开展的离岸呼叫服务，借助于微观经济学理论和转移定价工具，从模型入手分析了转移价格的确定，由此确定的利润分配的模型。我们发现，跨国公司从内部离岸服务中获得了利益和优势。因此，我国不仅要进一步吸收服务业的 FDI，同时，制定合理的离岸服务贸易转移定价规则也是我国服务业进一步开放和发展的要求。

关键词：离岸服务，服务外包，内部化，转移定价

继 20 世纪六七十年代跨国公司制造业的离岸转移之后，20 世纪 90 年代以来，跨国公司将自己的一些服务功能的生产通过对外直接投资的方式转移到国外的子公司或是外包给国外的服务供应商，形成了服务功能生产的"离岸"（offshoring）趋势。制造商与服务商的分离或者制造商服务分支机构的全球配置使以出口为导向的离岸服务（Offshored Service）贸易成为一种相当重要的商业模式。所谓离岸服务贸易就是生产者服务商在一国境内向另一国的企业提供服务，例如呼叫中心（联络中心）、商业处理、测试和研发等服务的离

岸贸易。

8.1 产生背景和文献综述

20 世纪 70 年代，塔塔咨询服务公司（Tata Consultancy Services，TCS）最早开展离岸服务，在它与通用电气、美国运通（American Express）等顾客的合作中，离岸服务得到广泛的认可，并且银行离岸服务取得极大的发展；20 世纪 80 年代，美国的一些信用卡处理和呼叫中心业务从国内转移到印度、中美洲和加勒比海地区。之后后台服务（例如支付和订单业务）和前台服务（例如顾客关怀）也转移到了一些英语使用比较广泛的发展中国家；20 世纪最后 10 年里，因为处理千禧年虫①问题，离岸服务得到加速发展；2001 年"9·11 事件"之后，许多跨国公司将离岸服务业从印度转移到更多的国家，离岸业务涉及的地区和业务范围也更加广泛；《世界投资报告 2004：向服务业转换》指出，未来离岸服务将加速发展（Taylor and Bain 2003）②，离岸服务的赢利性将被更多的行业和各种规模的公司所看好。

关于离岸服务产生原因，国外研究主要归于以下几点：首先是技术原因，一般服务的不可储存性使得服务难以开展③，但是，新的信息和通讯技术使得信息集中型的服务可贸易化，更为便宜和迅速的传输方式使得世界各地之间即时的数字信息和声音交流可以进行（前提是必要的基础设施）。这使得服务产品可以在一个地方被生产而在另一个地方被消费，而且消费可以是即时的（比如呼叫中心提供的信息），也可以保留着为以后的生产和消费服务（比如数据录入、软件开发）。同时新技术也带来了服务的标准化，标准化程度越高、单位总成本越低，企业越趋

---

① Y2K 是"2000 年"的简称，许多公司需要升级软件系统程序以对应从"99"到"00"的转换问题。

② Taylor, Phil and Peter Bain：Call centres in Scotland and outsourced competition from India，Stirling/ University of Stirling，2003.

③ WTO：《离岸服务：最近发展趋势》，《世界贸易报告 2005》。http://www.wto.org/english/res_e/booksp_e/anrep_e/wtr05—3c_e.pdf.

于选择离岸服务模式；其次，跨国公司考虑成本节约问题也是离岸服务发展的重要原因。跨国公司可以通过寻找低成本的地区，集成运作，降低基础设施、培训和管理成本而达到总成本节约的目的。而且单个的数据处理中心可以获得比以前更多的资源，发展也将更加充分。成本节约的另一个表现是，跨国公司将业务集中到发展中国家，可以得到规模经济的好处。在发达国家，由于当地劳动力比较缺乏，劳动力成本比较高，跨国公司在不同的地区进行扩张，则会造成空间上的不经济性，而发展中国家大城市有充裕的劳动力以及相关的服务可以进行规模运作。目前一些发展中国家对离岸服务业的发展比发达国家更为支持，劳工优惠等政策出台的也比较早，比如跨国公司在印度开展服务业，可以根据全球发展项目小组的计划全天候地安排工作，为发达国家的业务运作提供软件服务，而全天工作制度使得工作时间被大为缩短，因此产品成本大为节约，跨国公司也可以相应地获得了更多的利润①；第三，跨国公司进行离岸服务涉及整个公司的战略，因此东道国整体情况也是它们需要考虑的一个因素。只有东道国的软件和硬件设施完善，有相应的人才供应以及有能力制造符合要求的服务产品，跨国公司才会考虑业务的转移。除此之外，东道国经济政治稳定和法律法规的完善也是跨国公司需要考虑的因素。

对于目前开展的离岸服务，很多研究将其与外包混为一谈，《世界投资报告2004：向服务业转换》中做出了界定。外包是指生产的一个或者多个环节从公司内部转移到公司外部，也就是公司从"生产"（表8—1中单元1和单元3）转向"购买"（单元2和单元4），当生产的一个环节从内部转向外部的时候，它的垂直集成水平就会下降。生产外部化可以将业务售给国内的非关联公司，或者国外的非关联公司。当这样的转移是在国内公司之间进行的，称为"国内外包"，当涉及国外公司时，其被称为离岸外包。

① 杨松华，杨春：《对服务贸易几个热点问题的探讨》，《北京工业大学学报》，2004年3月。

表 8—1　在岸/离岸和内包/外包的比较

生产的重新布置		生产的所有权	
		内包(内在化)	外包(外部化)
	在岸生产(母国)	1. 生产在本国进行	2. 生产外包给国内的第三方
	离岸生产(外国)	3. 生产在东道国的外国附属机构进行	4. 生产外包给国外的第三方

资料来源:Eden:Strategies of North American multinationals in the new regionalism. Paper presented at the Trade and Investment Conference Celebrating the 10th Anniversary of the Centre for Trade Policy and Law (CTPL), University of Ottawa, Ottawa, Canada, 19 November, 2004.

"离岸"是指生产的一个或几个环节从本国(单元 1 和单元 2)转向外国(单元 3 和单元 4),跨国公司与其拥有全部或者部分所有权的机构之间的服务贸易,被称为"关联离岸服务贸易",或者更为简单地称为与服务有关的 FDI(单元 3)。生产也可以转向在国外的第三方公司,可以是东道国国内公司也可以是其他跨国公司的机构,即为表格中的单元 4,这就是"非关联离岸服务",即离岸外包。

目前开展的离岸服务模式也各不相同,《世界投资报告 2004:向服务业转换》指出,离岸服务主要采取两种模式:(一)关联离岸服务,也就是所谓的跨国公司离岸服务。包括母子公司间的离岸服务贸易以及子公司之间的离岸服务,其服务实质上是跨国公司内部贸易;(二)非关联离岸服务,服务的实质是公司从外部"购买"获得的。报告还指出,1997~2002 年之间,公司内部的服务进口价值比非关联机构贸易增长得更快,南亚和东南亚国家吸收的有关离岸服务的 FDI 项目占总项目的 63%。随着离岸业务的高附加值化,跨国公司更可能将其高附加值业务保留在公司内部,即使目前发展比较成熟的离岸呼叫中心服务也还主要处于内部化阶段。

关于离岸呼叫中心内部化运作的原因分析中,《世界投资报告 2004:向服务业转换》中做了比较详细地论述,离岸业务的规模、转移和交易成本、质量控制的要求、东道国相关设施的发展水平和是否有合适的承包商,都是跨国公司离岸呼叫中心需要考虑的因素。发展中国家的离岸服务业是最近发展起来的,许多跨国公司在印度建立起分支机构也是因为当地没有合适的承包商。东道国当地的知识产权保护、母国与东道国之间的文化差异等因素是也影响离岸呼叫中心内部化的原因(IBM and Oxford Intelligence 2004)[1]。

制造业的内部化理论和研究成果目前已经比较成熟,各种国际经济组织和各个国家针对内部贸易转移价格的管制措施也已经比较完善,但是对离岸服务内部化和转移价格相关问题的研究还是比较少的,本文正是基于这样的理论和实践背景,研究跨国公司离岸呼叫中心的内部化问题,并提出相应的政策建议,这也是本文的创新之处。

对于离岸服务和服务外包的研究,研究文献颇丰。UNCTAD(2004)[2]报告指出,国际贸易和对外直接投资的形式正逐渐由制造业转向服务业,服务领域的贸易和 FDI 迅速增长是显而易见的。McKinsey & Co. (2003)[3]和 Taylor and Bain(2003)[4]得出:未来五年内苏格兰离岸服务的呼叫中心数目将增加一倍。Nobuo Tanaka (2005, p. 23)[5]根据经验原理分析,未来将有 1/3 的服务被离岸化。

Dossani and Kenney(2004)[6]等人从跨国公司角度研究,得出跨国公司离岸服务贸易的目的是为了寻求更低的劳动力,同时质量与成本控制现在则是跨国公司考虑服务业 FDI 投入的主要因素。除了技术原因和跨国公司降低成本、提高利润和竞争力的目的之外,Daniel Trefler(2005)[7]还指出,东道国本身良好的信息技术基础设施以及政府对 FDI 和国际贸易的支持态度,也是吸引跨国公司进行离岸服务的因素。Martin Kenney 和 Rafiq Dossani(2005)[8]将离

---

① IBM and Oxford Intelligence:Investment Strategies and Location Benchmarking Study, Shared Service Centres for Europe (London:Oxford Intelligence),2004.

② 联合国贸易与发展会议:《世界投资报告 2004:向服务业转换》,2004。

③ McKinsey:Offshoring:Is It a Win-Win Game? (San Francisco:McKinsey Global Institute),2003.

④ Taylor and Bain:Call center organizing in adversity from Excell to Vertex In G. Gall (ed.), Campaigning for Union Recognition, London,2003.

⑤ Nobuo TANAKA:Fostering Employment, Productivity and Innovation -Main Messages from the OECD Services Project and its Background,2005.

⑥ Dossani and Kenney:Went for cost, stayed for quality ,2004.

⑦ Daniel Trefler:Offshoring: Threats and Opportunities July 22, 2005.

⑧ Martin Kenney Rafiq Dossani:The Next Wave of Globalization? Exploring the Relocation of Service Provision to India,February 24, 2005.

岸服务最大的吸收国——印度作为案例研究，从吸收国家的角度研究离岸服务的变化、离岸服务对于发达和东道国的意义以及发展中国家吸收信息技术服务业的政策建议。

对于离岸服务主要模式及原因的研究，Van Welsum (2004)[①]指出，公司之间内部进口贸易增长超过了在外资机构中的进口量。关于跨国公司采取哪种形式的离岸服务贸易，目前国外研究中主要有几种观点，Joyce (2002)[②]、(Huang and Khanna 2003；Zaheer and Rajan 2003；Kumra and Sinha 2003)[③]研究得出，离岸服务现在还处于低附加价值阶段，以后会逐渐转向高附加值服务业，而跨国公司更可能对高新技术产业的离岸服务采取关联形式。

在目前涌现的离岸呼叫中心研究中，更多的学者是基于呼叫中心业务的特点进行分析的，Noah Gans，Ger Koole，Avishai Mandelbaum(2003)[④]从学术角度关注呼叫中心一些基本特点，比如类型、运作和最新的发展趋势。美国康奈尔大学 Rosemary Batt 教授等人建立了涵盖北美、欧洲、非洲、澳洲和亚洲等 19 个国家的全球呼叫中心研究网络（Global Call Center Research Network)，更是深入调查了 Bangalore、Bombay、Chennai、Delhi、Hyderbad 和 Kolkata 等 6 个主要城市的呼叫中心的特点。Tyler Courtney，Christian Ferney，Nagatomi Hirayama，Nathan D. Martin(2004)[⑤]中，对离岸呼叫中心的内部化运作有所涉及，但是关于其内部化分析不多。而

---

① Van Welsum, D. and X. Reif：Potential offshoring：evidence from selected. OECD countries, mimeo, OECD, May. Wolf, Martin, 2005.

② Joyce，More 'Can I help you？' jobs migrate from U. S to India，New York Times，11 May 2003.

③ Huang, Khanna, Zaheer, Rajan, Kumra and Sinha：Global designs for India's Tech King, Business Week, 13 October, 2003.

④ Noah Gans, Ger Koole, Avishai Mandelbaum：Telephone Call Centers：Tutorial, Review, and Research Prospects，Manufacturing & Service .Operations Management 5：79－141，2003.

⑤ Tyler Courtney，Christian Ferney，Nagatomi Hirayama，Nathan D. Martin：The International Call Center Global Value Chain ，8 November 2004 Sociology 222b：Globalization and Development Professor Gary Gereffi，2004.

Lorraine Eden(2005)①运用跨国公司微观经济学理论,研究离岸呼叫中心业务。

综上所述,目前对于离岸服务的研究,不同的文献各有偏重,主要集中于对离岸业务发生的原因、地区分布等方面的研究,有的更为深入地研究了部分国家的离岸服务,这些都为本文研究离岸呼叫中心内部化提供了基础。离岸服务内部贸易是制造业内部贸易的演变,《世界投资报告 2004:向服务业转换》将二者进行了比较,但没有就贸易理论进行拓展。随着跨国公司离岸服务的发展,跨国公司将呼叫中心这类目前发展已经比较成熟,而技术要求不高的业务采取内部化运作,相关研究并不深入。因此本文基于上述文献的研究,借鉴 Lorraine Eden(2005)的研究,分析离岸呼叫中心的内部化。

8.2　离岸呼叫中心

为了更加深入地研究跨国公司内部离岸服务贸易问题,本文的分析不是拓展到所有离岸服务业,而是更为深入地对离岸呼叫中心服务业这个特定的行业进行分析。

8.2.1　电信服务跨国公司价值链

目前关联离岸服务贸易模式处于主导地位,但是由于离岸服务现在发展的阶段特点,很难找到有关离岸业务的行业数据,《世界投资报告 2004:向服务业转换》根据有关的出口导向型的绿地投资项目,估算出离岸服务业务目前主要集中在 FDI 项目,即跨国公司通过 FDI 在国外建立分公司,然后由分公司生产这些服务。目前与离岸服务有关的出口导向型的 FDI 业务有呼叫中心、共享服务中心、地区总部和 IT 服务。

---

① Lorraine Eden : Went for cost, priced at cost? An economic approach to the transfer pricing of offshored business services Transnational Corporations Volume 14, Number 2, August 2005.

表8-2　出口导向型的服务业 FDI 项目

呼叫/联络中心服务	共享服务中心服务（后勤办公室服务）	IT 服务	地区/总部
帮助台	债权处理	软件开发	总部
技术支持/建议	账目处理	应用软件测试	协调中心
售后服务	交易处理	内容开发	
雇员咨询	询问管理	工程和设计	
呼叫查询	顾客和管理处理	产品优化	
顾客支持/建议	HR 处理		
市场研究	数据处理		
答疑服务	IT 外包		
预测	物流处理		
信息服务	质量保证		
顾客关系管理	供应商发票		

资料来源：《世界投资报告 2004，向服务业转换》http://www.wto.org/english/res_e/booksp_e/anrep_e/wtr05-3c_e.pdf.

电信服务业是跨国公司设立海外子公司的一个典型的产业，在有关 FDI 的离岸服务业中，如顾客和管理处理业务，具体包括顾客协议管理、顾客网络服务、担保管理、问题管理、顾客咨询、销售渠道管理、存货管理和服务执行管理，还有呼叫中心服务等都属于电信服务。电信服务业于 20 世纪 80 年代末，由于跨国公司对顾客关系管理职能进行缩小或者外包而产生。电信服务业是跨国公司内部离岸服务业中发展比较迅速的一个类别，而且还带动了其他行业的发展（Lorraine Eden，2005）。

根据波特的价值链理论，每一个公司都有一个有关设计、生产、销售、配送和各种辅助活动的集合体，其中每一项活动都是公司创造价值、进行增值不可或缺的环节，他们相互联系，构成了一个价值链条。将波特的理论应用于电信服务跨国公司，电信服务跨国公司的具体交易流程涉及的不同价值类型的服务，在价值链上具体可表现为两种形式：支持性业务和初级业务。支持性业务主要包括：战略管理（处于公司与商业战略层面上）、财务、管理（各种管理与金融费用，包括外汇交易）和技术开发。以技术开发为例，现在整个电信产业内的 R&D 投入还比较少，因此公司只能进行自有知识产权的软件开发（即为生产的无形成本），或者从其他公司购买。电信公司有自己的信息技术系统，包括程序设计、网络管理、呼叫路程设定、数据恢复和质量控制，这类无形资产、公司声誉和品牌都是公司竞争的资源优势；价值链上的初级业务包括：直接来自呼叫中心的后台办公服务（例如提供给呼叫中心的信息系统服务，设备管理）、呼叫中心和前台办公服务（向第三方客户的销售与营销活动）。典型的电信服务跨国公司的具体业务如图8－1所示。

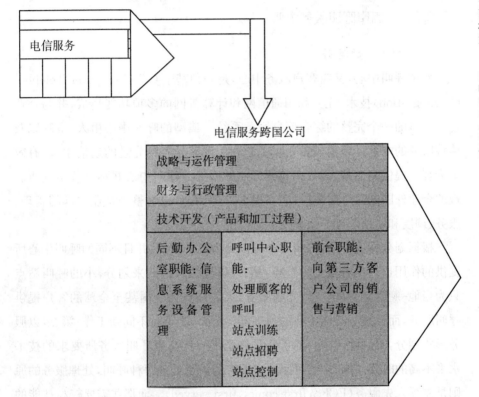

图8－1　电信服务跨国公司价值链

资料来源：Lorraine Eden：Went for cost, priced at cost? An economic approach to the transfer pricing of offshored business services Transnational Corporations Volume 14，Number 2，August，2005.

波特认为,跨国公司全球一体化经营安排是根据价值链来进行的,比如价值链的基本活动,可以在全球范围内垂直一体化安排,而对于辅助性活动可以作水平一体化安排。价值链全球范围内的一体化安排,目的是为了提高跨国公司的竞争力,在电信服务公司的业务价值链上,目前母公司提供支持性业务,海外分支机构主要进行初级业务,如呼叫中心服务,目的是增强跨国公司的竞争力。

8.2.2 离岸呼叫服务中心

1. 呼叫中心的类别

所谓呼叫中心,又叫客户服务中心,是一种基于 CTI(Computer Telephony Integration)技术、充分利用通信网和计算机网的多项功能集成,并与企业连为一体的一个完整的综合信息服务系统。典型的呼叫中心由人、电脑以及传输服务的电信设施构成。呼叫中心利用现有的各种先进的通信手段,有效地为客户提供高质量、高效率和全方位的服务。呼叫中心并不仅仅是其所表现的企业外围的一个服务层,它不仅为外部用户,也为整个企业内部的管理、服务、调度和增值起到非常重要的协调统一作用①。

根据划分标准不同,呼叫中心可以分为几个类别,并且不同的呼叫中心所提供的作用也存在着很大的差异:第一,以规模和地区来划分,小的呼叫站点只为当地一些部门提供本地呼叫服务,大的站点为全国甚至全球的客户提供呼叫服务,而且这些呼叫中心的很多部门全天 24 小时不间断工作;第二,以服务形式划分,不同呼叫中心的工作机构也不一样。当呼叫服务所要求的技术水平不高的时候,呼叫中心可以培训所有的员工处理每种呼叫,处理服务的原则是先呼入先服务(FCFS,first come, first-served)。而那些需要较高技能的呼叫服务中心部门可能只是专门处理部分呼叫服务,路由器可以根据客户所要提供服务的技术层次差异,把这些呼叫转接到恰当的部门;第三,不同呼叫中心的组织结构也是不一样的,在扁平化的呼叫中心中,所有的组织机构都可以接触到外部的呼叫业务,而在多层机构的呼叫中心里,不同层级代表不同的

---

① http://tech. sina. com. cn/other/2004—07—08/2345385193. shtml.

服务技术水平,顾客在真正满意之前要经过多个层级的服务①。

根据呼叫中心服务的复杂程度,INtouch(2004)②把其分为三个层次:第一为直接电话呼叫(长度为几分钟),通过询问、描述或者问题列表就可以获得回复,需要的技能比较简单;第二为更长时间的电话呼叫(长度从几分钟到几个小时),呼叫的问题更加具体,需要更加熟练的询问技术;第三为较长时间的电话呼叫(几个小时甚至几天),需要大量的人、系统以及专业知识的支持。

区分呼叫中心还有一个重要特点是中心处理的是呼入还是呼出服务③,呼入呼叫中心处理外部客户打进来的电话呼叫,这些中心一般为航空、宾馆和其他基于目录和网络商品订购的机构提供客户支持、帮助台、预订和销售服务。呼出中心向外呼出电话,这类服务与电信营销和商业调查有关。目前呼叫中心最新的发展趋势是一些呼入中心已经可以为一些高端的客户提供呼出服务。目前研究呼出呼叫中心业务的研究较少,本文主要关注呼入呼叫中心。

表8—3 呼入和呼出呼叫服务

呼入	呼出
1. 顾客购买	1. 厂家或者独家代理向外销售(目标性或者随机性的)
2. 顾客服务和账户维护	2. 向欠债顾客追索欠款
3. 帮助台服务:顾客问询和技术支持	3. 质量监控,以保证顾客服务标准

资料来源:Tyler Courtney,Christian Ferney,Nagatomi Hirayama,Nathan D. Martin:The International Call Center Global Value Chain,8 November 2004 Sociology 222b:Globalization and Development Professor Gary Gereffi,2004.

---

① Tyler Courtney,Christian Ferney,Nagatomi Hirayama,Nathan D. Martin:The International Call Center Global Value Chain,8 November 2004 Sociology 222b:Globalization and Development Professor Gary Gereffi,2004.

② INtouch:Choosing the Right Call Centre Outsourcing Partner:Canada builds a strong case. November,2004(http://www.24-7intouch.com.).

③ Lorraine Eden:Went for cost,priced at cost? An economic approach to the transfer pricing of offshored business services Transnational Corporations Volume 14,Number 2,August,2005.

2. 呼入呼叫中心

根据 Tyler Courtney，Christian Ferney，Nagatomi Hirayama，Nathan D. Martin（2004）描述，呼入中心处理的是一些客户服务代表工作（CSRs，customer service representatives）或者简称为"reps"。除了提供 CSRs 服务，许多呼入中心使用交互声音反应（IVR，interactive voice response）单元，或者也称为声音反应单元（VRUs，voice response units），这些专业的电脑使得客户可以根据个性需求进行自助服务。顾客与 IVR 交流使用电话键盘和声音来提供相关信息，比如账号编码和要求的服务的指示。事实上最新的语音识别器技术使得 IVRs 可以解释复杂的指令。作为响应，IVR 使用合成声音报告信息，IVRs 也可以直接指令呼叫中心的电脑提供一些简单的服务，比如银行账号之间的划账。在银行的很多呼叫中心业务里，大约 80% 的客户呼叫使用 IVR 进行自助服务。

3. 联络中心

目前呼叫中心一个新的发展方向是联络中心，后者是结合了更多媒介手段的呼叫中心机构，包括电子邮件、传真、网页等等。联络中心产生的原因与网络的社会化效应、顾客多渠道服务的要求和效率要求有关。它的一个优点是通过电子邮件和传真所提供的服务可以留在以后响应，并且当标准化和可管理化时，联络中心服务比电话呼叫的成本更低。

《世界投资报告 2004：向服务业转换》指出，根据 2002 年和 2003 年的统计显示，500 个直接投资于呼叫中心中的项目一半以上在发达国家发展，特别显著的是加拿大、爱尔兰和英国；但是对于未来的呼叫中心更为理想的发展地区为印度、菲律宾、南非、毛里求斯和阿联酋。以下表格就是显示了在 2002～2003 年中新的传呼中心的直接投资项目中在各个国家的分布情况。

表 8-4　2002～2003 年传呼中心直接投资项目中各个国家的分布情况

国家	FDI 项目数（个）	FDI 项目比例（%）
加拿大	56	11
欧盟	169	33
美国	15	3
所有发达国家	279	54
中国	30	6

国家	FDI 项目数（个）	FDI 项目比例（%）
印度	60	12
菲律宾	12	2
新加坡	16	3
所有发展中国家	203	40
中东欧	31	6
世界	513	100

资料来源：《世界投资报告 2004，向服务业转换》。

那么影响呼叫中心业务国家分布的因素有哪些呢？（A. T. Kearney's，2004)用离岸区域吸引指数解决了这个问题。其主要从金融结构、员工技能和商业环境三个方面，展示了跨国公司选择离岸地点的因素，三者的比例分别为40%、30%和30%，其中金融结构的范围在 1－4 之间，而员工技能和商业环境在 1－3 之间。

表 8－5　离岸区域吸引指数（2004）

国家	金融结构	商业环境	员工技能
印度	3.72	1.31	2.09
中国	3.32	0.93	1.36
马来西亚	3.09	1.77	0.73
捷克	2.64	2.02	0.92
加拿大	1	2.48	1.94
波兰	2.88	1.57	0.88
南非	2.83	1.21	0.94
西班牙	1.12	2.05	1.38
爱尔兰	0.62	2.48	1.39
以色列	1.66	1.74	1.06
土耳其	3.07	0.73	0.64

资料来源：A. T. Kearney's 2004 Offshore Location Attractiveness Index, http://www.atkearney.com/shared_res/pdf/Making_Offshore_S.pdf。

从金融结构、员工技能和商业环境三个方面测量离岸服务的区位优势。

金融结构补偿成本,例如劳动力成本,基础成本,包括电子和通讯成本,税则和规制成本,例如税收负担,汇率波动等;员工技能主要包括累积商业经验和技能,劳动生产率,教育和语言等,商业环境包括国家的政治、经济环境,国家的基础结构,例如通讯和IT服务,文化的适应性以及知识产权的保护程度。

对于跨国公司而言,许多发展中国家的成本节约是一个重要的优势,但是必须要结合服务质量和文化等其他因素进行考虑。DELL在外包业务后发现顾客对服务的不满带来的成本已经抵消了离岸外包的成本节约。只有那些成本低、劳动力质量较高,同时风险相对较小的国家或地区才能获得呼叫中心离岸转移带来的利益,这些也是跨国公司需要综合考虑的因素。

8.2.3 呼叫中心离岸内部化原因

在目前跨国公司已经开展的离岸业务中,A. T. Kearney(2004b)比较了呼叫中心业务与其他离岸业务在离岸信息技术服务和商业流程服务的成熟性和复杂性。根据职能的复杂度和供应市场的成熟度两个综合因素,可以把离岸业务分为三个层次。供应市场第一层次的服务,职能复杂性较低,成熟度较高,具有高度的竞争性,呼叫中心业务就处于这一层次。因为呼叫中心的服务是价值链中技术低、附加值低的环节,一般人们会以为呼叫中心是离岸外包出去的,但是如前文所分析,事实上跨国公司并没有将所有呼叫中心业务外包出去,而采取内部化运作。目前,开展这个业务的大多数的公司是美国公司,欧洲公司进行离岸服务的态势不如美国公司明显,而美国公司全资拥有的外国分支机构一般只提供价值链上的呼叫阶段业务,因此也代表了离岸呼叫行业发展的模式特点。

与大多数的服务价值链上的产品一样,呼叫中心也是由消费者驱动的。对于消费技术、金融服务和商业服务而言,维护消费者忠诚度的重要性越来越强。因此,公司既希望为顾客提供高质量的呼叫服务,又要缩减成本和提高利润,虽然在以前这样的平衡是很难达到的,但是现在市场已经比5年前更加成熟。例如印度和菲律宾这样的国家有着大量受过良好教育,又懂英语的工人,美国呼叫服务中每小时每劳动力的成本为30美元~60美元,而印度为13美

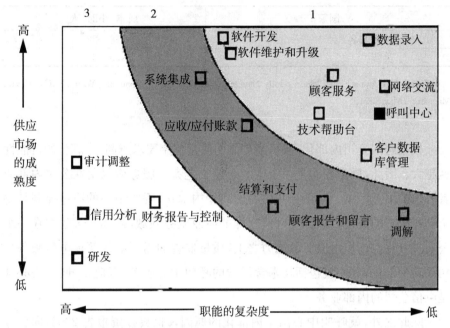

图 8—2　根据成熟度与复杂度分类的离岸服务业

资料来源:AT Kearney;The Future of Bay Area Jobs:The Impact of Offshoring and Other Key Trends. Bay Area Economic Forum,2004 (http:// www. atkearney. com/shared_res/pdf/ FBAJoffshore04. pdf)。

元~18 美元。因此,跨国公司发现有更多的海外市场可以利用,把呼叫中心转移到海外可以达到降低成本的目的,于是呼叫中心的离岸操作成为可能。

表 8—6　部分国家呼叫中心每小时每劳动力的成本比较　　单位:US $

国家	成本/小时/人
澳大利亚	25~32
加勒比	18~22
中国	13~15
东欧	25~32
印度	13~18
墨西哥	13~15
菲律宾	13~8

国家	成本/小时/人
波多黎各	18~22
美国	30~60

资料来源：Donna Fluss,"Successfully Navigating the Offshore Outsourcing Waters",Call Center Magazine ,May 2004。

　　根据跨国公司内部化理论,当产品的质量控制要求越高,内部化的可能性就越大。因此,质量控制是一个生产企业决定哪些服务应保留在公司内部或者外包的关键因素。对于呼叫中心的离岸内部化,呼叫中心的质量控制是整个公司成功的关键因素。在电信这样的商业服务领域,品牌声誉建立在一个公司持续提供高质量服务的能力之上,质量监督的需要必然要求电信服务公司活动内部化,其中就包括技术含量低的呼叫中心服务,因此,呼叫中心必须是电信公司的内部业务。

　　除此之外,就呼叫中心离岸内部化的原因,《世界投资报告2004:向服务业转换》对此在几个方面进行了分析。跨国公司决定是否外包的时候,成本节约并不是唯一的决定因素,影响呼叫中心业务的因素还包括相对外部供应商的交易和管理成本、东道国电信通信的基础设施质量、技能人员的可获得性、语言技能、文化接近性和是否接近市场。并且,政府的政策、地区补贴和文化差异也是跨国公司需要考虑的重要因素。沈玉良和孙楚仁在《关于离岸服务贸易产生原因的均衡分析框架》一文中从服务标准角度分析分析了离岸内部化产生的原因,由于服务标准化程度的影响,对于跨国公司而言,在东道国初期投入的部分收回和较低的交易成本均导致服务的价格低于在本国国内生产的服务价格,可由外部的其他生产商生产的部分但未达到外包的数量,因而跨国公司不会进行本国内部生产,而更愿意将服务产品迁移至发展中国家进行关联离岸贸易,因此呼叫中心业务没有被直接外包出去。①

---

　　① UNCTAD（2004，p. 158）报告指出,"呼叫中心产业里,最大的合同提供商是Convergys,ITC Group, Sitel and Sykes等美国公司",这些公司在阿根廷、巴西、加拿大、哥伦比亚、印度、印度尼西亚、牙买加、墨西哥、摩洛哥、巴拿马、菲律宾、韩国、新加坡、斯里兰卡、中国台湾和印度设有呼叫中心。

因此将呼叫中心离岸和内部化,电信服务的跨国公司就可以将价值链的这个部分完全控制在公司内部进行操作,一方面能够保证所有呼叫中心服务的质量标准,使得产品质量符合第三方客户的要求。另一方面跨国公司也可以达到成本的节约、获得规模经济的目的。因此将呼叫中心定位海外,跨国公司最终目的是从印度、菲律宾以及中国这样的发展中国家和发达国家提供的熟技能工人和良好的 ITES(IT Enabled Services)基础设施中获得利润最大化。

8.3　离岸呼叫中心经济理论和利润分配模型

目前离岸呼叫中心服务主要采取内部化运作,根据跨国公司内部化理论,转移价格作为跨国公司内部管理的有效工具、在全球范围内进行资源优化配置和实现效益最大化的手段,下面将基于事实和理论,对呼叫中心的内部离岸进行经济理论分析。

8.3.1　转移价格

电信服务行业的跨国公司是纵向一体化的跨国公司,上游的公司提供全部的电信服务(母公司),下游企业提供(分支机构)提供呼叫中心服务。并且,这些跨国公司也是横向一体化的,因为这些呼叫中心都为同样或者相似的顾客(第三方客户的顾客)提供基本相同或者一样的服务(流入或者流出的呼叫服务)。因此,可用传统的关于跨国公司的微观经济学理论分析目前呼叫中心关联离岸模式。

本文借鉴 Lorraine Eden(2005)的分析方法,以及 Eden(1978)[①]关于转移定价的模型,首先从转移价格的确定和利润分配模式入手。

1. 外部市场不存在的转移价格

(1)转移价格的确定

---

① Lorraine A．B．Eden，"Vertically integrated multinationals：a microeconomic analysis"，Canadian Journal of Economics，XI，No. 3，1978.

目前在跨国公司价值链上呼叫中心的三个层次的业务,基本是公司内部贸易,还不存在外部市场价格,离岸呼叫中心业务目前还处于短期竞争状态。

①假设

a. 电信服务跨国公司有一个在美国的跨国母公司(PAR),两个全资所有的呼叫中心机构,一个在母国(US_{CO}),一个在中国(CN_{CO}),都提供相同的服务。

b. 跨国公司母公司在与第三方客户谈判中有定价的能力,它的需求曲线D_{PAR}向下倾斜,表现为第三方客户因跨国公司附属机构提供服务而支付的价格。母公司边际收益曲线为MR_{PAR}。

c. 假设不管是哪个呼叫中心提供何种服务,对所有的第三方客户均索取相同的每一单元的服务价格为P_X,服务的总量X等于所有呼叫中心提供的服务之和,即$X = X_{US} + X_{CN}$。因此,跨国公司总收入为所有呼叫中心收入的总和,即$P_X(X_{US} + X_{CN})$。

d. 忽略固定成本,跨国公司边际成本为MC_{PAR}(包括管理费用、销售费用、商业服务、加工技术的发展费用等等)。$MR_{PAR} - MC_{PAR}$等于净边际收益NMR_{PAR},NMR_{PAR}表示为跨国公司母公司从第三方客户那里收到的净边际收入,即为MR_{PAR}减去边际成本MC_{PAR}。因为跨国公司是垂直一体化的,根据经济学中利润最大化原理,此时母公司的净边际收益等于各分支机构的边际成本,即$NMR_{PAR} = MC_i(i = US$ 或者 $CN)$。

e. 因为跨国公司是横向一体化的,母公司与子公司是上游或者下游关系,生产可以在两个不同的地方进行,因此所有呼叫中心的边际成本也是一样的,也就是$MC_{US} = MC_{CN}$。

f. 将d和e两个利润最大化的条件结合起来,借鉴先前对于这个问题的研究经验,忽略关税、公司税和其他市场限制等因素影响,跨国公司利润最大化条件为:$MR_{PAR} - MC_{PAR} = NMR_{PAR} = MC_{US} = MC_{CN} = p$ (1)

②利润分配模式

假设所有产出都被购买,有效的转移价格为P,生产的机会成本是Q_X。在不考虑外部价格的前提下,有效的转移价格是使得NMR_{PAR}等于每个附属机构的边际成本,即$NMR_{PAR} = MC_{US} = MC_{CN}$。因此,每个附属机构得到一个代替其边际生产成本的转移价格，$MC_{US}=MC_{CN}=P$。因为 P_X 这个价格不仅包括所有呼叫中心的成本费用，还有母公司的成本，所以价格 P 要比跨国公司向第三方公司收取的 P_X 低。

上述假设条件在图标中得到表示。表图 8—1 中有三个图表，每个图表有同样的纵轴（表示价格）与横轴（表示产量），中间的图代表母公司，其净边际收益 NMR_{PAR} 是 MR_{PAR} 和 MC_{PAR} 曲线的垂直距离。NMR_{PAR} 与横轴相交于点 b，b 点位于 $MR_{PAR}=MC_{PAR}$ 点之下。由此可以得出上表的净收益曲线。下表是两个呼叫中心的边际成本曲线，MC_{US} 曲线高于 MC_{CN} 曲线，表示中国的生产成本低于美国的。这两条边际成本曲线水平相加得出呼叫中心总生产边际成本曲线 $\sum MC$ 这条曲线复制到上部的图表上，$\sum MC$ 曲线与 NMR_{PAR} 相交的点满足方程(1)，得到跨国公司整体利润最大化点 e。由点 e 得出总的产量为 X_0，X_{US} 为美国的产量，X_{CN} 为中国的产量，有效的转移价格为 P（直接从 e 点得到），由 X_0 得到 P_X，P_X 为母公司向第三方客户索取的非关联价格（从需求曲线上得到，高于点 e）。

转移价格 P 将跨国公司总的利润在母公司与两个呼叫中心之间分配。总的利润是用上表中的三角形区域表示 oeg（位于母公司的净边际收益之下，分支机构的总边际成本曲线之上），因此总利润是两个区域 1 和 2 的总和，转移价格之上的区域 2 是母公司的利润，转移价格之下的区域 1 是两个呼叫中心的利润总和，利润分配取决于两个机构的成本曲线，成本越低的获得的利润份额越大。在图 8—3 中，区域 2 代表母公司利润，区域 1 代表分支机构的利润。

(2)利润分配的决定因素

从图表中，我们可以清楚看到转移价格的确定取决于 MR_{PAR} 曲线和 $\sum MC$ 曲线的弹性，曲线的平缓或者陡峭程度又决定了转移价格的变化和利润如何重新分配。曲线弹性的大小主要取决于替代物与市场竞争程度（随着时间推移，当替代物可获得性提高，买卖合同重新签订的时候 MR_{PAR} 弹性也会提高）。因此，当替代物越多，跨国公司在电信服务产出方面遇到的竞争也越来越激烈，MR_{PAR} 将越来越具有弹性，区域 2 的面积也越小。

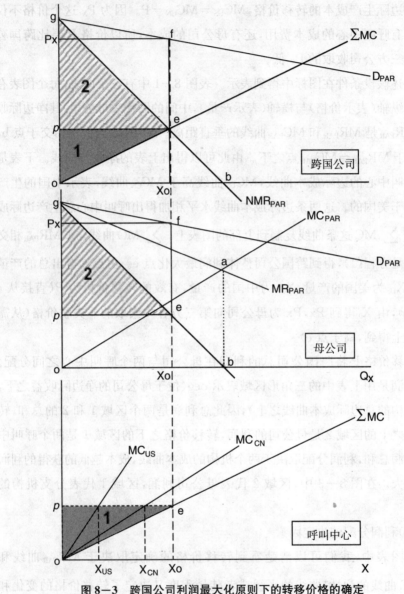

图8—3 跨国公司利润最大化原则下的转移价格的确定

$\sum$ MC曲线表示呼叫中心供给曲线（边际成本），它的弹性主要取决于投入要素的购买成本和主要劳动力成本。在每个呼叫中心所在地要素和投入市场的替代物越多，竞争越激烈，附属机构的边际成本曲线越趋于平坦，区域

1 的面积越小。因为通常呼叫中心是劳动密集型的,所需要的服务劳动力水平并不高(一般只有包括 12 年的教育和培训费用),呼叫中心一般坐落在劳动力比较便宜且劳动力供给比较充裕的地区,将服务生产地从一个地区转向另一个生产成本更低的地区比汽车制造工业更加容易,这个因素也会提高边际成本曲线的弹性。因此呼叫中心的边际成本曲线也相对具有弹性,尤其在长期资本流动性更高的时候,呼叫中心的利润会降低[①]。

8.3.2　外部市场存在下的转移价格

以上假设的是跨国公司呼叫中心分支机构所在地区没有其他非关联服务供应商的存在。如果随着呼叫中心三种层次业务成熟度的提高,或者呼叫中心的利润驱动,呼叫中心服务出现了外部市场,跨国公司可能将这些业务外包非关联机构。Lorraine Eden(2005)指出,根据 Hirshleifer 法则如果非关联价格存在,跨国公司可能将其作为有效的利润最大化的转移价格,这个价格被称为比较不可控制价格(CUP),其可能以一种或者两种方式产生:一是在其他开放市场中非关联公司交易产生的(外部可比);另一种是在同样的条件下提供电信服务的跨国公司将(买或者卖)同样的服务外包给一家或者更多的非关联公司(内部可比)。公司通常会选择内部可比,因为比较性更高(Lorraine Eden,2005)。

由于内部化建立需要一定的成本,而外部化也存在交易成本,因此此时很难决定跨国公司的贸易模式和转移价格的确定。现在借用一个简单的成本收益模型来进行分析。一个跨国公司只生产一种产品,即呼叫中心服务,其经过垂直化的生产阶段,每个阶段只有两个企业,给定销售企业的成本函数和购买企业的成本收益函数,母公司的边际收益为 MR_{PAR},函数曲线如图 8-4 中 MM' 表示,如果内外部交易成本都为零,此时极大点 P 决定了均衡交易量为 Q_0,当外部市场的交易市场充满不确定的时候,成本比较高,跨国公司会选择内部贸易。但是内部贸易也是有成本的,而且建立内部市场成本也比较高,但是较大的利润可以抵消这部分成本。如图 8—4 II′曲线表示内部市场交易成本,EE′表示外部市场交易成本,因为建立跨国公司呼叫中心分支机构的成本较高,故此时 II′的截距要比 EE′大,但是由于外部市场的不确定性,EE′的斜率比较大,内部外市场交易的成本在 T 点相交,其左侧外部交易成本低,右侧内部交易成本低,因此整个电信跨国公司的交易成本曲线为 ETI′,为总成本 ΣMC,当销售量小于 Q_1 时,跨国公司可能会选择自己生产呼叫服务产品,当销售量大于 Q_1 时,此时跨国公司内部贸易会有所增加。

跨国公司母公司的收益曲线 MPM′减去 ETI′,即得到净收益曲线 NCN′,极大点 C 决定的交易量为 Q_2,Q_2 大于 Q_1,所以公司进行内部贸易。

当外部市场机制健全,交易规范,从而外部市场的交易风险渐低,从 EE′变化到 EE″,交于内部交易曲线 II′于 T′,此时跨国公司净收益曲线为 NC′N′,净边际收益为 $NMR_{PAR}′$,其极大点为 C′,对应得交易量为 $Q_2′$,大于 Q_2,跨国公司从事外部贸易。根据 Hirshleifer 法则,这个外部市场价格作为跨国公司利润最大化的转移价格 P。

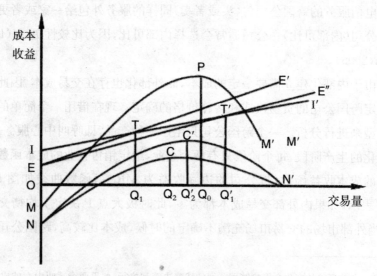

图 8—4 外部市场存在下跨国公司成本收益图

Hirshleifer 法则通常是适用的,除了以下两种情况:1. 第三方公司提供的服务与关联方提供服务之间不具有可比性(然而要注意的是,如果差别是细小的,或者可以被量化的,在 OECD 转移价格方针下转移价格可根据这些差异进行调整);2. 外部市场价格不考虑供给与需求因素,供给与需求方不存在相关性(例如公司内部规模经济的存在)。在这些情况下,外部市场价格虽然是存在的,但是并不是跨国公司利润最大化原则下的转移定价(Lorraine Eden,2005)。

8.3.3 小 结

由跨国公司内部贸易有关理论方法分析得出,跨国公司离岸服务贸易转移价格等于母公司的净边际收益与所有呼叫中心边际成本线的交点。母公司的利润由其净边际收益的曲线的弹性决定的,而外国分支公司的利润由其边际成本曲线的弹性决定,外国分公司边际成本曲线的弹性又是由各种生产要素成本决定的。因为有大量的廉价劳动力存在,所以呼叫中心通常坐落在劳动力成本比较低的地区,外国分公司边际成本曲线具有很高的弹性,而呼叫中心母公司通常拥有价值较高的无形资产(生产、营销和管理资产),这对于其竞争力有很重要的作用,导致呼叫中心的利润份额比母公司相对少很多。这些无形资产将各个电信服务提供商互相区别开了,并且决定了 MCI 和 UPS 这样的公司选择把客户关系管理业务外包给哪家公司。

在本章图 8—1 中,价值链显示了各方的活动(首要的和支持的),相对的谈价能力取决于一方对另一方重要程度的判断。如果一方想将用非关联方取代其内部的合作方,非常简单的供给与需求弹性就可以解决这个问题。在不考虑呼叫中心外国分支机构的情况下,母公司可以自己完成呼叫业务,也可以将这个业务转移到其他国家,甚至可以外包给东道国的非关联公司。同时,因为呼叫中心工作一般只需要高中教育水平,呼叫中心要素供应弹性很高。在不考虑跨国公司的情况下,呼叫中心可以扩大规模,自己完成母公司要求的所有业务,或者将这些业务外包给其他的跨国公司。因为母公司拥有更多的无形资产,根据弹性原理,这时候谈判能力仍然在母公司。短期内,可供选择还比较少,因此价格弹性比较低。但是,在长期中,需求和供给弹性都会增加,除非进入这个行业的壁垒比较高,否则高利润率将会吸引更多的企业。

8.3.4 转移定价方法

1. 服务贸易转移定价的发展

由于跨国集团都在寻找减少成本的方法以提高竞争优势,集团服务供应集中化呈现了日益增长的趋势。但是,由于服务领域的转移定价规则远不如货物和原材料领域的发达,服务产业的转移定价一直是转移定价规则中充满争议的领域。

从经济理论转向实践,要将转移价格理论合理地应用到跨国公司与国外子公司之间的内部转移,需要从跨国公司本身和政府两方面考虑。双重的政府力量在此起着作用:第一来自母国政府法规,影响着跨国公司的总体利益;第二来自东道国政府法规,影响着国外子公司的利益。两方面的政府可能根据经济合作发展组织(OECD)转让定价指南(OECD,1995),但是各国之间的法规总会存在一些差别。并且,不只有一种价格转让方式,而是有更多种方法可以利用。因为政府总是会选择最好的方法将其收入纳入自己的权限,使其税收化。这就使税收问题成为两国之间的纠纷,而跨国公司就居于其中(Lorraine Eden,2005)。

经济合作发展组织的转让定价指南是由公司内部交易,特别是其对制造业和自然资源的转移而发展起来的。由于服务贸易发展的阶段特点,有关服务的转移贸易法规的发展远远没有原材料、中间产品和成品的转移贸易法规发展地完善。以前经济合作发展组织的转让定价指南规定仅在跨国公司子公司在进行服务转移获利的情况下才收取费用(OECD,1979)。事实上,适用于跨国公司子公司个体的获利原则决定了服务的正常贸易价格(Lorraine Eden,2005)。如果关联方提供的服务属于相关初级活动,毛利超过成本所造成的盈利应该算为正常交易;除此之外,没有利润可以逃过税收的管制。

目前服务贸易转移定价指南遵循(OECD,1979)下的规则,OECD准则建议:如果可能,服务费用的征收应采取直接的方式,即使用者应是唯一的支付方。当因服务的使用者不只一个而无法直接转嫁成本给某一个特定使用者时,就应该采取合理的间接方法将成本分摊到每个使用者身上。一般用来作为间接成本分摊的指标有:市场营销公司的营业额、人力资源公司的雇员数量和房产服务公司的占地面积。特殊的情况下,需要多重标准并根据权重制定分摊办法。

Lorraine Eden(2005)认为,尽管如此,相对于对企业内商品贸易详细的理论来说,法规里服务的转移价格被很少关注。至今为止,美国国税局(IRS) 482条条款中关于服务的条款从1968年的版本到现在没有怎么发展过。这些法规规定,集团内部之间的正常贸易应该与同样情况下的独立方之间的交易一样,被征收相同或者近似的费用。美国法规要求公司使用最佳方法,并且公司要能够证明为什么它们选择的方法是最佳方法,并能提供文件支持。在实践中,这项工作要通过排除法完成,以说明为何其他方法不合适或者不适用。尽管缺少详细的法规,安永华明在2003年两年进行一次的对跨国公司转移价格规则的调查中发现,1/3的公司用成本法为其服务进行转移价格定价,其余的20%用外部市场价格定价。自从美国国税局和财政部提议为企业内部服务贸易订立新的法规后,这一法规已有改变。提议的法规根据的模式仍然是已定的公司内部商品贸易定价模式,但是这些定价模式适合服务贸易或与无形资产有关的服务贸易,跨国公司会利用功能对比性、风险评估、合同条款、经济情况、资产或服务的状况来选用最佳的方法。其中最核心的方法有基于可比非控制价格方法的可比非控制服务价格;基于转售价格方法的总服务边际法方式;基于成本加成方式的服务成本加成法;可比利润法和利润分配法。

Lorraine Eden(2005)中提到,合适的转移价格的确定,仍然需要从外部市场存在与否的两种情况出发进行分析。

2. 不存在外部市场的转移定价方法

(1)可比非控制价格法(CUP)和可比非控制服务价格法(CUSP)

对于商品贸易来说,当存在完全可比价格或者由各个职能、资产和风险引起的可计量偏差的不完全可比价格,相对其他方法,政府税务机关会更喜欢用可比非控制定价方法。服务可比非控制价格按照可比非控制价格的逻辑,寻找服务贸易中的独立非控制交易中所使用的正常价格。如果将CUP或CUSP应用到本文的案例研究中,在电信服务价值链的呼叫中心层面上可以使用CUP的可能很小,因为使用可比非控制价格所需要的条件是:第一种可能是,呼叫中心的子公司可能会在外部市场销售其服务产品(国内或国外),而且如果这些交易真是存在并且在类型、规模和市场特征上都很相似的话,这个外部价格具有内部可比性,适合作为一个独立的非受控交易中所使用的正常价格进行比较;第二种可能是,存在呼叫中心服务合同方,其愿意与母公司签订和约,并且合同中仅仅提供呼叫中心活动;第三种可能是,在另一国家寻找呼叫中心合同提供者,在这个国家信息是可以公开查询到的,并且地理市场的偏差可以进行量化。

但是正如上文讨论的,质量控制和所提供的服务要符合顾客的需求这两个要求,这使得电信服务业的跨国公司将其价值链上呼叫中心业务内部化。因此,没有多少外部企业会在此服务上提供外包服务。于是,呼叫中心服务中不存在外部市场,因此使用可比非控制价格存在可能性的因素基本没有。在一定程度上,电信服务业的跨国公司基本是将呼叫中心活动内部化,并没有确切的或者不确切的非关联方存在。

但是,实际中可比非控制价格法确实存在,但不是在呼叫中心业务中。跨国公司和第三方客户所签的每一份合约都可能至少存在一个可比非控制价格,所以每个电信服务跨国公司有诸多CUP。并且,电信服务业的竞争激烈,拥有很多的卖方与买方,因此,总体来说,电信服务业存在可比非控制价格的可能性是极大的。然而,这个CUP代表的是跨国公司给其客户提供服务的所有成本价,是跨国公司从总体上结合所有的职能、无形资产和风险进行估算的,而不单单是呼叫中心层面的成本价格,因此这是一个不合适的转移价格。

图8—5表明了在价值链中包含的跨国公司母公司、离岸呼叫中心分支公司和第三方客户的活动。母公司进行的职能、资产和风险在BOX A中列出,在此基础上电信服务业公司贸易赚得相应的毛利(区域B)。除此之外,母公司还拥有的基于加工方法、技术建立起来的内部能力,因此还获得无形资产,如区域C中列出,有可能被或不被专利权保护。企业还拥有市场方面的无形资产,如品牌名称和声誉(BOX D)。另一种可能是,如果企业拥有优越的日常事务管理能力,那么就成为一种管理的无形资产(BOX E)。从呼叫中心的方面来看,基于其自己的职能,资产和可能产生的风险,呼叫中心也会拥有自

己的生产成本（BOX H），因此也会得到与其他呼叫中心一样的利润（区域G）。国外呼叫中心分支机构也会有诸如高质量和加工技术之类的无形资产，这些可能或可能不被授予专利。

转移定价问题将 A－H 在拥有专利的跨国公司和呼叫中心分支机构之间进行分配，而可比非控制价格法在 BOX H 到 A 的总体上是可行的，问题是没有可比非控制价格法可被用来为呼叫中心的活动来定价，不能在电信服务母公司和其呼叫中心子公司之间来分配利润。

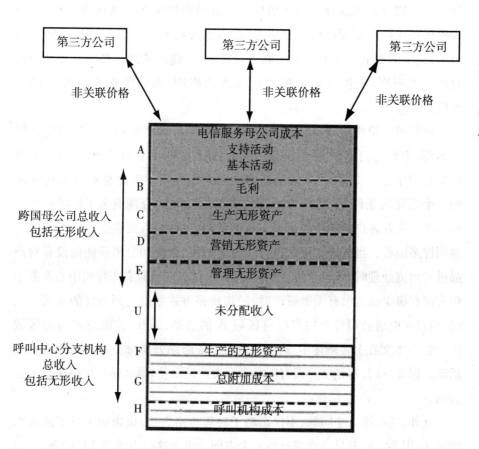

图 8－5　跨国电信公司转移价格组成

资料来源：Lorraine Eden："Went for cost，priced at cost? An economic approach to the transfer pricing of offshored business services"，Transnational Corporations Volume 14，Number 2，August 2005。

(2)转售价格法(PRM)

转售价格法主要是通过参考独立公司在可比非控制交易中所获得的毛利来判断某一受控交易的价格制定是否符合公平独立的核算原则。它主要用来确定一个受控的市场销售公司(分销商)进货时(这些货物将进而转售给无关联客户)所支付的转移价格。事实上,可比非控制价格是由电信服务跨国公司与第三方所商议的价格,这也意味着,转售价格法也是决定非关联交易价格的方式之一。使用转售价格法,需要对公司职能、所承担风险、受控和非受控交易的合同条款进行详细地比较。分销商被定名为测试方,分销商因为提供可比性的职能而获得总边际收入,总边际利润在分支机构之间进行分配,剩余的利润分配给其他关联方。在此,问题的关键是要确定分销商的合理销售利润,依据就是销售商所发挥的作用、面临的成本以及负担的风险。

根据转售价格法,产出了这样一个问题,生产商将分销过程外包给合同分销商,为此它们需要支付什么。我们将此与呼叫中心的案例相联系,生产商是呼叫中心分支机构,分销商是跨国公司母公司。决定总利润如何分配的一个必要的条件是,呼叫中心必须要付给独立的合同商为了把呼叫中心推销给第三方客户所需要的销售与营销费用。很明显,要实施这种方式将会遇到许多困难。当分销商只是执行一般的销售、营销和分销职能而没有对产品进行增值处理时,转售价格法是最好的。可以推断,只有当呼叫中心业务中母公司有很少或者没有无形资产时,转售价格方式才能达到最佳的效果。同时,假设在电信公司母公司仅仅有区域 A 的活动,因此,估值总利润为区域 B。然而,本文在上述阐述中,典型的电信服务跨国公司母公司开展所有核心活动。因此,母公司是唯一拥有巨大无形资产的单位,因而转售价格法是不适合的。

此外,还有第二个问题,不仅影响了转售价格方式,也影响了以下的成本加成法,因为它们都只注意交易的一个方面。由于这些连续的价格问题,一边倒的方法在相关方引起了不同的利润分配方式:转售方式将未分配利润转移到上游生产商手中;成本加成法将未分配利润转移到下游分销商那里。即使被推荐的美国转移价格规则没有解决集团间的服务转移定价问题。将基于市场的收入分配给生产方(在本案例中,指呼叫中心的外国机构)和分销商(在本案例中指母公司),很显然,将未分配的利润(U 区域)在相关方之间进行分配。即使将可知和可测量的无形资产的计算之后仍然有剩余利润。

(3)成本加成法(CPM)

所谓成本加成法,即按照成本加上合理的费用和利润进行调整,也就是说将关联企业中卖方商品(产品)的成本加上正常的利润作为公平交易的价格。在成本加成法中,直接和间接的生产成本都被统计并加成。

成本加成方法首先将制造商(这里是指呼叫服务提供商)视作合同承包商,而且这种方法将剩余利润分配给了下游公司。由于呼叫中心提供的是进进出出的呼叫服务,因此可以预测它的利润率是与其提供服务的行为相关的(OECD,1995)。呼叫中心作为服务提供商,其获取的总利润应该在其功能、拥有资产(有形和无形)和所承担风险的基础上计算出来。如果服务功能简单、承担风险低且拥有无形资产少则总利润就不会大;另一种可能性是关注一些可比的功能,在图表 8-4 中,虽然市场的成熟度不一样,但是根据劳动力服务的质量和技术的成熟度,呼叫中心与网上聊天、客户数据管理和数据输入等功能的复杂程度一样,这些服务也有关联供应商的存在,为呼叫中心的加价提供了可比基准。在成本加成法中,所有留存收入将由母公司分配。母公司代表它的国外分支机构收到基于功能、资产、风险的正常收入再加上留存收益;呼叫中心国外分支机构收到它基于功能、资产、风险的正常收入,因此成本加成法是比较适用的。

(4)可比利润法(CPM)或交易净利润法(TNMM)

第四种可能的方法就是运用可比利润法或交易净利润法,它们是类似的。在这两种方法下,两个相关方的一方(买方或卖方)被指定为被测试方。该方法常常被当作是最后一招,或是用来为其他转移定价方法结果进行复查,该方法是将集团内部关联公司间交易所创造的净利润水平与那些从事大致可比交易的独立公司净利润水平进行比较。净收入以进行类似交易和具有类似功能的无关企业的平均收入分配给被测试方。未分配的利润则分配给其他相关方。然而这两种方法面临的问题与总利润法一样,缺少提供类似服务的正常交易的公司,同时呼叫中心利润率很难确定,因此,比较利润法或交易净利润法对呼叫中心服务转移定价作用也很小。

(5)利润分割法(PSM)

利润分割法是完全依赖集团内部数据的转移价格确定方法,它考察的是跨国公司如何通过一种或一类特定产品去实现总利润。在剩余利润分割法下,交易双方都将获得一个正常利润。然而根据上表,仍然还有一个区域 U 没有分配。因为呼叫中心几乎没有无形资产,因此 U 仍然由母公司获得。同时剩余利润法也要有对母公司的支持业务、基本业务和无形资产的进行非关联交易估价,这将比成本加成法复杂。但是,对于知识密集型服务(比如呼叫中心第三个层次的服务),剩余利润分配将是比较适合的方法。

3. 存在外部市场的转移定价方法

随着呼叫中心之类的离岸业务技术的成熟,跨国公司从外界获得服务的情况将有所增加,如果长期中呼叫中心阶段存在一个外生的市场价格,跨国公司集团服务转移能够从独立公司间的服务交易中找到类似的可以对象,转移定价规则(OECD,1995)说明了在这种情况下,最好的方法是使用 CUP(可比非控制价格)来制定转移价格,独立服务供应商制定的可比非控制价格将为集团内部服务的价格提供转移定价的依据。

8.3.5 区域成市节约

1. 区域成本节约的定义

离岸服务主要的动机是将业务从高成本地区转移到低成本地区所得到的潜在区域成本节约。用转移定价方法分析离岸呼叫中心的另一个关键问题是,在转移定价下的区域成本节约的大小和母公司与分支机构、第三方客户之间的区域成本节约的分配(此外,还有东道国和母国的税收部门之间,本文对此不做分析)。

区域成本节约是指跨国公司从成本高的地方转移到成本低的地区的成本节约,更简单的定义是,在一个更便宜的地方的成本节约(Eden,1998)。离岸商业服务的区域成本节约是有价值的,在前文中提到 Rafiq Dossani and Martin (Kenny,2004) 曾经将印度的孟买与美国堪萨斯州进行比较。印度每小时工资为 2.08 美元,而美国为 10.39 美元,每小时节约了 8.31

美元。

从转移价格方面看区域成本节约包括几个条件(Eden,1998):

第一,分支机构在母国之外生产,而且分支机构被母国控制或者所有。

第二,区域成本节约是在两个地理位置之间的相对计算方法,重点在于从一个东道国到另一个东道国的成本节约。

第三,区域成本节约是一种净节约,因为不同地区的涉及很多不同方面的成本,比如在 X 地,劳动力成本低而能源成本高,Y 地的能源成本低而劳动力成本高,因此必须是在两个地方进行比较的净节约。

第四,汇率因素会影响区域成本节约,因此必须采用一种货币进行计算。大多数的公司可能会使用分支机构的当地货币和母国货币表示的统一财务报告,这会在决定非关联转移价格时导致汇率风险。

第五,区域成本节约忽略平衡表上的财政收入,集中于两个地理位置上的生产成本的比较。

第六,最后,区域成本节约法的关键不仅仅是衡量成本节约的总量。从转移定价的角度来看,关键在于买方与卖方之间分别得到的成本节约量。

第七,本文从跨国公司角度出发,以呼叫中心转移前的区域成本为基点,考虑当前的区位成本节约量与之前的比较。

2. 母公司与子公司之间区域成本的分配

本段主要研究的是总区域成本节约以及在美国母公司与分支机构之间的节约分配。

假定前提:

(1)MC_{US} 为美国分支机构的边际成本,MC_{CN} 为中国分支公司的边际成本,电信服务公司最初是由母公司和国内的分支机构组成,母公司打算关闭国内的分支机构在中国开设新的机构以利用区域成本节约的优势。边际曲线的垂直距离是节约的每一单元的成本,$MC_{US}-MC_{CN}$ 表示呼叫中心在价值链环节上中国与美国之间的一单元区域成本节约。

(2)所有的价格和成本是以一种货币表示,本文用美元表示。

基于以上理论分析,本文就此对区域成本的分配进行分析。

①短期均衡分析

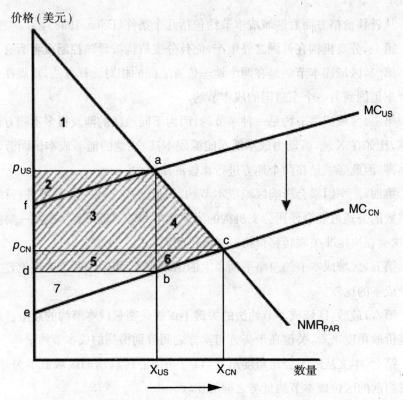

图 8-6　短期内电信跨国公司区域成本节约

图 8-6 中,呼叫中心的边际成本曲线假定比较平坦,说明在价值链上,呼叫中心具有较高的可替代性以及无形资产的缺乏。最简单的假设,在图表中可以很快看出区域成本节约的分配。以点 a 为基础,表示的是呼叫中心分支机构位于国内的情况。根据利润最大化原则,$NMR_{PAR} = MC_{US}$ 相交下利润最大。NMR_{PAR} 曲线之下 MC_{US} 曲线之上表示的是跨国公司获得的总利润,即区域 1 与 2 之和。转移价格 P 将利润在买方和卖方之间分配,母公司得到区域 1,国内分支机构得到区域 2。

根据以上假设,MC_{CN} 位于 MC_{US} 之下,并且与之平行,之间垂直距离为 ab,这个距离表示跨国公司关闭美国分支机构而转移到中国生产所得到的每单元的节约。假设其发生,低成本会导致产出的扩张,跨国公司的总利润扩大到 NMR$_{PAR}$和 MC$_{CN}$相交的区域,为区域 1、2、3、4、5、6 与 7 之和。跨国公司的净得利润为区域 3、4、5、6 与 7 之和。因为假设条件是两条边际成本曲线互相平行,因此区域 3+5+7 的面积之和等于 2+3+5 的面积之和,区域面积 2 与 7 相等。因此,跨国公司总利润归功于区域成本节约为区域 2+3+4+5+6 的和,等于四边形 pusabd 与三角形 abc 之和。有效率的、利润最大化的转移价格 P$_{CN}$,是由母公司的边际收益曲线和中国分支公司的边际成本曲线在 C 点的交点决定的,母公司的利润区间是 3 和 4,而中国分支机构的利润区间是 5 与 6,分支机构边际成本曲线越平坦,其从母公司所得到的利润区域就会大。

②长期均衡分析

长期中(一般是 5 年以上),我们从印度和其他国家呼叫中心激烈的竞争中可以发现,随着呼叫中心业务的成熟和供应市场的发展,分支机构的成本曲线几乎是水平的,其导致的结果是所有或者大多数区域成本节约增值到母公司。如图 8—7 中所表示的情况,假设,电信服务业包括美国母公司与其分支机构,因为边际成本曲线 MC$_{US}$是平坦的,原始均衡不在点 A,所有的利润区域 1 流向母公司。如果母公司关闭了国内的分支机构,而将生产转移到中国,大量的区域成本节约将会产生,即区域 2,跨国公司会根据区域成本节约而扩大生产,因此新的平衡点将在 C 点,利润总区域是 1、2、3 之和,因为中国分支机构的边际成本曲线几乎是平坦的,因此利润几乎流到美国母公司,外国分支机构只能收到正常的利润。

3. 跨国公司与客户之间的利润分配

从离岸服务中心长期发展来看,与区域成本节约相关的另外一个问题是,这些区域成本节约是留在了跨国公司(母公司与分支机构)还是转到第三方客户公司。区域成本的分配也取决于双方的资源限制。如果客户是世界 500 强,有许多服务公司为其提供服务,因此世界 500 强有很强的谈判能力。这样的情况下,反映了电信服务市场激烈的竞争程度,母公司与客户谈判能力比较弱,净边际收益曲线非常平坦,区域成本节约很可能转向第三方公司。

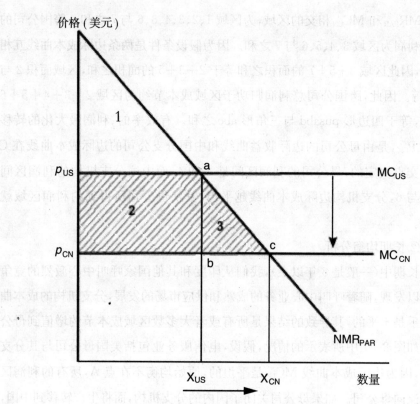

图 8—7　长期中电信服务跨国公司区域成本的节约

表 8—7　2002 年印度孟买与美国堪萨斯州呼叫中心的成本比较

	分期摊销的设备成本（$/小时）	其他成本（$/小时）	劳动力成本（$/小时）	利润（美国利润/成本比为20%，印度为100%）（$/小时）	转移到顾客价格（$/小时）
堪萨斯州	0.25	0.14	10.00	2.08	12.47
孟买	0.35	0.21	1.5	2.06	4.12

　　资料来源：Daniel Trefler：Offshoring：Threats and Opportunities，The Next Wave of Globalization？，July 22，2005。

　　如表 8－7 所示，印度孟买比美国堪萨斯州成本大概节约了 80%。NASSCOM～McKinsey（2002）一则报告中指出，2002 年，离岸服务贸易的先驱——通用电气公司将业务从国内转移到印度，成本节约了 340000000 美元。

Dossani 和 Kenny 关于比较堪城和孟买的例子说明了这个情况。在他们的例子中，在美国，成本上加价 20％，因此向第三方客户收取每小时 12.47 美元。而在印度，成本上加价 100％的，向第三方顾客收取每小时 4.12 美元的。这其中暗含的假设是：大部分通过区域成本节约转到了下游的第三方客户。如果一家跨国公司在美国和印度都有分支机构，并且以 12.47 美元每小时的价格向顾客提供相同的服务，那么，印度的分支机构将会得到 10.39 美元的总利润，而不是 2.08 美元。这说明 4/5(2.08/10.39)的区域成本节约转移到下游的第三方客户，而剩下的 1/5 的区域成本节约在跨国公司和其印度子公司之间分配，分配比例则取决于转移价格。

从以上分析，我们可以得出有关区域成本的结论。根据微观经济理论，跨国公司在两个地区的定位选择主要关注边际成本，因此，公司内部贸易受到边际成本与边际收益的影响，所有公司根据价格信号而变动，因此它们的产量和销售量也不一样。

8.4　本章结论

通过以上分析，我们发现作为跨国公司内部贸易，关联离岸呼叫中心运作模式有明显的优点：

一、跨国公司内部贸易为服务产品保证了市场，其决策信息准确、过程有组织性，风险也比较小，同时也减少了知识外溢，对于附加值比较高的业务，跨国公司偏向于内部化。虽然，目前进行离岸的业务还比较集中于低端的服务业，但是未来高附加值离岸服务贸易内部化的趋势是必然的。

二、跨国公司内部运作不仅可以避免较高的交易成本，而且本阶段可利用当地的劳动力共同参与管理，加之本阶段服务生产和管理的体系比前一阶段更加成熟，在方便监控服务质量的同时还可降低与总部沟通的成本，保持了利润。尤为引人注目的是，对一些已在东道国设立分支机构的企业来说，通过服务的内部转移生产可实现内部资源跨国界的优化配置，更高效地利用资源，形成公司多个服务的规模效应。而将服务外包给国内的承包商只能实现单项服务的规模效应。显然，跨国公司会选择关联离岸服务。

三、未来关联离岸机构可以成为商业服务专业的提供商,这使得跨国分支机构从成本中心转为利润中心,现在许多大型的东道国机构正在考虑为外部的顾客提供服务。当从母公司转移出的业务量越来越少的时候,这样的趋势将更加明显。但目前由于公司内部的业务量比较大,因此没有足够的资源为外部第三方公司提供服务。

参考文献

[1]Alvarez, Eduardo, Viney Couto and Chris Disher: Business Process Outsourcing & Offshoring (McLean, Virginia: Booz Allen Hamilton),2003.

[2]A. T. Kearney's : Offshore Location Attractiveness Index, 2004, http://www. atkearney. com/shared_res/pdf/Making_Offshore_S. pdf.

A. T. Kearney's (2004b). The Future of Bay Area Jobs: The Impact of Offshoring and Other Key Trends. Bay Area Economic Forum. (http://www. atkearney. com/shared_res/pdf/FBAJoffshore04. pdf).

A. T. Kearney's (2004c). What to Move Offshore? Selecting IT Activities for Offshore Locations. (http://www. atkearney. com/shared_res/pdf/What_To_Move_Offshore_S. pdf).

A. T. Kearney's (2004d). Where to Locate: Selecting a Country for Offshore Business Processing. (http://www. carretek. com/main/news/pdf/SelectCountryOBP. pdf).

[3]Bardhan, A. D., and Kroll, C:The new wave of outsourcing, University of California Berkeley,Fisher Centre for Real Estate and Urban Economics, Fisher Centre Research Report No. 1103,2003.

[4]Daniel Trefler. Offshoring: Threats and Opportunities ,The Next Wave of Globalization? July 22, 2005.

[5]Desirée van Welsum. In Search of "Offshoring": Evidence from US Imports of Services. Birkbeck College, London. http://www. ems. bbk. ac. uk/wp/PDF/BWPEF0402. pdf.

[6]Dossani and Kenney ,2004, Went for cost, stayed for quality.

［7］Gans，Noah，Ger Koole and Avishai Mandelbaum. "Telephone call centres：tutorial，review，and research prospects". Working Paper. (Philadelphia，PA：The Wharton School，University of Pennsylvania)，2003.

［8］Grosse R. ：International Technology Transfer in Services，Journal of International Business Studies Taylor，P. J. ，Walker，D. R，1996.

［9］Information Technology Association of America(ITAA) Executive Summary：The Comprehensive Impact of Offshore IT Software and Services Outsourcing on the U. S. Economy and the IT Industry.

［10］Joyce：" 'Can I help you?' jobs migrate from U. S to India"，New York Times，11 May 2003.

［11］Krebsbach，Karen："Cutting Call Center Costs Trumps Catching US Flak. "，"USBanker"，August 2004.

［12］Lorraine Eden ：Strategies of North American multinationals in the new regionalism. Paper presented at the Trade and Investment Conference Celebrating the 10th Anniversary of the Centre for Trade Policy and Law (CTPL)，University of Ottawa，Ottawa，Canada，19 November，2004.

［13］Lorraine Eden ：Went for cost，priced at cost? An economic approach to the transfer pricing of offshored business services Transnational Corporations Volume 14，Number 2，August 2005.

［14］Mann，C. L. Globalisation of IT services and white-collar jobs：the next wave of productivity growth'，PB03－11，Institute for International Economics Policy Briefs，Washington DC. ，2003.

［15］Martin Kenney Rafiq Dossani：The Next Wave of Globalization? Exploring the Relocation of Service Provision to India，February 24，2005.

［16］Noah Gans，Ger Koole，Avishai Mandelbaum，Telephone Call Centers：A Tutorial and Literature Review. Manufacturing and Service Operations Management 5，No. 2 ，2003.

［17］Nobuo TANAKA：Fostering Employment，Productivity and Innovation -Main Messages from the OECD Services Project and its Back-

离岸服务、服务外包和利润分配模型——以呼叫中心为例

ground,2005.

[18]OECD（1979）. Transfer Pricing and Multinational Enterprises (Paris：OECD).

OECD (1995). Transfer Pricing Guidelines for Multinational Enterprises and Tax Administrations (Paris：OECD. Loose leaf updates.)

[19]OECD（2004a），OECD Information Technology Outlook 2004, OECD，Paris.

[20]OECD (2004b)，OECD Economic Outlook，Vol. 2004/1，No. 75, June，OECD，Paris.

[21]Plakias，Mark（2003）. Teleservices Databook：Outsourced Communications. - 2004 Edition - North America (San Francisco，CA：The Zelos Group).

[22]Sauvant，Karl："The Tradability of Services," in P. A. Messerlin and K. Sauvant，eds. ，The Uruguay Round：Services in the World Economy. Washington D. C. ：18、The World Bank and NewYork：United Nations Centre on Transnational Corporations,1990.

[23]Taylor and Bain，Call center organizing in adversity from Excell to Vertex In G. Gall（ed. ），Campaigning for Union Recognition，London,2003.

[24] Telephone Call Centers：Tutorial，Review，and Research Prospects,Manufacturing & Service Operations Management 5：79 - 141, 2003.

[25]Tyler Courtney,Christian Ferney,Nagatomi Hirayama,Nathan D. Martin：The International Call Center Global Value Chain ，8 November 2004,Sociology 222b：Globalization and Development,Professor Gary Gereffi,2004.

[26]Van Welsum，D. and X. Reif ：Potential offshoring：evidence from selected. OECD countries，mimeo，OECD，May. Wolf，Martin,2005.

[27]Van Gorp，Jagersma and Ike'e："Offshoring in the service sector", " A EUROPEAN PERSPECTIVE",NRG.

[28]世界贸易组织（WTO）：《离岸服务：最近发展趋势》,《世界贸易报

告》2005 年。

［29］联合国贸易与发展会议:《世界投资报告 2004:向服务业转换》。

［30］大卫·特洛,马克·阿特金森:《国际转移定价》,电子工业出版社 2002 年版。

［31］丁丁:《离岸公司并购国内企业的法律分析》,《国际商务》2004 年第 5 期。

［32］胡芸:《与 FDI 相关的服务功能的离岸和中国的方略》,《技术经济与管理研究》2005 年第 5 期。

［33］沈玉良,沈克华:《我国发展服务加工贸易路径选择》,《国际贸易》2006 年第 3 期。

［34］孙国辉:《跨国公司内部贸易研究》,山东人民出版社 2002 年版。

［35］王丰:《跨国公司服务职能离岸外移的区位选择》,《金陵科技学院学报(社会科学版)》2005 年 3 月。

［36］王俊杰,杨军,何玉润:《转移定价问题与我国对跨国公司监管》,《理论月刊》2005 年第 4 期。

［37］郑鸿飞,任荣明:《离岸服务外包及中国对策》,《上海管理科学》2005 年第 2 期。

［39］朱刚体:《产业内贸易公司内贸易和公司竞争优势》,《国际贸易问题》1993 年第 7 期。

后 记

　　本书是上海市重点学科（第二期）的重点出版图书之一，整个写作花了两年多时间，全书由沈玉良策划。其中，第1章、第3章由孙楚仁撰写，第2章和第4章由沈玉良和孙楚仁共同撰写，第5章由沈玉良撰写，第6章和第7章由凌学岭撰写，第8章由张娟撰写。写作过程中奚红妹、张帆等也参与了本书的讨论。

责任编辑:姜 玮

图书在版编目(CIP)数据

中国国际加工贸易模式研究/沈玉良 孙楚仁 凌学岭著.
-北京:人民出版社,2007.9
ISBN 978-7-01-006391-1

Ⅰ.中… Ⅱ.①沈…②孙…③凌… Ⅲ.对外贸易-商业加工-研究-中国
Ⅳ.F752.68

中国版本图书馆 CIP 数据核字(2007)第 124277 号

中国国际加工贸易模式研究
ZHONGGUO GUOJI JIAGONG MAOYI MOSHI YANJIU

沈玉良 孙楚仁 凌学岭 著

人民出版社 出版发行
(100706 北京朝阳门内大街 166 号)

北京市双桥印刷厂印刷 新华书店经销

2007 年 9 月第 1 版 2007 年 9 月北京第 1 次印刷
开本:710 毫米×1000 毫米 1/16 印张:21.5
字数:316 千字 印数:0,001-3,000 册

ISBN 978-7-01-006391-1 定价:46.00 元

邮购地址 100706 北京朝阳门内大街 166 号
人民东方图书销售中心 电话 (010)65250042 65289539